✺ | FISCHER

Mareice Kaiser

ALLES INKLUSIVE

Aus dem Leben mit
meiner behinderten Tochter

Originalausgabe

Erschienen bei FISCHER Taschenbuch
Frankfurt am Main, Dezember 2016

© 2016 S. Fischer Verlag GmbH, Hedderichstr. 114,
D-60596 Frankfurt am Main

Satz: Pinkuin Satz und Datentechnik, Berlin
Druck und Bindung: CPI books GmbH, Leck
Printed in Germany
ISBN 978-3-596-29606-4

Inhalt

01
Das Covergirl, Teil I
Erste Ahnungen
–17–

02
»Bitte Schuhe aus«
Die Geburtsvorbereitung
–21–

03
Wie es nicht losging
Untersuchungen und Angst
–25–

04
Es geht los
Pommes und Currywurst vorm Kreißsaal
–28–

05
»Mach die scheiß Musik aus!«
Gretas Geburt
–30–

06
Sie ist da – sie ist weg
Da stimmt was nicht
– 33 –

07
Wir sind Eltern
Auf der Intensivstation
– 37 –

08
Botschaften von Hiob
Das Warten auf die Diagnose
– 42 –

09
Wie sagen wir es unseren Freunden?
Die Geburtsmail
– 44 –

10
»Augen hat sie«
Nichts ist unmöglich
– 46 –

11
Leben im Krankenhaus
Der Traum ist aus
– 52 –

12
Diagnose-Achterbahn
Falsche Hoffnungen
– 57 –

13
Entblößungen
Von mangelndem Respekt und einer Krankenhausfreundschaft
– 64 –

14
Zu Hause
Das Piepen im Kopf
– 70 –

15
»Driving Home for Christmas«
Eine Explosion und andere Überraschungen
– 76 –

16
Lichtblicke
Apotheke statt Pekip und ein Abend zu zweit
– 82 –

17
Extrem besonders
Wie Chromosomen das Leben verändern können
– 87 –

18
Die eine hat's, der andere nicht
Praktische Humangenetik
−91−

19
»So was gibt's noch!?«
Von Fragen und Reaktionen
−95−

20
Therapieterror
Vom Zwang, das Kind zu optimieren
−98−

21
Wie die Scheiße unser Leben bestimmt, Teil I
Darmgeschichten
−104−

22
Das Leben der anderen
So normal wie möglich, bitte
−111−

23
Eine Schwester für Greta
Praktische Pränataldiagnostik
−115−

24

Kitasuche

Zu behindert für die integrative Kita

– 120 –

25

»Eine Brille trage ich auch«

Barrierefreie Freundschaft

– 131 –

26

Auch Bullerbü tut weh

Momos Geburt

– 136 –

27

Endlich zu viert

Die Familie ist komplett

– 140 –

28

Wie die Scheiße unser Leben bestimmt, Teil II

Darmgeschichten

– 143 –

29

Feste feiern, wie sie fallen

Geburtstag im Krankenhaus

– 155 –

30
Zurück im Leben
Von Musik, Knutschen und Loslassen
– 159 –

31
Krankenhaus, grotesk
Von Überforderung, Eskalation und Einsamkeit
– 164 –

32
Kinderhaus vs. Zuhause
Eine Entscheidung
– 171 –

33
Kaiserinnenreich
Vom Spielplatz ins Netz
– 180 –

34
Beruflicher Wiedereinstieg
Vom Netz auf die Bühne
– 187 –

35
Vom Bloggen
Hass-Kommentare und »Die Veränderung in der Welt«
– 196 –

36
»Schade, dass sie so behindert ist«
Alltag in Berlin
– 205 –

37
Bittstellerin, lebenslänglich
Von behindernder Bürokratie und struktureller Diskriminierung
– 209 –

38
Tanzstunde
Von Wünschen und Erwartungen
– 220 –

39
Ich, die Behinderte
Ein Perspektivwechsel
– 225 –

40
Für immer Punk
Eine Liebeserklärung
– 232 –

41
Von 0 auf 100
Ausnahmezustand Alltag
– 234 –

42
Jackpot: Greta
Gewinn im Chromosomenlotto
– 247 –

43
Das Covergirl, Teil II
Abweichungen unerwünscht
– 252 –

44
»Ich könnte das ja nicht!«
Von wegen Inklusion
– 258 –

45
Ein besonders normaler Tag im Jahr 2025
Inklusion – Meine Utopie
– 267 –

Plötzlich ist alles anders
Nachwort
– 276 –

Mein herzlicher Dank geht an
– 279 –

Empfehlungen zum Weiterlesen
– 281 –

Für meinen kleinen Punk

»*Die eigene Geschichte zu erzählen und die Geschichten von anderen zu hören und anzuerkennen, gehört zusammen. Es sind beides radikale Akte, die die Welt verändern. Und sei es nur die Welt eines einzelnen Menschen.*«

Nicole von Horst, »*The Stories We Tell*«

01
Das Covergirl, Teil I
Erste Ahnungen

Das kleine Mädchen lacht mich an. Die glänzenden, hellbraunen Haare umrunden ihr hübsches Gesicht, ihre weißen Zähne blitzen. Sie strahlt über das ganze Gesicht mit großen, leuchtenden Augen. »Downsyndrom, na und!?«, steht über ihrem Kopf, und es fehlt eigentlich nur noch die Sprechblase. Das Mädchen ist das »Covergirl« einer Zeitschrift für werdende Eltern. Es hängt in einem Zeitschriftenständer neben Publikationen wie *Ihr Baby im ersten Jahr* oder *Paar, Eltern, Familie*. Ich sitze im Wartezimmer der Abteilung Pränatalmedizin des Altonaer Krankenhauses in Hamburg. An den gelbgetünchten Wänden hängen Bilder mit Blumen und Babys. Aus dem siebten Stock kann man hier über die Stadt schauen. Mir wird schwindelig bei der Aussicht, in meinem Kopf ist das Lächeln vom Titelbild des Magazins.

Ich frage mich, ob es ein Zeichen ist, dass ich mir ausgerechnet diese Zeitschrift aus dem Ständer gegriffen habe. Eigentlich bin ich nicht abergläubisch, aber seitdem ich schwanger bin, sehe ich überall Zeichen. Ich bin in der 36. Schwangerschaftswoche und warte auf eine Ultraschalluntersuchung, die mir mein Gynäkologe empfahl. »Die haben dort einfach die besseren Geräte«, meinte er. Und fügte hinzu: »Sicher ist sicher.« Sicher ist für mich nichts. Seit dem positiven Schwangerschaftstest habe ich immer mal wieder den Gedanken, dass mein Kind nicht gesund zur Welt kommen könnte. Der Termin in der pränataldiagnostischen Abteilung macht mich nicht sicherer, im Gegenteil.

Thorben, der neben mir auf einem orangefarbenen Stuhl sitzt und tapfer meine Hand hält, flüstere ich zu:
»Irgendwer muss doch die behinderten Kinder bekommen«.
»Pscht!«, zischt er zurück.
Er will den Gedanken weder in meinem noch in seinem Kopf wissen. Ich weiß aber, auch er hat ihn. Er hat ihn nicht nur, weil der Kopf unserer Tochter beim letzten Routine-Ultraschall etwas zu klein aussah und etwas zu viel Fruchtwasser festgestellt wurde. Wir hatten diese Gedanken schon vorher, weil wir mit einer gehörigen Portion Realismus ausgestattet sind. Und – seitdem ich schwanger bin, lesen wir viel: Im Internet, in Zeitschriften und in Büchern. Wir wissen: 96 Prozent aller Schwangerschaften enden mit der Geburt eines gesunden Kindes[1]. Aber wir wissen auch, dass es diese anderen vier Prozent gibt. Was wäre, wenn ich ein Kind in mir trage, das zu diesen vier Prozent gehört?

Wir sind beide schlecht in Mathe und noch schlechter im Kopfrechnen, aber es reicht für diese einfache Überlegung: All unsere Freund_innen, die bisher Kinder bekommen haben, gehören zu den 96-Prozent-Familien. Ihre Kinder kamen gesund und munter auf die Welt. Wir bekamen SMS wie »Luis ist da! Wir können das Wunder noch gar nicht fassen. 3800 Gramm schwer, 52 Zentimeter lang und

---

[1] Interdisziplinäres Forum Pränataldiagnostik, Stand August 2013.

die schönsten Wimpern, die wir jemals gesehen haben«. Langsam ist mal jemand an der Reihe für die andere Seite der Statistik. Irgendjemand muss einer der vier von hundert sein. Warum also nicht wir? Das Mädchen strahlt uns herausfordernd an.

»Sie ist süß«, sage ich, schon mit einem großen Kloß im Hals.

»Ja, das ist sie«, antwortet Thorben und drückt meine schweißnasse Hand noch ein bisschen fester. Dann höre ich Schritte.

»Frau Kaiser, bitte?«

Wir sind dran. Das Untersuchungszimmer ähnelt einem Kinosaal in Weiß. So einen großen Bildschirm habe ich bisher in keiner Arztpraxis gesehen. Wir stehen noch in der Türschwelle, als die Ärztin, eine drahtige Frau mit Brille und festem Händedruck, seufzt:

»Warum kommen Sie denn erst jetzt? In dieser Schwangerschaftswoche kann ich ja gar nichts mehr sehen.«

Wie aufmunternd! Ich will sofort wieder gehen, bleibe aber und gebe dem Drang, mich rechtfertigen zu müssen, nach.

»Wir haben uns gegen die Nackenfaltenmessung und die Feindiagnostik entschieden, weil für uns in der Konsequenz kein Schwangerschaftsabbruch in Frage gekommen wäre. Außerdem war während der Schwangerschaft alles in Ordnung. Erst jetzt meinte mein Gynäkologe, dass vielleicht etwas nicht stimmen könnte.«

Sie seufzt wieder und bestreicht widerwillig den Ultraschallkopf mit kalter Gelpaste. »Dann machen Sie mal Ihren Bauch frei.«

Mit forschen Bewegungen fährt sie mit dem Ultraschallgerät auf meinem Bauch herum, als würde sie darauf mit einem Spielzeugauto eine Rallye fahren. Manche Kurven sind unangenehm. Auf dem großen Flatscreen sehe ich Körperteile meiner Tochter.

»Also in dieser Woche kann ich Ihnen keine genaue Diagnose geben. Wären Sie mal um die 20. Schwangerschaftswoche gekommen! Aber so …!« Die Ärztin rollt mit den Augen. Sie fährt weiter mit dem kalten Gel über meinen Bauch. Ja, der Kopf wäre recht klein – und ja, die Fruchtwassermenge grenzwertig. Sie sieht wohl meine glasigen Augen, denn plötzlich bekommt ihre Stimme einen weichen Klang:

»Frau Kaiser, wenn Sie mich nach meiner persönlichen Meinung fragen, sage ich Ihnen: Sie dürfen ein gesundes Kind erwarten.«

Nun seufzt Thorben, vor Erleichterung. Aus Beunruhigung wird innerhalb einer Sekunde Vorfreude. Als wir durch das Wartezimmer das Krankenhaus verlassen, lächle ich dem Mädchen auf der Zeitschrift zu.

02
»Bitte Schuhe aus«
Die Geburtsvorbereitung

Es riecht nach Kräutertee und Massageöl. Die Wände sind gelb, den Fußboden dürfen wir nur mit Socken betreten. Vor der Eingangstür im ersten Stock stehen zwei Regale, so voll mit Schuhen, dass Spitzen und Hacken aus den Klappen herausschauen. »Bitte Schuhe ausziehen«, steht über den vollen Regalen. Anscheinend halten sich alle dran, die das Altonaer Geburtshaus besuchen. Mir sind normalerweise Wohnungen suspekt, die man nicht mit Schuhen betreten soll. Aber wahrscheinlich gehört das zum Konzept eines Geburtshauses, denke ich. Mein Kind will ich jedenfalls nicht mit Schuhen bekommen, von daher macht es schon Sinn.

Ich betrete das Geburtshaus also ohne Schuhe, nur mit Socken und freue mich, dass ich ein einigermaßen ansehnliches Paar trage. Um mich auf die Geburt unserer Tochter vorzubereiten, habe ich mich zum gleichnamigen Kurs angemeldet. Außer mir sind noch andere Frauen ohne Schuhe und mit dicken Bäuchen da. Ich betrete den Kursraum, in dem die anderen Frauen schon warten. Es ist ganz still, alle sitzen auf Isomatten oder Kissen. Als ich fragend durch den Raum blicke, sagt die Frau ohne Isomatte, aber mit großem Kissen unter dem Po: »Matten und Kissen findest du dort in der Ecke. Wir haben gerade angefangen.« »Oh«, sage ich, nehme mir Matte und Decke und füge hinzu: »Sorry für die Verspätung.« Ich war so froh, heute Morgen eine Stunde länger schlafen zu können.

Als freiberufliche Redakteurin arbeite ich zurzeit 25 Stunden pro Woche in einer Werbeagentur. Mittwochs kann ich immer erst mittags anfangen, daher passt mir dieser Kurs perfekt in den Wochenplan.

Die Frau auf dem Kissen ohne Matte stellt sich als Jonna vor – sie ist Hebamme und die Kursleiterin. Ich frage mich, wie viele Kinder wohl schon ihren Namen tragen, weil die Eltern, die sie während der Schwangerschaft betreut hat, so begeistert davon waren. Braune Kurzhaarfrisur, braune Augen, herzliches Lachen.

Dann folgt die Vorstellungsrunde. Ich bin die jüngste werdende Mutter hier, was mich nicht wundert. Wir wohnen in Hamburg-Ottensen, einer Wohngegend für gutsituierte Familien. Alle Babys in diesen Bäuchen sind geplant. Geplant ist auch, wie ihre Geburten aussehen sollen. Die anderen Frauen erzählen selbstbewusst, wie sie sich die Geburt ihres Kindes vorstellen. Für alle ist es das erste Kind. Die meisten wollen ihr Kind im Krankenhaus zur Welt bringen, wegen der Sicherheit. Der Rest hat sich für das Geburtshaus entschieden.

Thorben und ich sind uns noch nicht sicher. Wenn ich mich in den Kopf meines Babys versetze, stelle ich mir ein Willkommen mit Massageöl und gelben Wänden netter vor als mit Desinfektionsmittel und weißen Kitteln. »Ich will Level-II-Versorgung«, sagt Thorben dann sofort. »Wenn es Probleme gibt, soll alles getan werden können. Vom Geburtshaus ins nächste Krankenhaus sind es mindestens zwanzig Minuten Autofahrt. Ich habe das ausgerechnet«, sagt er, und ich weiß, dass er es wirklich gemacht hat. Er ist jetzt schon aufgeregter als ich.

»Jetzt stellt ihr euch mal chronologisch nach dem Geburtstermin eures Babys auf«, kündigt Jonna ein Kennenlernspiel an. Ein Schwanzvergleich – nur mit Worten, denke ich. Allerdings bin ich froh, dass es kein Kennenlernen mit Anfassen ist. In solchen Runden brauche ich eine Weile, bis ich mich so wohl fühle, dass ich die Nähe von fremden Menschen zulassen kann. Mir gefällt die Idee des Bauchvergleichs nicht. Ich traue mich aber auch nicht, nicht mitzumachen. Ich will nicht schon zu Anfang die Querulantin sein.

Wir fragen uns also gegenseitig nach den Terminen unserer Kinder und stellen uns brav in einem Halbkreis auf. Unser Kind soll im Oktober zur Welt kommen, ich stehe damit eher am Ende des Halbkreises. Und dann kann ich mich dem Vergleich natürlich nicht entziehen: Ich schaue zu den Frauen rechts und links neben mir. Mein Bauch ist im Vergleich zu den anderen klein. Ich bin allerdings auch dicker als die anderen Frauen und habe gehört, dass der Bauch von dickeren schwangeren Frauen erst später wirklich zu sehen ist. Allerdings höre ich, seitdem ich schwanger bin, auch wirklich viel, von allen möglichen Menschen. Ich gehe mit einem komischen Gefühl nach Hause und erzähle Thorben nichts davon. Ich bin traurig und will ihm von der Traurigkeit nichts abgeben.

Von anderen Dingen aus dem Geburtsvorbereitungskurs muss ich ihm allerdings erzählen. Manchmal so dringend, dass ich ihm direkt aus dem gelben Kursraum eine SMS schreibe. Nach ein paar Mittwochsterminen habe ich nämlich das Gefühl, einen anderen Humor als die restlichen Frauen zu haben. An einem Mittwoch steht der Beckenboden auf dem Kursplan. Wir sitzen alle auf Gymnastikbällen und sollen etwas fühlen. Ich habe meine Probleme damit, auf Kommando etwas zu fühlen. Vor allem, wenn es um bestimmte Bereiche meines Beckenbodens geht. Irgendwo in der Nähe von Vagina und Po muss er sein, aber ich fühle ihn nicht. Jedenfalls nicht so sehr wie die anderen Frauen. Sie sehen sehr konzentriert aus, wenn Jonna Sätze sagt wie: »Jetzt stellt euch vor, ihr würdet einen Tischtennisball zwischen euren Schamlippen transportieren.« Ich muss lachen, aber außer mir leider niemand. Auch nicht, als Jonna die Übung schließt mit dem Satz »Und jetzt tut ihr so, als würdet ihr mit euren Schamlippen winken.« Meinem Humorzentrum geht das eindeutig zu weit, ich falle lachend vom Gymnastikball.

03
Wie es nicht losging
Untersuchungen und Angst

Die Ärztin bestreicht den Ultraschallkopf mit kalter Glibberpaste. Ich werde nie verstehen, warum das Zeug so kalt sein muss. Könnte nicht einfach mal jemand eine Glibberpaste für Schwangerenbäuche entwickeln, die sich nicht nach Eiswürfel anfühlt? Jedes Mal erschrecke ich mich, wenn die Paste meinen Bauch berührt. Auch jetzt hat die Ärztin kein Erbarmen. Patsch! Klatscht sie den Ultraschallkopf mit dem Gel auf meinen Bauch. Meine Hände krallen sich an die Liege. Ich versuche mich mit den Blumenbildern an der Wand abzulenken; klappt aber nicht.

Die Ärztin fährt mit dem Gerät auf meinem Bauch herum, wie sie es schon die letzten Tage getan hat. Der errechnete Geburtstermin liegt nun schon acht Tage zurück, die Ärztin schaut kritisch und tut mir weh. »Es gibt nur noch wenige Fruchtwasserdepots«, meint sie stirnrunzelnd. »Wenn wir jetzt noch länger warten, kann es gefährlich werden.« Mit »wir« meint sie mich. Thorben schaut mich flehend an. Er hat Angst, ich nicht. Ich will der stirnrunzelnden Ärztin nicht glauben. Ich will, dass mein Kind zur Welt kommt, wenn mein Kind es will – und nicht, wenn die stirnrunzelnde Ärztin es will. Und ganz sicher fange ich jetzt nicht an zu weinen.

»Bitte denken Sie nicht mehr zu lange darüber nach«, sagt sie dann doch noch einigermaßen freundlich und erklärt uns, dass eine Einleitung nicht von jetzt auf gleich funktioniert und ja auch bald Wochenende ist. »Wochenende!«, denke ich. »Ja, klar, mein Kind soll natürlich nicht am Wochenende geboren werden, wenn der Kreißsaal nicht so gut besetzt ist«, erkläre ich mir selbst ihr Drängen. »Riskieren Sie bitte nichts«, gibt sie mir mit einem festen Handschlag mit auf den Weg.

Vor dem Fahrstuhl sprechen wir nicht, Thorben drückt auf das Dreieck, das mit der Spitze nach unten zeigt. Mein Kopf ist voll und gleichzeitig leer. Ich fühle mich in eine Ecke gedrängt. Ausweg? Fehlanzeige. Anscheinend bleibt mir nur ein Weg – und der fühlt sich nicht gut an, nicht selbstbestimmt – und sollte eine Geburt das nicht im besten Fall sein?

Im Fahrstuhl muss ich Thorben nicht anschauen, um zu wissen, was er denkt. Nun kommen die Tränen doch. »Ich will aber nicht!«, flüstere ich, bevor der Kloß im Hals zu groß wird. Er nimmt mich in den Arm, und die Fahrstuhltür öffnet sich. Im Bus nach Hause sitzen wir schweigend nebeneinander und halten uns an unseren Händen fest. Die herbstlichen Bäume fliegen am Busfenster vorbei, und ich muss mich anstrengen, nicht zu weinen. Genau diesen Weg wollte ich selbst gehen, allerdings in die andere Richtung. Ich hatte gehofft, unser Baby würde sich mit Wehen melden und Thorben und ich könnten den Weg zum Krankenhaus vielleicht zu Fuß gehen. Hand in Hand. Oder wenigstens mit dem Bus fahren. Jetzt fahren wir zwar mit dem Bus, aber in die falsche Richtung.

Zu Hause angekommen, rufe ich Anna, meine Hebamme, an. Ich erzähle ihr von den Fruchtwasserdepots und den

Warnungen der Ärztin und hoffe auf Beruhigung. »Ich verstehe ja, dass du möchtest, dass dein Kind selbst entscheiden kann, wann es zur Welt kommt«, sagt sie. »Aber wenn nur noch zu wenig Fruchtwasser da ist, kann es irgendwann wirklich gefährlich werden für dein Kind.« Die Worte sitzen. Selbst Anna, die anthroposophische Hebamme, rät mir zu einer Einleitung? Ich weiß gar nicht, was ich sagen soll. Der Kloß in meinem Hals wird immer größer.

Anna hört mein Schluchzen. »Du musst keine Angst haben«, versucht sie mich zu beruhigen. Dann erklärt sie mir, wie so eine Einleitung funktioniert. Ich muss eine Tablette nehmen, und es kann sein, dass diese die Wehen auslöst. Meistens ist es aber wohl so, dass es mehrere Tabletten braucht, bis die Geburt angeschoben wird. »Atme mal durch, pack ganz in Ruhe deine Tasche und dann macht euch auf den Weg ins Krankenhaus, Mareice«, sagt sie. Ich schlucke meine Tränen runter. Vielleicht hat sie recht, denke ich. Wir verabschieden uns, ich lege das Telefon auf den Tisch und gehe zur gepackten Kliniktasche. Auf dem Sofa sitzt Thorben, der die ganze Zeit mitgehört hat. Er sieht erleichtert aus.

04
Es geht los
Pommes und Currywust vorm Kreißsaal

»Hauptsache, das Kind kommt jetzt endlich raus!«, sagt meine Mutter am Telefon. Sie versteht nicht, dass ich traurig bin, dass unser Kind sich den Geburtstermin nicht alleine aussuchen darf. Ich erkläre ihr, dass ich jetzt schon die dritte Tablette für die Einleitung genommen habe und noch nichts passiert. Alle vier Stunden muss ich in den Kreißsaal zum CTG. Mit dem immer gleichen Ergebnis: nichts. Es geht nicht los. Thorben und ich versuchen, nicht verrückt zu werden. Das von uns gebuchte Familienzimmer ist nicht frei. Wir haben aber Glück: Ein Apartment im Storchennest ist frei. Das Storchennest ist ein kleines Häuschen, fünf Gehminuten vom Kreißsaal des Altonaer Krankenhauses entfernt. Eigentlich ist es für die Eltern der Neugeborenen gedacht – für uns wird nun eine Ausnahme gemacht. Wir warten also dort, wo die anderen Eltern in den Nebenzimmern schon glücklich mit ihren neugeborenen Babys kuscheln.

Als ich meiner Mutter am Telefon von den immer gleichen CTGs berichte und der Ärztin, die mit ihren »extralangen Chirurginnenfingern«, wie sie mir sagte, meinen Muttermund geöffnet hat, wird mir plötzlich ganz komisch. Für eine Sekunde ist mir schwindelig, ich muss mich hinsetzen. Noch bevor ich etwas sagen kann, fragt meine Mutter:

»Geht's los?« Ich bin mir nicht sicher, aber meine Mutter, viele hundert Kilometer entfernt, hat sie durchs Telefon gehört: Die erste Wehe. Ich habe Hunger, Thorben und ich gehen zum Krankenhaus-Imbiss. Seitdem ich 16 Jahre alt bin, esse ich kein Fleisch. Auf der Tafel des Imbisses steht das heutige Angebot: Currywurst mit Pommes. Ich esse beides, eine doppelte Portion.

Als wir nach dem Essen wieder zurück zum CTG-Raum gehen, muss Thorben mich stützen. Die Wehen kommen jetzt immer öfter. Wenig später sehe ich sie auch auf dem Blatt, das das CTG-Gerät ausspuckt. »Die Tablette nehmen Sie bitte noch«, sagt die Krankenschwester, und ich schlucke brav die kleine weiße Pille. Es ist mittlerweile dunkel, 21 Uhr, die Wehen kommen alle zwanzig Minuten. Ich bin müde von den vergangenen Stunden Warten und jetzt auch von den Wehen. »Lass uns ins Bett gehen«, sage ich zu Thorben. Er stützt mich, wir gehen ins Storchennest. Auf dem Weg dorthin muss ich mehrmals anhalten. Die Wehen kommen jetzt öfter. »Meinst du wirklich, dass du jetzt ins Bett willst?«, fragt mich Thorben unsicher. »Es geht doch jetzt los, oder?«

»Nein!«, sage ich bestimmt. Ich bin so müde, ich will nur ins Bett. Während ich mir im Badezimmer die Zähne putze, muss ich mich immer wieder am Waschbecken abstützen. Um die Wehen durchzustehen, stöhne ich. Thorben läuft aufgeregt in unserem Mini-Apartment hin und her. Ich lege mich ins Bett, zittere vor Müdigkeit und vor Schmerzen. Irgendwann kapituliere ich. Wir gehen zum Kreißsaal. Es geht los.

05
»Mach die scheiß Musik aus!«
Gretas Geburt

»Setzen Sie sich bitte hin!«, sagt der glatzköpfige Arzt, mittlerweile nicht mehr in einem allzu freundlichen Ton. Mir laufen die Tränen über die Wangen. Hinsetzen!, denke ich. Der hat gut reden. Ich könnte in diesem Zustand nicht einmal mehr meinen Namen buchstabieren, und er will, dass ich mich hinsetze. »Und zwar ganz ruhig!«, sagt er und legt mir fest, ein bisschen zu fest, seine Hand auf meine nackte Schulter. Ich hasse Spritzen, ich habe schlechte Venen. Von meiner Mutter geerbt. Wenn Ärzt_innen[2] meine Venen sehen, schlagen sie immer die Hände über dem Kopf zusammen. Nicht nur metaphorisch, sie tun das wirklich. Meine Venen werden nicht getroffen, und wenn doch, rutschen sie wieder weg. Irgendwie ist mir das Verhalten meiner Venen sympathisch – wenn auch wenig hilfreich für mich und mein Befinden. Diese Spritze hier, die der Glatzkopf-Arzt in der Hand hält, hat es so richtig in sich. Er will sie in mein Rückenmark spritzen, damit ich die Wehen und

---

[2] In der journalistischen Auseinandersetzung mit dem Thema Inklusion habe ich u. a. gelernt, dass Sprache diskriminieren kann, und bin deshalb bemüht, diskriminierende Sprache in meinen Texten zu vermeiden. Daher nutze ich einen Unterstrich, den sogenannten Gender Gap, der die weibliche und die männliche Form von z. B. Berufsbezeichnungen miteinander verbindet und in der Mitte Platz lässt für alle geschlechtlichen Identitäten zwischen und jenseits von weiblich und männlich.

damit auch die Geburt aushalten kann. Mir sind gerade alle Drogen der Welt recht. Allerdings nicht alle Nebenwirkungen der Welt. Thorben und ich haben schon in den ersten Schwangerschaftsmonaten alle Nebenwirkungen und Risiken der PDA recherchiert. Wie immer, habe ich mir auch die schlimmsten nicht erspart: Nervenschädigungen und Hirnhautentzündung. Meine Freundin Katharina, leidenschaftliche Anästhesie-Ärztin, wurde von mir bereits dazu telefonisch befragt. »Jetzt mal Tacheles«, sagte ich zu ihr, nachdem sie mich über den Ablauf einer PDA informiert hatte. »Würdest du dir eine geben lassen?« Katharina hat keine Kinder. »Sofort!«, rief sie durchs Telefon. »Mach das auf jeden Fall!«, riet sie mir. »Heutzutage muss keine Frau mehr diese Schmerzen haben«, sagte sie und erklärte mir, dass der Prozentsatz, bei dem etwas passiert, wirklich verschwinden gering sei. »Da muss der Arzt schon betrunken sein«, meinte sie. Ich bin mir da nicht sicher, was den Glatzkopf-Arzt betrifft. Aber was habe ich jetzt schon für eine Wahl?

Mein ganzer Körper zittert, und der Glatzkopf-Arzt will, dass ich stillhalte. Glatzkopf-Arzt-Witzbold. Wie soll ich ruhig sitzen, wenn in mir drin ein Presslufthammer arbeitet? Ich will stillhalten, ich bemühe mich, so sehr ich kann. Aber ich zittere. Ich kann nicht mehr, ich bin schon so erschöpft, dass ich meinen Körper nicht mehr kontrollieren kann. Alles in und an mir vibriert, zwischendurch immer wieder dieses Ziehen durch den ganzen Körper. Ich schreie. Dann atme ich. Dann schreie ich wieder. Die Musik, die Thorben vor einigen Wochen liebevoll zusammengestellt und auf CD gebrannt hatte, läuft schon längst nicht mehr.

»Mach die scheiß Musik aus!«, habe ich schon beim ersten Song geschrien.

Jetzt steht Thorben vor mir und versucht, mich zu halten. Aber nichts hilft, die ganze Liege wackelt. Glatzkopf-Arzt sitzt hinter mir und desinfiziert einen gefühlt ziemlich großen Bereich kurz über meinem Po. Dann liegt er auf dem Boden. Nicht mein Po, sondern der Glatzkopf-Arzt. Er ist von seinem Glatzkopf-Arzt-Drehstuhl gefallen. Ich weiß nicht, ob ich lachen oder weinen soll, und entscheide mich einfach für beides, gleichzeitig. Dann kommt die nächste Wehe.

Anything can happen to anyone, but it usually doesn't. Except when it does.

Philip Roth

06
Sie ist da – sie ist weg
Da stimmt was nicht

Die PDA macht ihren Job, ich mache meinen. Schreien, pressen, nicht pressen, Luft holen, ausatmen. Meine Finger umklammern die Liege; wenn eine Wehe kommt, haue ich drauf. Thorben schreie ich an: »Drück auf den scheiß Knopf!« Er schreit zurück: »Ich drücke die ganze Zeit!« Je öfter wir den Knopf drücken, desto mehr Narkosemittel gelangt in meine Venen. Leider gibt es eine Sperre. Thorbens Job ist es, sobald die Sperre gelöst ist, wieder draufzudrücken. Er macht seinen Job gewissenhaft, aber mir reicht die Dosis nicht. Die Herztöne, die das CTG abnimmt, gefallen der Hebamme und der Ärztin nicht. »Wir müssen nach dem Sauerstoffgehalt deines Babys schauen«, sagt die Hebamme. Mir ist alles egal, Hauptsache, Greta kommt jetzt endlich bald raus.
Ich.
Kann.
Nicht.
Mehr.

Ich spüre meinen Körper nicht mehr, alles ist betäubt, fast alles, auf jeden Fall mein linkes Bein, nur die scheiß Wehen nicht. Die PDA liegt nicht so, wie sie soll. Glatzkopf-Arzt sagt, ist meine Schuld, ich habe ja schließlich gezittert. Leider habe ich keine Kraft für einen Streit.

Thorben hält mein linkes Bein fest, das ohne seine Hilfe schlaff zur Seite fallen würde. Eigentlich könnte ich es ganz bequem auf eine Beinstütze legen, darüber verfügt dieses Bettdings nämlich, auf dem ich liege. Es ist aber leider kaputt und fällt genauso zur Seite wie mein taubes Bein, wenn Thorben es nicht hält. »Sorry«, entschuldigt sich die Hebamme für die mangelhafte Ausstattung. Ich rolle nur die Augen.

Alle sind bereit, die Hebamme steht an Thorbens Seite, der mein Bein und das kaputte Beinhaltedings hält, ihm gegenüber steht die Ärztin, die gerade hereingeeilt kam. Sie ist noch aus der Puste. Für mich ist die Ärztin ein gutes Zeichen. Ich weiß, dass die Ärzt_innen zur Geburt gerufen werden. Jetzt also: Geburt! Endlich.

»Jetzt pressen!«, feuert mich die Hebamme an. Ich presse um mein Leben. Wenn das Pressen ist, ich weiß es nicht. Ich drücke einfach, so wie man drücken kann, wenn der halbe Körper ohne Gefühl ist. Und ich presse noch mal und noch mal, immer, wenn die Hebamme es mir sagt. Sie gibt Anweisungen, ich atme und presse. So kann ich arbeiten. Ich schreie. Thorben hält mein Bein und das kaputte Bettbeindings. Pfschtschl. Es flutscht. Ich spüre etwas zwischen meinen Beinen. Sie ist da! Mein Kind ist endlich da. Aber etwas ist nicht in Ordnung. »Alles okay?«,

frage ich unsicher. Ich sehe einen kleinen Kopf zwischen meinen Beinen, einen kleinen Kopf mit Haaren. Ich höre Stimmen, alle gleichzeitig, übereinander, durcheinander. Die Hebamme, fragt: »Thorben, möchtest du die Nabelschnur durchtrennen!« Die Ärztin, schreit: »Sie muss weg!« Thorben, fragt: »Was ist los?« Ich, schreie: »Was ist los?« Alles dauert nur Sekunden. Dann ist sie weg. Mein Kind ist da und weg. Ich spüre nichts und habe nur eine Frage: »Ist sie tot?«
Niemand hat eine Antwort für mich.

Eine Stunde später kommt die Ärztin wieder rein. Sie hat mein Kind nicht auf dem Arm und erklärt in kurzen Sätzen das Wichtigste: »Ihre Tochter lebt. Sie muss beatmet werden und hat fehlgebildete Ohren. Wir gehen von weiteren Fehlbildungen aus. Mehr kann ich Ihnen im Moment nicht sagen.«
»Wann können wir sie sehen?«, frage ich. »Das kann ich Ihnen noch nicht sagen«, antwortet sie, während sie das Zimmer verlässt. Die Hebamme legt ihren Arm um mich und Thorben und weint, wir weinen mit. »Es tut mir so leid«, flüstert sie. Ich bin heiser vom Schreien. Thorben holt mir Tee. Während mein Dammriss genäht wird, spüre ich nichts. Nur Leere.

Zwei Stunden später dürfen wir zu ihr. Es fühlt sich falsch an, dass andere Menschen bestimmen, wann wir unser eigenes Kind sehen dürfen. Die PDA macht immer noch ihren Job und lähmt mich halbseitig. Ich kann nicht alleine gehen, deshalb steht mittlerweile ein Rollstuhl neben meiner Liege. Zur Tür herein kommt ein braunhaariger Mann mit Bart und freundlichem Lächeln. »Ich bin Pfleger Jörn und bringe Sie jetzt zu Ihrer Tochter«, sagt er zu Thorben und mir. Pfleger Jörn schiebt mich, Thorben hält meine Hand. Auf dem Weg sagt Pfleger Jörn: »Herzlichen Glückwunsch!« Ich habe einen Kloß im Hals. »Ähm, danke«, sage ich und weine. »Sie sind der Erste, der uns gratuliert«, erkläre ich ihm. »Aber natürlich gratuliere ich Ihnen!«, sagt Pfleger Jörn bestimmt und fröhlich. »Sie sind doch gerade Eltern geworden! Und ich kann Ihnen sagen, Ihre Tochter ist eine sehr Süße.« Stimmt ja, wir sind gerade Eltern geworden, denke ich und fühle es doch nicht. Eltern werden hatte ich mir anders vorgestellt – und es war uns anders versprochen worden, in Geburtsvorbereitungskursen, Büchern und Magazinen.

Ich bin schon wieder zittrig, mittlerweile habe ich seit 48 Stunden nicht geschlafen. Ich bin zittrig und aufgeregt. Gleich sehe ich zum ersten Mal meine Tochter. »Sie musste beatmet werden und hat deshalb jetzt ein CPAP. Das ist ein Gerät, mit dem ihre Spontanatmung unterstützt wird. Gleichzeitig verdeckt es mehr als die Hälfte ihres Gesichts. Sieht nicht so toll aus, ist aber auch nicht so schlimm. Ansonsten werden Sie noch weitere Kabel an Ihrer Tochter sehen, ich erkläre dann gern alles in Ruhe«, sagt Pfleger Jörn in einem Tonfall, der mir das Gefühl gibt: Alles wird gut. Was bedeutet das eigentlich? »Gut.« Ich hoffe einfach, dass es besser wird. Und ich hoffe, dass ich mich nicht erschrecke, wenn ich gleich meine Tochter zum ersten Mal sehe. Ich habe Angst.

07
Wir sind Eltern
Auf der Intensivstation

Ich sitze am Bett meiner Tochter. Wobei »Bett« eigentlich übertrieben ist. Es ist eher ein Brutkasten. Das Bett steht zu Hause und ist leer. Das »Bett«, in dem sie nun liegt, nennen die Krankenhausmenschen Inkubator. Meine Tochter darf ich nicht anfassen, überall an ihr sind Kabel. Ihr Gesicht ist aufgequollen von der Beatmung, es piept. Meine Tochter piept, und die zwei Babys, die mit ihr das Zimmer auf der Intensivstation teilen, piepen auch. Ich kann das Piepen nicht einsortieren und zucke jedes Mal zusammen, wenn ein Monitor Alarm schlägt. Meine Tochter ist vier Stunden alt und fühlt sich nicht an wie meine Tochter.

Ich habe ein gesundes kleines Mädchen erwartet, das auf meiner Brust liegt und sich selbst den Weg zur Brustwarze sucht. Bullerbü im Kreißsaal. Stattdessen: Emergency Room. Ich versuche, das kleine menschliche Wesen vorsichtig durch die Kabel hindurch mit dem Zeigefinger zu berühren. Ich traue mich nicht richtig, habe Angst, ihr weh zu tun oder sie zu verletzen. Sie liegt unter einem Berg von Kabeln. Ich weiß nicht, was genau sie bedeuten. Sie atmet schwer. An ihrem Mund sammelt sich immer wieder Speichel. »Süß«, hat Pfleger Jörn gesagt. Ich finde sie vor allem: klein und zerknautscht. Und verkabelt.

Ich berühre ihre Finger. Ihre Haut ist ganz weich. Es ist

die Haut meiner Tochter, die bis eben gerade noch in meinem Bauch war. Ist das wirklich meine Tochter? Vielleicht haben sie sie vertauscht auf dem Weg vom Kreißsaal zur Intensivstation?

»Wissen Sie schon, wie Ihre Tochter heißen soll?«, fragt uns Pfleger Jörn. Wohl eher nicht vertauscht. Während ich noch denke, dass das eigentlich nicht unsere Tochter sein kann, weil wir sie uns doch so anders vorgestellt hatten, sagt Thorben, ohne zu zögern: »Ja, Greta!«

»Bist du dir sicher?«, frage ich ihn. »Wollen wir nicht noch ein bisschen drüber nachdenken?«

»Nein, wir waren uns doch ganz sicher.«

Normalerweise bin ich es, die schnelle Entscheidungen trifft. Während der letzten Monate der Schwangerschaft war für uns immer klar, dass unser Kind Greta heißen soll.

Greta. Ein Name, auf den wir bei einem Konzert kamen. Vor fünf Monaten, an einem lauen Sommerabend. »Greta – schöner Name, oder?«, stupste ich Thorben an. Er nickte und strahlte mich an. Wir waren uns einig.

Meine Greta. Vielleicht eine Sängerin? Ein aufmüpfiges kleines Mädchen, ähnlich wie Pippi Langstrumpf? Auf jeden Fall ein starkes Mädchen, das weiß, was sie will. Vielleicht sogar ein Dickkopf. Ganz bestimmt aber kein krankes Würmchen unter einem Kabelberg.

»Möchten Sie das Namensschild schreiben?«, fragt uns Pfleger Jörn. Ich schüttele den Kopf, während Thorben nickt. »Greta Kaiser« schreibt er in Schönschrift auf das Schild. Daneben malt er eine Sonne.

»Schau mal, was für süße kleine Finger«, flüstert Thorben, während ich nur die Kabel sehe und das schwere Atmen höre und sich mein Hals bei jedem Atemzug zusammenzieht, und ich selbst fast keine Luft bekomme. »Bekommt sie genug Luft?«, frage ich Pfleger Jörn. »Ja, machen Sie sich keine Sorgen«, beruhigt er mich. »Ihre Tochter wird gut überwacht. Wir messen regelmäßig all ihre Vitalwerte wie Pulsschlag, Herzfrequenz, Sauerstoffgehalt des Blutes. Wenn etwas nicht in Ordnung sein sollte, alarmiert uns der Monitor, und jemand von uns kümmert sich. Im Moment macht sie das mit der Atmung ganz gut. Den CPAP zur Unterstützung benötigt sie aber leider noch.«

Links und rechts von Greta liegen andere Kinder in den Inkubatoren. Sie sind halb so groß wie Greta. Ich habe noch nie in meinem Leben so kleine Menschen gesehen, und finde ihren Anblick mindestens so schockierend wie den meines eigenen Kindes. Ich denke an all die Bonding-Theorien, mit denen ich mich vor Gretas Geburt beschäftigt habe. Schon absurd, über was wir uns Gedanken gemacht haben. »Darf ich Greta rausnehmen?«, frage ich Pfleger Jörn. »Das ist im Moment leider noch nicht möglich. Aber ganz bestimmt bald.« Ich kann mein gerade geborenes Baby nicht auf den Arm nehmen. Ich kann es nur anschauen und mit meinen Fingern berühren. Ich kann nur dabei zusehen, wie ihre kleine Windel gewechselt wird, wie sie vom Pflegepersonal versorgt wird. Ich selbst bin viel zu unsicher, mehr zu machen, als sie zu streicheln. Mir ist übel, ich habe seit Stunden nichts gegessen. Mein Mund ist ganz trocken, ich spüre, dass meine Lippen rissig sind, und lecke mit der Zunge drüber. »Kannst du mir was zu trinken holen?«, bitte ich Thorben. Er verlässt den Raum, und ich höre, wie die Krankenschwestern auf dem Flur ihm erklären, wo er was findet auf der Intensivstation. Ich bin das erste Mal alleine mit Greta, meiner fünf Stunden alten Tochter. Sie ist nackt, trägt nur eine Windel und diese vielen Kabel. Ich lege ihr meine Hand auf die Brust. Es ist die größtmögliche Nähe, die wir haben können. Ich verrenke dafür meinen Arm, denn aufstehen kann ich noch nicht alleine, ich sitze noch im Rollstuhl.

»Hast du schon jemandem Bescheid gesagt?«, frage ich Thorben, als wir abends im Storchennest nebeneinander im Bett liegen. »Ja, ich habe eine SMS geschrieben, an die engsten Leute«, sagt er. »Es kamen auch schon viele Antworten zurück. Alle freuen sich.«

»Freuen? Was hast du denn geschrieben? Nichts von der Intensivstation?«

»Nein, ich habe nur geschrieben, dass Greta endlich da ist. Alles andere hat doch noch Zeit.«

Während ich die Telefonnummer meiner Eltern wähle, erinnere ich mich an den Moment, als ich ihnen von der Schwangerschaft erzählte. Von ihrem vierten Enkelkind. Bisher waren sie Großeltern von drei Enkelkindern, meine beiden älteren Brüder sind beide Familienväter, das jüngste Enkelkind war gerade zwei Jahre alt, das älteste zehn. Vor uns auf dem Tisch standen drei Stückchen *Death by chocolate*, mein Lieblingskuchen in diesem Café in Hamburg-Ottensen. Vintage-Einrichtung und die leckersten Kuchen der Gegend.

»Und wenn was passiert?«, fragte ich sie und spürte den Kloß im Hals. »So wie bei euch damals?«

Das erste Kind meiner Eltern war nach drei Tagen an einem Herzfehler verstorben. Mit dieser Familiengeschichte bin ich aufgewachsen, sie war immer präsent – gleichzeitig auch die Dankbarkeit meiner Eltern, drei gesunde Kinder bekommen zu haben; mich und meine zwei älteren Brüder. Wenn sie mal wieder besonders ätzend mir gegenüber waren, träumte ich mich zu meinem verstorbenen Bruder und stellte mir vor, in ihm sicher einen liebevolleren Spielpartner gehabt zu haben.

»Ach Quatsch, so was wird dir nicht passieren«, meinte meine Mutter. »Warum bist du dir so sicher?«, fragte ich sie, schon mit Tränen in den Augen. »Wir hatten damals Pech. Das passiert nicht noch mal«, meinte sie.

Jetzt rufe ich sie an und erzähle ihr von ihrem vierten Enkelkind. »Sie ist da«, sage ich. »Und?«, fragt meine Mutter. Sie hört, dass etwas nicht stimmt. »Sie liegt auf der Intensivstation«, weine ich in den Hörer. »Was ist los?«

»Niemand weiß, was los ist. Könnt ihr kommen?«

»Jetzt? Nein, das geht leider nicht. Was ist denn los?«

»Ich weiß nicht, was los ist. Ich habe gerade ein Kind bekommen, und es liegt auf der Intensivstation. Das ist los!«, schreie ich in den Hörer und drücke auf das rote Hörersymbol.

Zwei Stunden später sehen meine Eltern ihr viertes Enkelkind das erste Mal auf der Intensivstation.

08
Botschaften von Hiob
Das Warten auf die Diagnose

»Hier ist Gretas Mama«, sage ich in den Apparat am Eingang der Intensivstation. »Elternschleuse« steht über der Tür. »Alles klar«, kommt aus dem Lautsprecher, dann geht der Türsummer. Alle Menschen, die die Intensivstation betreten, müssen sich anmelden und durch die Schleuse. Ich lege Mantel, Schal und Mütze ab, packe meine Anziehsachen in den Spind, wasche und desinfiziere meine Hände gründlich und betrete die Intensivstation. Ich laufe den langen Gang in Richtung Greta. In Gretas Zimmer angekommen, finde ich sie nicht. Nur die Frühchen in den Inkubatoren sehe ich, aber Greta ist weg. Schon wieder, einfach weg. Ist sie tot? geht es mir kurz durch den Kopf. Ich renne auf den Flur. »Was ist mit Greta?«, frage ich die erste Krankenschwester, der ich begegne. »Wo ist sie?«

»Wir mussten sie verlegen, machen Sie sich keine Sorgen. Ich bringe Sie zu Ihrer Tochter«.

Ich atme auf.

An ihrem Inkubator angekommen, der nächste Schreck. »Was ist mit ihrem Arm?«, frage ich die Krankenschwester.

»Oh, hat Ihnen das noch niemand gesagt?«

»Nein. Was ist los?«

»Wir haben heute Morgen bei der Versorgung festgestellt, dass der Arm Ihrer Tochter gebrochen ist.«

»Wie bitte? Wie konnte das denn passieren?«

»Das wissen wir leider auch nicht. Wir haben heute Morgen eine Schonhaltung festgestellt und dann geröntgt und die Fraktur gesehen. Deshalb muss der Arm jetzt geschient werden, damit er wieder zusammenwachsen kann. Bei so kleinen Kindern geht das ganz schnell. Die Knochen warten nur darauf, wieder zusammenzuwachsen.«
»Hat sie Schmerzen?«
»Wahrscheinlich schon, sie bekommt jetzt aber Schmerzmedikation. Wir haben auch das Gefühl, dass es ihr seitdem bessergeht.«
»Aber wie konnte das denn passieren? Gestern sah ihr Arm noch ganz normal aus.«
»Wir vermuten, dass es unter der Geburt passiert ist.«

Am nächsten Tag ist Gretas Bauch ganz dick. Ich sehe es schon beim Betreten des Zimmers. Drei Menschen stehen um Gretas Bett herum. Der Oberarzt hat einen Metallstab in der Hand. »Frau Kaiser, gut, dass Sie da sind«, begrüßt er mich. »Seitdem Ihre Tochter das Mekonium abgesetzt hat, kam kein Stuhlgang mehr. Wir müssen davon ausgehen, dass sie eine Darmentleerungsstörung hat. Ihr Bauch schwillt immer weiter an, wir müssen da nun nachhelfen. Das hier sind Bougierstäbe. Damit werden wir versuchen, ihren After zu weiten.« Mir ist übel. Ich sehe die Adern auf ihrem nackten, geschwollenen Bauch und bekomme selbst Bauchschmerzen. Aber anscheinend muss es sein, also lasse ich mir das Bougieren zeigen, das wir ab sofort mehrmals am Tag übernehmen müssen. Es ist und bleibt eine Überwindung, jedes Mal.

09
Wie sagen wir es unseren Freunden?
Die Geburtsmail

»Schau mal, wie süß sie da grinst«, freut sich Thorben. Er wischt auf seinem Smartphone ein Foto nach dem nächsten von links nach rechts. Auf allen Bildern ist Greta. »Ja, lass uns das nehmen, das ist süß«, sage ich. Auch wenn es mit Magensonde ist, denke ich. Thorben hatte die Sorge, dass die Empfänger_innen unserer »Greta ist da«-Mail sich vielleicht erschrecken könnten beim Anblick der Sonde in ihrer Nase. Natürlich möchten wir, dass unser Kind so hübsch wie möglich aussieht in der ersten Vorstellungsmail. Vor allem, weil sich unsere Geburtsmail ja sowieso von denen unterscheidet, die die Leute sonst so bekommen. Dass es in der Geburtsmail meines Kindes nicht um unwichtige Details wie Größe und Gewicht gehen soll, wusste ich schon vor Gretas Geburt. Dass wir einen Chromosomenfehler erklären würden, nicht.

Hurra! Ich bin da, ich heiße Greta und sende süße Grüße.
Das da auf dem Bild, das bin ich, und ich winke Dir – einen Monat nach meiner Geburt. Falls Du Dich fragst, was mir da aus der Nase hängt: Das ist eine Magensonde. Sieht erst einmal komisch aus, ist aber vor allem sehr nervig für mich. Auch wenn ich es oft versuche, habe ich es leider noch nicht geschafft, sie mir rauszuziehen. Ich brauche sie auch noch ein bisschen, weil ich bis jetzt noch zu schwach bin, die leckere Milch von Mama

ganz ohne Hilfe zu mir zu nehmen. Ich habe aber schon einiges ganz gut drauf, zum Beispiel das Pupsen. Das ging anfangs auch nicht so gut, aber jetzt bin ich schon einen ganzen Monat alt und kann das. Es gibt Leute, die sagen, dass ich anders bin als andere Babys, weil an einem Chromosom in meinem kleinen Körper etwas angehängt ist, was da eigentlich nicht sein sollte.

Mein Papa hat mir das so erklärt: Das Chromosom ist ein Auto, an das sich ein Skater gehängt hat. Das Auto kann den Skater aber niemals abschütteln, fährt deshalb im Verkehr langsamer, und der Fahrer kommt nicht so schnell von A nach B wie einer im Auto ohne Skater. Was genau das für meine Zukunft bedeutet, kann übrigens niemand sagen, bis jetzt auch kein Onkel Doktor. Werden wir dann schon sehen, nech?

Nachdem ich nun schon seit der Geburt im Krankenhaus bin, bereite ich mich so langsam darauf vor, in meine kaiserlichen vier Wände einzuziehen. Wichtige Kriterien dafür sind fast erfüllt, u.a., dass ich ganz von alleine atmen kann. Das musste ich nämlich erst mal lernen. Puh, war das anstrengend. Weihnachten zu dritt zu Hause ist auf jeden Fall drin, sagen alle. Da ist dann so richtig Familienleben angesagt. Darauf freuen wir drei uns schon sehr. Geplant war alles ganz anders, aber wenn ich schon eines jetzt weiß, dann ist es, dass man Mensch werden nicht planen kann. Irgendwann lerne ich Dich hoffentlich auch mal kennen, denn Mama und Papas Freunde sollen auch meine sein.

Ganz liebe Grüße von Deiner Greta

10
»Augen hat sie«
Nichts ist unmöglich

Im Storchennest sitzen Thorben und ich nebeneinander im Bett, die Milchpumpe zieht Muttermilchtropfen aus meiner linken Brust. »Die Milch wird ihr guttun«, muntert Thorben mich auf. Wenn in diesem Moment die Welt untergehen würde, er würde sagen: »Immerhin war sie schön.« Das ist gerade unsere Aufteilung, wir spielen Emotionen-Pingpong. Wenn ich nicht mehr kann, kann er. Wenn er nicht mehr kann, kann ich. Aktuell kann ich allerdings immer seltener als er. Seitdem wir unser Zimmer in diesem Teil des Krankenhauses bezogen haben, teilt er sich zwischen Greta und mir auf. Er sorgt dafür, dass ich esse und trinke – und dass Greta isst und trinkt, auf ihre Art. Sie bekommt die Muttermilch durch eine Magensonde, die ihr aus der Nase hängt. Ich muss immer ein Würgegefühl unterdrücken, wenn ich ganz genau hinsehe, schließlich führt dieses dünne grüne Schläuchlein direkt von ihrer Nase über den Rachen in ihren Magen. Ürgs.

»Trinken ist ganz wichtig für die Milchproduktion«, erklärt Thorben mir, was ich selbst weiß, und reicht mir ein großes Glas Wasser. Die ersten Tropfen, die aus meinen Brüsten kamen, hat er gefeiert. Ich habe mich nur gewundert, wozu ein Körper in der Lage ist, der doch eigentlich nur aus Trauer besteht. Thorben behandelt meine Milch, als wäre sie Medizin für Greta. Jeden Tropfen bringt er in kleinen Spritzen zu ihr auf die Intensivstation, direkt nachdem ich sie abgepumpt habe. Die Krankenschwestern erklären uns, wie wir die Milch durch die Magensonde drücken. Das Füttern unserer Tochter hatten wir uns anders vorgestellt. Ich hatte während der Schwangerschaft keine dogmatische Meinung zum Stillen, war noch nie ein großer Fan davon, meine Brüste der Öffentlichkeit zu präsentieren. Gleichzeitig hielt ich das Stillen für den unkompliziertesten Weg, mein Kind zu ernähren – und vermutlich auch für den gesündesten. Ich habe einfach meinem Körper und meinem ungeborenen Kind vertraut. Daher war mir klar: Wenn Greta will, werde ich stillen. Jetzt weiß ich gar nicht, ob sie will. Ihre Lebensfunktionen sind wichtiger als eine Diskussion rund um das Stillen.

»Das Baby sucht sich nach der Geburt den Weg zur Brustwarze und macht die ersten Saugversuche«, hatte mir meine Hebamme Anna während des »Babypflege-Elternsein«-Wochenendes erklärt. »Aha«, denke ich jetzt, höre die Milchpumpe und fühle mich akustisch eher an den Kuhstall meines Onkels erinnert. Die Geräusche der Melkmaschinen unterscheiden sich nicht wirklich von denen einer Milchpumpe für Menschen. Pfffftschtpfffftscht. Alle vier Stunden Pfffftschtpfffftscht. Minutenlang. Pfffftschtpfffftscht für ein paar Tröpfchen.

»Sieht gut aus«, sagt die wirklich nette Krankenschwester aufmunternd, die mir gerade zwischen die Beine geschaut hat. Sie meint den Scheidenriss ersten Grades. Ich spüre seit der Geburt keine körperlichen Schmerzen mehr; auch nicht, seitdem die Betäubung nachgelassen hat. Da ist nur Trauer, Verzweiflung, Angst, Hilflosigkeit. Was zwischen meinen Beinen los ist, ist mir herzlich egal. Mein Körper ist mir egal, die komischen löchrigen Unterhosen, die ich trage, sind mir egal und auch, wer mich damit sieht. Thorben sind sie zum Glück auch egal.

Wir liegen nebeneinander in unserem Storchennest-Bett und googeln alle Chromosomenfehler dieser Welt. »Kleine Lidspalten, fehlgebildete Ohren, Anpassungsschwierigkeiten bei der Geburt« sind die Suchbegriffe, die ich in mein Smartphone eingebe. Wenn als Ergebnis Bilder angezeigt werden, schließe ich meine Augen bis auf einen kleinen Schlitz, damit die Bilder unscharf werden. Sie beunruhigen mich nur. Ich möchte sie nicht in Verbindung bringen mit meiner Tochter, die wenige und gefühlt doch viele hundert Meter entfernt in einem Inkubator auf der Intensivstation liegt. »Menschen mit hohem Haaransatz« gebe ich ein, weil mir vor einer halben Stunde, als ich neben ihr und dem Inkubator stand, auffiel, dass sie so gut wie keine Haare über der Stirn hat.

Als Suchergebnis spuckt mein Smartphone das Turner-Syndrom aus. »Das Ullrich-Turner-Syndrom hat neben Kleinwuchs, gedrungener Statur und Infertilität eine Reihe weiterer gesundheitlicher Konsequenzen, die in ihrer Ausprägung jedoch sehr variabel sein können. Bereits bei der Geburt liegt nach Angaben der Turner-Syndrom-Vereinigung Deutschland oft eine Aortenstenose vor, die je nach Schweregrad früher oder später operativ behandelt werden muss.« In Gedanken mache ich Haken an alle Auffälligkeiten, von denen ich die Ärzt_innen an Gretas Inkubator bereits habe sprechen hören. Ich klicke mich von Seite zu Seite, von einem Chromosomenfehler zum nächsten. Ich lese von Syndromen mit lebensverkürzender Prognose, von geistigen Behinderungen, von Operationen. Ich will alle Informationen, die ich bekommen kann. Vielleicht übersehen die Ärzt_innen etwas? Ich will nichts übersehen. Ich will auf alles vorbereitet sein.

»Baby ohne Augen« gebe ich in die Suchmaschine ein. Ich bekomme viele Ergebnisse. Kinder ohne Augen, Kinder ohne Nasen, Kinder mit Lippen-Kiefer-Gaumen-Spalten. Ich mache meine Augen wieder fast zu, so dass ich nur die Überschriften erkennen kann. Mein Puls wird schneller, mein Herz klopft. Hat Greta Augen? Ich habe sie noch nicht gesehen in diesen drei Tagen. Ihr Gesicht ist so aufgequollen, ich weiß nicht, ob das vom CPAP, der Beatmungshilfe, kommt oder ob es zu Greta gehört wie ihre Ohren. Ich lese einen Artikel über Yaha, einen Jungen, der ohne Augen, Nase und Mund zur Welt kam. »Wer Yaha sieht, erschrickt unweigerlich«, steht da und weiter: »Deshalb bedecken seine Eltern ihn mit einem Tuch, wenn sie mit ihm auf die Straße gehen.« Mir wird heiß und kalt. Nachdem ich ein paar Tage alles zu Chromosomen, Humangenetik und Fehlbildungen recherchiert habe, weiß ich eines: Nichts ist unmöglich.

Diese Nacht kann ich nicht schlafen, ich habe Albträume. Die Bilder vor meinem inneren Auge wechseln sekündlich. Wenn alles möglich ist, ist es auch möglich, dass Greta keine Augen hat. Ich will Thorben nicht mit meinen Gedanken belasten. Ich weiß, er hat selbst ähnliche, und ich merke, wie ihn die digitale Suche zusätzlich verunsichert, wie auch er immer mehr für möglich hält. Auch das Unmögliche. Er tut so, als würde er nicht googeln, aber ich weiß, er tut es. Voreinander streiten wir es beide ab.

Während der täglichen Visite halte ich die quälenden Gedanken nicht mehr aus. »Kann es sein, dass Greta keine Augen hat?«, frage ich die Ärztin. Sie ist nicht von der empathischen Sorte und antwortet regungslos: »Alles kann sein.« Als sie meine Tränen sieht, schiebt sie nach: »Ich schaue mal nach.« Sie zieht eine kleine Taschenlampe aus ihrer weißen Kitteltasche, zieht mit zwei Fingern ziemlich grob Gretas rechtes Augenlid auseinander. Greta gefällt das gar nicht, erst recht nicht, dass die Ärztin nun mit der Taschenlampe in die Lidspalte leuchtet. Dann die gleiche Prozedur auf der linken Seite. Greta beschwert sich und atmet noch schlechter als vorher, sie hustet Sekret aus ihrem kleinen Mund. Das Gesicht der Ärztin verrät nichts, ich habe sie genau beobachtet, wie ich es immer tue, wenn Ärzt_innen Greta untersuchen. Ich möchte mir keine Information entgehen lassen, die vielleicht wichtig sein könnte für das große Diagnose-Puzzle.

»Augen hat sie. Ob sie damit sehen kann, kann ich Ihnen nicht versprechen«, sagt die Ärztin. Ich weiß nicht, ob ich lachen oder weinen soll, entscheide mich aber fürs Weinen. Sie hat Augen! Ich bin erleichtert. Sie wird vielleicht nicht sehen können! Ich bin hilflos. Was ich auch noch bin: fassungslos. Über die empathielose Art und Weise, in der die Ärztin mit mir kommuniziert hat. Fakten auf den Tisch und tschüs! Ich frage mich, ob sie eigentlich weiß, was sie hier tut. Über Menschen reden, Zukunftsträume zerstören, Eltern verunsichern, eine unerträgliche Situation noch unerträglicher machen.

»Vielleicht ist das ihr Schutzmechanismus«, meint Thorben abends im Storchennest-Bett zu mir, während wir mal wieder nebeneinander googeln. »Ja, vielleicht«, sage ich trotzig. »Aber wer schützt uns?«

11
Leben im Krankenhaus
Der Traum ist aus

»Wie lange willst du das noch machen?«, Sandra schaut mir ernst in die Augen. Sie ist die Laktations- und Stillberaterin des Krankenhauses. Laktation, auch so ein Wort, von dem ich bis vor einigen Tagen noch nie gehört hatte. Es ist ein anderer Begriff für das Stillen und warum beide Begriffe zusammen die Jobbeschreibung sind, habe ich noch nicht ganz verstanden. Vielleicht, weil es zum Beispiel bei mir ja gar nicht richtig um den Vorgang des Stillens geht, sondern um die Milchproduktion und das Abpumpen.

In den Tagen nach Gretas Geburt hat sie mir den Umgang mit der Milchpumpe erklärt. Wir saßen im Stillzimmer und quetschten gemeinsam meine Brüste in die Trichter der Pumpe. »Es ist ganz wichtig, dass deine Brustwarzen tief genug drin sind, sonst tut es weh.« Dass mir das Abpumpen unangenehm ist, habe ich nicht thematisiert – es kam mir komisch vor, darüber zu jammern, während wir um Greta ganz andere, viel größere Sorgen haben.

Mittlerweile packe ich meine Brüste im Krankenhauskontext jeden Tag mehrmals aus und bin auch nicht mehr geschockt, wenn im Stillzimmer die Tür aufgeht und eine andere Mutter hereinkommt. Mensch gewöhnt sich ja an fast alles. Ich habe mich daran gewöhnt, alle vier Stunden diese Milchpumpe zu benutzen. Pfffffscht. Tzzzz. Pfffffscht. Tzzzz. Saugt sie die Milch aus meinen Brüsten heraus. Mein Tagesrhythmus richtet sich nach diesem Saugtakt. Mein Schlafrhythmus sowieso.»So kann es jedenfalls nicht weitergehen«, sagt Sandra, jetzt noch bestimmter. »Du musst mehr schlafen«, befiehlt sie mir. »Es ist sehr gut, dass du abends nach Hause gehst und Thorben mit Greta im Krankenhaus bleibt. Du bist eine stillende Mutter, du brauchst Kraft.« Als sie »stillend« sagt, läuft mir eine Träne die Wange runter. Als stillend empfinde ich mich nicht, eher als Kuh an einer Maschine. Greta lag noch kein einziges Mal an meiner Brust, ich habe nur Kontakt zur Milchpumpe, und den ausgiebig.

Aber ja, schlafen würde ich gerne länger. Nachdem Greta von der Intensivstation auf die normale Kinderstation umgezogen war und wir uns das Storchennest-Apartment nicht mehr leisten konnten, machte Thorben mir das Angebot: »Ich bleibe die Nächte hier, geh du nach Hause und schlaf.« Ohne zu überlegen, habe ich es angenommen. Die Krankenhaustage sind für uns so anstrengend wie ein 14-Stunden-Arbeitstag. Greta versorgen, auf Ärzt_innen-Gespräche warten, Diagnosen googeln, Milch abpumpen und dann wieder alles von vorn. Ich bin froh, dass wir nicht mehr den Weg vom Storchennest zur Intensivstation gehen müssen. Vorbei an den hochschwangeren Frauen, die vor dem Kreißsaal noch schnell eine Zigarette rauchen. Die laut gestellte Frage »Warum habt ihr nicht das kranke, behinderte Kind bekommen?«, konnte ich mir immer verkneifen. Den Gedanken aber nicht.

Auf der normalen Kinderstation dürfen wir endlich jederzeit zu Greta. Wir müssen nicht klingeln, »hier sind die Eltern von Greta Kaiser« sagen, uns die Hände desinfizieren und die Jacken in der Elternschleuse ablegen. Wir können einfach so bei Greta sein, 24 Stunden am Tag. Neben ihr sitzen, neben ihr stehen, sie auf dem Arm halten, Fotos machen, recherchieren. Neben ihr schlafen. Ich bin dauermüde, Thorben ist es auch, ich gehe zum Schlafen nach Hause. Thorben ist Meister im Sekundenschlaf, in der letzten Stunde mit der Psychologin, die uns seit Gretas Geburt im Krankenhaus mit wichtigen Gesprächen begleitet, ist er beim letzten Mal einfach mitten im Gespräch vor Erschöpfung eingeschlafen.

Unsere Wohnung ist nur einen Kilometer vom Krankenhaus entfernt, was in unserer Situation ein großes Glück ist. Morgens um 9 Uhr bin ich dort, abends um 21 Uhr gehe ich nach Hause. Ein Arbeitstag im Krankenhaus. Und nachts alleine in unserer Wohnung ist das Kinderbett immer leer.

Auf meinem Weg zum Krankenhaus oder nach Hause hoffe ich, niemanden zu treffen. Alle erwarten unsere Tochter bei mir. Ich will mich nicht rechtfertigen müssen für mein behindertes, krankes Kind, das noch im Krankenhaus lebt. Die Jahreszeit spielt mit, es ist Anfang Winter, und ich ziehe mir die Mütze immer tiefer ins Gesicht, so kann ich mich gut verstecken.

Wenn der Wecker nachts um vier Uhr klingelt, ich mich aufsetze, um die Pumpe anzusetzen, sehe ich das leere Kinderbett neben unserem Bett. Es ist nicht nur der Schlaf, der mir fehlt, sondern auch Greta. Bei jedem Abpumpvorgang wird mir das bewusst.

Thorben steht auf und nimmt mich in den Arm. »Geh mal nach Hause«, flüstert er mir ins Ohr. »Schlaf mal.« Ich gehe nach Hause und schlafe die Nacht durch. Den Wecker »Abpumpen« stelle ich aus. Ich wache mit spannenden, schmerzenden und vollen Brüsten auf. In der nächsten Nacht schlafe ich wieder durch. Und in der Nacht danach auch. Die Milch für Greta reicht trotzdem. Und ich bin wieder ein kleines bisschen mehr ich. Zumindest stehe ich nicht mehr unter Schlafentzug. Und auch Thorben kann manchmal eine Nacht durchschlafen, wenn fähiges Pflegepersonal Greta-Dienst hat. Greta schläft viel und ist neben ihrer Pflege-Bedürftigkeit ganz oft auch sehr pflegeleicht.

Greta ist ein ruhiges Kind. Vielleicht zu ruhig? »Der Hörtest muss wiederholt werden«, sagt Schwester Miriam. Greta ist zwei Wochen alt und macht von sich aus wenig Geräusche. »Das muss aber nichts heißen«, sagt Schwester Miriam. Sie ist eine unserer Lieblingskrankenschwestern. Mit ihr haben wir Greta zum ersten Mal gebadet. Sie hat immer einen flotten Spruch auf den Lippen und behandelt uns mit der richtigen Mischung aus Empathie und hanseatischem Humor. Nachmittags wird der Hörtest stattfinden – der erste, der kurz nach der Geburt gemacht wurde, war negativ.

Ein nicht hörendes Kind? Für Thorben und mich der Super-GAU. Greta würde es gar nicht geben, würde die Musik nicht so eine wichtige Rolle in unserem Leben spielen. Schon in der Schwangerschaft haben wir viel Musik gehört, Thorben hat CDs zusammengestellt, die wir mit Greta hören wollten. Ein Leben mit Greta ohne Musik? Unvorstellbar.

Am Nachmittag bekommen wir das Ergebnis schwarz auf weiß: Greta ist gehörlos. All mein Singen während der Schwangerschaft, für nichts. Die Träume von einem singenden kleinen Mädchen, ausgeträumt.

12
Diagnose-Achterbahn
Falsche Hoffnungen

»Doktor Becker kommt gleich, bitte haben Sie noch einen Moment Geduld«, sagt Schwester Miriam beim Verlassen des Zimmers. Greta schläft ohne Piepen, der Monitor schweigt. Thorben und ich auch. Heute ist der Tag, auf den wir seit Gretas Geburt warten. Nun schon über drei Wochen. Wir wollen endlich wissen, was sie hat. Wie es heißt, was sie hat. Wonach wir googeln können. Bisher beschränkte sich unsere Internet-Suche auf ihre Symptome. Vielleicht gibt es irgendwo auf der Welt Menschen, die die gleichen haben?

Es klopft an der Tür. »Ja, bitte?«, sagt Thorben, als sich durch die Tür schon ein Kopf streckt. »Darf ich reinkommen?«, fragt Nina leise. Enttäuschung in unseren Gesichtern. »Ja, klar, entschuldige«, sage ich. Wir erklären. »Uns soll gleich Gretas Diagnose mitgeteilt werden.« Nina versteht sofort. »Soll ich wieder gehen?« »Nein, nein«, sagt Thorben. »Es ist gut, wenn du uns ablenkst.«

Auch Nina kennt das Gefühl, wenn nach der Geburt eines Kindes alles anders ist als erwartet. Ihren Sohn Hugo kennen Thorben und ich schon lange – dass er behindert ist, hatten wir nie bemerkt. Jetzt spricht Nina, mit der Thorben einige Monate zusammengearbeitet hat, Tacheles. »Wir wussten damals auch nicht, was los ist.« Hugo hat noch eine Zwillingsschwester, Lydia. Sie ist bildhübsch und nicht behindert.«Hugo hat auch einen Chromosomenfehler«, erklärt Nina. »Außer ihm gibt es noch zwölf weitere Menschen mit den gleichen Chromosomen.« Nina erzählt von der ersten schwierigen Zeit und wie alles besser wurde. Sie macht uns Mut und nimmt uns ernst. Dann klopft es wieder. Herr Becker. Nina geht. »Soll ich warten?«, fragt sie. Wir nicken.

Dr. Becker hat einen kleinen Stapel Papier in der Hand. »Tut mir leid, dass es so spät geworden ist«, sagt er. Erst da fällt mir auf, dass es draußen bereits dunkel ist. Ich habe schon lange kein Gefühl mehr für Tageszeiten und den Ablauf der Zeit, geschweige denn den Wochentag. Die Krankenhaustage vergehen wie im Flug, wie im Rausch. »Ich komme heute erst aus meinem Urlaub wieder«, erklärt er uns sein spätes Erscheinen. »Aber«, verkündet er mit einem Anflug von Lächeln: »Ich habe gute Nachrichten für Sie!«

Schwungvoll legt er den Stapel Zettel und Broschüren auf den Tisch. Sofort lese ich die für mich wichtigsten Wörter. »Trisomie 8« und »Mosaik«. Innerlich atme ich schon auf. Mein Kopf platzt vor Google-Wissen. Seitdem wir mit Greta auf der Kinderstation sind, hagelt es von allen Seiten mögliche Diagnosen. »Also, Downsyndrom ist's nicht«, meinte Schwester Barbara. »Aber Trisomie 9 könnte es sein, wenn Sie mich fragen«, fügte sie hinzu. Wir hatten sie aber nicht gefragt. »Bestimmt Trisomie 8«, meinte hingegen Schwester Marianne zu wissen. Überall Halbwissen, jedoch nicht hinter vorgehaltener Hand, sondern einfach so, geradeheraus.

Eine Diagnosen-Achterbahn. Trisomie 13 – die Achterbahn fährt ganz nach oben, dann geht es im Sturzflug nach unten, lebensverkürzend, die Kinder erreichen oft nicht das Erwachsenenalter. Trisomie 8 – die Achterbahn fährt langsame Schleifen, mal hoch, mal runter. Aber sie kommt zu einem guten Ende: Ein leicht geistig behindertes Kind, das laufen können wird, hören können wird, lachen können wird. »Aber die Ohren, die passen nicht dazu … diese Ohren …«, mutmaßen alle. Nun also anscheinend doch, trotz der Ohren: Auf dem obersten Zettel des Stapels steht »Trisomie 8.«

»Also«, beginnt Dr. Becker. »Wir haben nun einen Namen für das gefunden, was Ihre Tochter Greta mit auf die Welt gebracht hat: Trisomie 8 im Mosaik. Das bedeutet, eine leichte geistige Behinderung. Greta wird höchstwahrscheinlich gehen können. Gehörlos wird sie nicht bleiben, die meisten Kinder mit Trisomie 8 können irgendwann – meist unterstützt von Hörgeräten – hören und sprechen. Sicher nicht normal, aber so, dass man sie versteht.« Ich atme auf. Eine Zukunft mit einem laufenden, hörenden Kind? Ein Klacks. Ich fange an zu weinen, vor Erleichterung.

Auch Thorben hat Tränen in den Augen, er hält Gretas Hand, schon seit Beginn des Gesprächs. Allerdings sieht er nicht so erleichtert aus, wie ich mich fühle. »Und Sie sind ganz sicher?«, fragt er leise. »Ja«, antwortet Dr. Becker. »Ich habe Ihnen hier alle Infos zusammengestellt. Trisomie 8 ist nicht so selten, es gibt einen gut arbeitenden Elternverein, dort werden Sie auch sicher hilfreiche Kontakte knüpfen können«, sagt er und gibt Thorben zwei der Broschüren in die Hand. Darauf zu sehen sind Kinder, die fröhlich in die Kamera lächeln.

Aber Thorben ist noch nicht beruhigt, ich sehe es ihm an. »Darf ich mal die Unterlagen sehen?«, fragt er, und Herr Becker gibt ihm den restlichen Stapel. Es handelt sich dabei um Gretas bisherige Krankenhausunterlagen. Schon nach diesen paar Wochen sind es viele Seiten. Ganz oben drauf liegt das Untersuchungsergebnis des Gentests. Stille im Raum, ich weiß nicht, was ich sagen soll, und kann die Gefühlsachterbahn nicht artikulieren. Thorben liest sich aufmerksam die Untersuchungsergebnisse durch. Vor ein paar Tagen hätten wir mit allen den Begriffen, Zahlen und Formeln nichts anfangen können. Heute können wir die Begrifflichkeiten zumindest einordnen. Dann stutzt Thorben und zeigt auf eine Zeile. »Hier steht Duplikation«, sagt er. »Soweit wir mittlerweile recherchiert haben, bedeutet eine Duplikation zwei. Eine Trisomie drei. Sind Sie sich wirklich sicher, dass Greta eine Trisomie hat?« Dr. Becker weiß keine Antwort. Thorben gibt ihm das Blatt und schaut mich augenrollend an. Mir wird plötzlich schlecht. Der Arzt, der noch vor einigen Minuten lächelnd und voller Kompetenz den Raum betrat, schweigt. Ich sehe ihm seine Anspannung an. Sein Gesicht errötet. »Ich ...«, stottert er nun. Dann steht er auf und verspricht, das zu klären. Dann ist er weg.

Eine Sekunde später betritt Nina den Raum. »Was war los?«, fragt sie. Thorben und ich wissen keine Antwort. »Ich fasse es gerade selbst nicht«, sage ich zu ihr. Dann muss ich wieder weinen. Thorben übernimmt. »Der Arzt hat uns gerade eine falsche Diagnose übermittelt«, sagt er. Nina schaut erst fassungslos Thorben an, dann mich. »Wie bitte?«, sagt sie.

»Hier steht Duplikation«, Thorben deutet auf den Untersuchungsbogen. »Und Dr. Becker hat uns gerade alles über das Leben mit einem Kind mit Trisomie 8 im Mosaik erzählt. Nur leider hat Greta das nicht. Was ja irgendwie klar ist, wenn dort was von Duplikation, also zwei, steht. Trisomie bedeutet ja, etwas ist dreimal vorhanden.« »Und was bedeutet das jetzt für euch?«, fragt Nina. »Keine Ahnung«, flüstert Thorben und nimmt mich in den Arm. »Ich fasse es nicht«, sage ich. Dann sage ich nichts mehr. Drei Wochen lang haben wir mehrere Stunden am Tag alles gelesen, was im Internet an Literatur zu Humangenetik zu finden war. Dass es sich bei einer Duplikation nicht um eine Trisomie handeln kann, war eine der ersten Basis-Informationen, die Google uns gab. Und dann steht da der Oberarzt der Kinderklinik und vermittelt uns in Selbstsicherheit eingewickelt eine falsche Diagnose.

»Das ist furchtbar«, meint Nina. »Allerdings kann ich euch aus Erfahrung sagen, dass so was leider häufig passiert. Wahrscheinlich nicht so krass wie jetzt bei euch, aber ich kann euch sagen, dass wir ähnliche Zeiten mit Hugo durchmachen mussten. Sein Chromosomenfehler ist so selten – es hat wahnsinnig lange gedauert, bis wir endlich gefunden hatten, worum es bei ihm geht.« Nina empfiehlt uns die Selbsthilfe-Initiative Achse. Dort gibt es Informationen über alle seltenen Erkrankungen. »Aber ist es nicht verrückt, dass uns ein Oberarzt nicht weiterhelfen kann?«, frage ich sie.

In dem Moment betritt Dr. Becker wieder den Raum.

Sein weißer Kittel schwingt durch die Tür, sein Gesicht ist errötet, er wirkt nun hektisch und verunsichert. Nina nickt uns kurz zu, geht aus dem Raum und sagt noch in der Tür »Ich warte draußen, wenn ihr mich braucht.«

»Frau Kaiser, Herr Kaiser«, fängt Dr. Becker an, als er vor uns sitzt. Dieses Mal nur mit einem kleinen Post-it-Zettel in der Hand. »Es tut mir furchtbar leid, was da gerade passiert ist. Ich bin erst seit heute wieder aus meinem Urlaub zurück, und Gretas Unterlagen lagen auf meinem Schreibtisch. Ich habe sie nicht noch mal im Detail überprüft, bevor ich zu Ihnen kam. Sie haben natürlich völlig recht: Eine Duplikation hat nichts mit einer Trisomie gemein. Es tut mir leid, dass ich Ihnen falsche Hoffnungen gemacht habe.«

Dann schweigen wir. Ich sehe die Anspannung in Thorbens Gesicht. Mir fallen keine Worte ein, alles ist leer. Gretas Monitor piept. Wie in Trance stellt Thorben die Sauerstoffzufuhr höher. Das Piepen hört auf. »Und jetzt?«, frage ich in den Raum.

»Wie gesagt, es tut mir furchtbar leid. Ich weiß, so was darf nicht passieren. Ich will Ihnen nun auch keine weiteren Fehlinformationen geben«, sagt Dr. Becker niedergeschlagen. Dann klebt er den Zettel, mit dem er die ganze Zeit in seinen Händen gespielt hat, auf den Tisch neben Gretas Bett. »Hier ist die Nummer von Professor Lorenz. Er ist der Experte für Humangenetik und wird sich morgen bei Ihnen melden. Leider habe ich ihn heute Abend nicht mehr ans Telefon bekommen, es ist ja schon spät.« Mittlerweile ist es draußen stockdunkel. »Professor Lorenz meldet sich morgen bei Ihnen – Sie können es aber auch unter dieser Nummer bei ihm probieren. Es tut mir wirklich sehr leid. Kann ich Sie jetzt so alleine lassen?« Seine Frage ist wohl eher rhetorisch. Was soll er schon machen? Er hat gleich Feierabend, während wir mit Greta für immer leben, ohne Diagnose. »Jaja«, sage ich, innerlich wütend, äußerlich versöhnlich. Entschuldigend gibt er uns die Hand und verschwindet.

Dann ist Nina wieder da. Sie sagt nichts, wir sagen nichts. Sie umarmt mich, wir weinen, Nina auch. »Am Anfang ist es schwer, ganz schwer«, sagt sie. »Aber es wird besser werden, ganz bestimmt«, verspricht sie uns. »Es muss besser werden«, schluchze ich.

Dann klingelt mein Handy: »Abpumpen« steht auf dem Display. Gerade hatte ich mir die Tränen weggewischt, da kommen sie wieder, dieses Mal aber wütender, verzweifelter. Das Letzte, was ich jetzt will, ist eine Milchpumpe an meinen Brüsten. »Ich wünschte, ich könnte es dir abnehmen«, sagt Thorben, und ich weiß, dass er es wirklich so meint. Ich gehe niedergeschlagen und wahnsinnig müde, psychisch wie physisch, zum Stillraum.

Kein Mensch kann das beim anderen sehen und verstehen, was er selbst nicht erlebt hat.

Hermann Hesse

13
Entblößungen
Von mangelndem Respekt und einer Krankenhausfreundschaft

Am nächsten Tag sitze ich wieder im Stillraum. Während es an meinen Brüsten zsssscht und pfffffft macht, klopft es an der Tür. Mir wird heiß, denn schließlich sitze ich hier mit entblößten Brüsten. Zwar bin ich mittlerweile schon ein halber Profi und gehe nie ohne Halstuch in den Stillraum – aber ein bisschen was sieht man doch immer. Vom degradierenden Gefühl, das ich vor allem dann habe, wenn jemand dabei ist, den ich nicht kenne, mal ganz abgesehen. Das Stillen eines Kindes ist eine, wenn nicht die intimste Sache zwischen Mutter und Kind, und ich werde traurig, wenn ich darüber nachdenke, dass es bei Greta und mir nicht möglich ist. Auch den Abpumpvorgang empfinde ich als intim und bin am liebsten allein mit der Milchpumpe. Seitdem es einigermaßen problemlos klappt, bin ich manchmal sogar dankbar für die paar Minuten Krankenhausalltagsunterbrechung.

Es klopft noch mal. Wenn andere Mütter den Raum betreten, klopfen sie nicht, sondern öffnen und schließen die Tür leise, mit Blick nach unten. Das hier ist aber ein energisches Klopfen. Dr. Becker betritt den Raum. Ich will schreien oder weglaufen oder beides. Er aber setzt sich neben mich, entschuldigt sich für die Störung, macht aber keine Anstalten, wieder zu gehen. Ich bin an die verdammte Milchpumpe gebunden, es macht weiter zsssscht und pffffft. Ich bin zu unsicher, ihn rauszuschmeißen. Mit seinem Auftreten signalisiert er mir auch, dass ich das gar nicht darf, denn schließlich hat er gerade eine Minute Zeit für mich. Die muss ich nutzen. Egal, was sonst mit mir los ist. Natürlich will ich mehr über Gretas Diagnose wissen. Aber doch nicht jetzt, doch nicht so!

Die Tür geht wieder auf, eine Mutter steckt den Kopf zur Tür herein, geht aber sofort wieder raus, nachdem sie Dr. Becker gesehen hat. Anscheinend verstehen alle die Intimität des Raumes – nur der Oberarzt selbst nicht.

Voller Scham höre ich mir an, was er zu sagen hat. Er beginnt noch mal mit einer Entschuldigung und einer Erklärung, wie das gestern passieren konnte. Eine plausible Begründung dafür, dass er sich die Laborergebnisse nicht noch mal durchgelesen hat, bevor er sie uns offenbarte, höre ich allerdings nicht. Mittlerweile hat er mit Professor Lorenz gesprochen, der am Nachmittag für ein Telefonat mit Thorben und mir zur Verfügung stehen wird. Immerhin: Ich spüre seine Bemühungen, es irgendwie wiedergutzumachen. Und auch sein schlechtes Gewissen.

Als Dr. Becker den Raum verlassen will, macht er Anzeichen, mir die Hand zu geben. Bis er bemerkt, dass das für mich gerade nicht möglich ist. Damit die Trichter, in denen meinen Brüsten die Milch herausgesaugt wird, nicht abrutschen, muss ich sie mit beiden Händen festhalten. Ich bin durch die Abpumpmaschine quasi mehrfach behindert, und er weist mich zum Abschluss unfreiwillig noch mal darauf hin. Er schließt die Tür, ich atme durch und befreie meine Brüste aus der Maschine. 300 Milliliter sind das Ergebnis – es wird immer mehr, und ich wundere mich selbst über meinen Körper. Zu was er fähig ist, obwohl ich mich fühle wie in einem Albtraum, aus dem ich nicht aufwachen kann.

Wieder öffnet sich die Tür. Dieses Mal ohne Klopfen, ganz sacht. Jetzt kommt die Frau, die vorhin wieder gegangen war, herein, in der Hand eine Zeitschrift, die sie auf den Tisch in der Mitte des kleinen Raumes legt. »Hallo« begrüßen wir uns leise, dann holt sie sich eine der gelben Milchpumpen aus der Ecke, in der vier Stück nebeneinanderstehen. Sie setzt sich mir gegenüber, während ich die zwei kleinen Glasflaschen mit meiner Muttermilch verschließe und meine Sachen zusammenpacke. Dann sagt doch eine von uns beiden etwas. »Hat der gerade wirklich hier mit dir ein Gespräch geführt?«, fragt sie mich fassungslos. »Ja«, sage ich und kann jetzt endlich mit den Augen rollen. »Krass«, sagt sie. »Ja«, antworte ich. Und damit ist eigentlich alles gesagt zwischen uns. Wir reden aber trotzdem weiter.

Seitdem wir auf der Kinderstation sind, habe ich sie fast jeden Tag gesehen. Auf dem Gang der Station grüßen wir uns ohne Worte. Ein bisschen so wie Lkw-Fahrer, die zum Gruß die Hand heben, nickten wir uns zu, mit einem klitzekleinen Anflug von Lächeln um die Mundwinkel. Eben so viel, wie gerade möglich war. Je mehr Tage wir dort waren, je öfter wir uns auf dem Gang trafen, desto mehr fühlte es sich an, als seien wir im gleichen Club. Wir sind die, die mit ihren Kindern im Krankenhaus leben.

Nun erfahre ich, dass ihr Name Eva ist und ihr Sohn, wegen dem sie abwechselnd und oft auch gemeinsam mit ihrem Freund Lukas hier ist, Levi heißt. Levi kam ohne Verbindung zwischen Speiseröhre und Magen zur Welt, nur wenige Tage vor Greta. Auch er lag auf der Intensivstation, auch er wurde dann hierher auf die Kinderstation verlegt. Auch Eva muss seit dem ersten Tag Milch abpumpen, ist also Stammgast im Stillraum. Schnell erfahre ich, dass bereits vor Levis Geburt klar war, dass er behandlungsbedürftig sein würde. Im Gegensatz zu uns konnten, nein mussten sie sich auf eine lange Krankenhauszeit mit ihrem Kind einrichten. Ich bewundere sie, wie sie ruhig die kurze Lebensgeschichte ihrer kleinen Familie erzählt. Sie wirkt dabei – trotz all der Widrigkeiten – ganz glücklich. Sie ist anscheinend sehr viel mehr im Reinen mit dieser ungewöhnlichen Wochenbettzeit als ich.

»Ich komme lieber hierher, statt im Zimmer abzupumpen«, erklärt Eva mir jetzt. »Hier hat man wenigstens seine Ruhe – na ja, fast immer«, lächelt sie. »Außerdem ist bei uns gerade eine neue Familie eingezogen. Ich mag das einfach nicht, wenn beim Abpumpen fremde Leute mit im Zimmer sind.« Wir haben ein Einzelzimmer. »Ich versuche, Ihnen das zu verteidigen«, hat Schwester Miriam uns versprochen. Wir sind wohl ein besonders harter Fall, deshalb werden wir geschützt. Und die anderen Familien vor uns. Ich kann mir gut vorstellen, dass wir anderen Eltern Angst einjagen mit Greta und ihrem pflegerischen Bedarf. Wenn ich schon ständig flüchten will – wie geht es da anderen?

Beim Versuch, Eva von Greta zu erzählen, scheitere ich an der Stelle der Diagnose. Allerdings ist es nicht schlimm, denn Eva fragt nicht weiter nach. Sie ist an anderen Dingen interessiert. Daran, wie wir das Krankenhausleben – und das Leben außerhalb des Krankenhauses – organisieren. Wer bei Greta schläft, wie ich das mit dem Abpumpen mache, ob wir schon eine_n Kinderärzt_in haben, warum zur Hölle der Oberarzt mit mir im Stillzimmer sprechen muss. Alles Fragen, über die ich mich mit niemandem austauschen konnte. Bis jetzt. Wir verstehen uns, nicht nur, weil wir ähnliche Themen haben, sondern vor allem, weil wir mit den Themen anscheinend ähnlich umgehen. Schon in unserem ersten Gespräch lachen und weinen wir zusammen.

Nachdem auch Eva mit dem Abpumpen fertig ist, gehen wir gemeinsam mit den Milchgläschen in der Hand wieder zurück zu unseren Kindern. Dann stellen wir fest, dass Greta und Levi in Nachbarzimmern liegen. Ähnliche Sorgen von zwei frischgebackenen Familien, nur durch eine Wand voneinander getrennt. »Bis bald«, sagt Eva, als wir uns vor den Zimmern verabschieden.

Indem ich die Tür zu Gretas Zimmer öffne, wecke ich Thorben. Er war eingeschlafen, mit dem Kopf auf Gretas Bett, den Körper auf dem unbequemen Besucherstuhl, den man nicht einmal in die Liegeposition bringen kann. Immerhin gibt es auf dieser Station ein Bett für die Eltern. Wobei Eltern hier eindimensional gemeint ist: »Mutter-Kind-Zimmer« heißt das hier. »Ich habe gerade Eva kennengelernt«, erzähle ich dem noch halb schlafenden Thorben. »Aha?«, stöhnt er. »Und?«, fragt er, als wäre der Informationsgehalt noch zu wenig, um ihn damit stören zu dürfen. »Ihr Freund Lukas schläft auch meistens im Krankenhaus. Und ihr Sohn Levi ist nur drei Tage älter als Greta.« »Aha«, meint Thorben. Er ist erschöpft. »Okay, schlaf weiter«, sage ich. Er legt sich auf das Bett, ich setze mich auf den Stuhl und behalte die erniedrigende Konversation mit Dr. Becker vorerst für mich. Dass Eva genauso entsetzt war wie ich über das Eindringen in meine Privatsphäre, hat mir einen Teil meiner Fassungslosigkeit abgenommen. Ich küsse den schlafenden Thorben, die schlafende Greta und gehe nach Hause; alleine, aber ein bisschen weniger einsam.

14
Zu Hause
Das Piepen im Kopf

Wir fotografieren uns die Finger wund. Greta liegt im Kinderwagen, dick eingepackt. »Soll ich ein Foto machen?«, fragt Schwester Miriam. Wir posieren neben dem Kinderwagen, auf dem Krankenhausflur. Greta ist ein kleiner Haufen Mensch in einem großen grauen Kinderwagen. Man sieht nicht viel mehr als ihre kleine Nase mit der daraus hängenden Sonde. Der Monitor piept ab und zu, wir haben die Sauerstoffbombe dabei. Zum Glück haben wir uns einen stabilen Kinderwagen ausgesucht. Alle Gerätschaften, die wir nun brauchen, haben Platz. Thorben hat den Rucksack mit dem Sauerstoff auf dem Rücken. Unsere Taschen hat er schon nach Hause gebracht. Wir verlassen jetzt das Krankenhaus wie andere Eltern nach drei Tagen, bloß dass unsere Tochter schon zwei Monate alt ist und wir bisher mit ihr im Krankenhaus gelebt haben. Mein Herz klopft bis zum Hals, als ich auf den Aufzugknopf drücke. Thorben und ich halten uns an den Händen, draußen liegt Schnee. Ich sehe seine glasigen Augen.

Den Weg, den ich in den vergangenen zwei Monaten mindestens einmal am Tag alleine ging, gehen wir nun zu dritt. Der Schnee knirscht unter unseren Schuhen, wir schweigen. Ab und zu piept der Monitor, wir korrigieren Gretas Lage und gehen weiter. Wir sind mittlerweile so routiniert, das Piepen bringt uns nicht mehr aus der Ruhe. Ich bin so stolz auf uns, dass ich Angst habe, mein Herz könnte platzen. Ich wünsche mir sehr, jemandem zufällig zu begegnen. Genau so sehr, wie ich die letzten Wochen immer gehofft habe, niemanden zufällig zu treffen. Immer habe ich mich total nackt gefühlt, wenn Bekannte mich nach Greta gefragt haben.

Endlich kommt unsere Tochter mit uns nach Hause, ich will sie allen zeigen, wir wollen ihr alles zeigen. Gleichzeitig habe ich Angst vor den Reaktionen. Wir stellen den Kinderwagen im Treppenhaus ab, endlich wird der Wagen, der schon seit zwei Monaten dort stand, benutzt.

Unsere Zweizimmerwohnung liegt im ersten Stock. Thorben trägt Greta, den Monitor und die Sauerstoffbombe über die Schwelle. »Herzlich willkommen zu Hause, mein Schatz«, sagt er mit zittriger Stimme und geht mit ihr durch die Wohnung, in der alles auf sie gewartet hat. Im Badezimmer. »Schau mal hier, das ist dein Wickeltisch.« Im Schlafzimmer »Das hier ist Balu, den kennst du ja schon aus dem Krankenhaus. Die letzten Wochen hat er hier auf dich gewartet und mit Mama die Nächte verbracht«, erklärt er ihr das Kuscheltier in ihrem Bettchen. Im Wohnzimmer. »Das hier ist der Sauerstofftank, den wir brauchen, damit du immer gut atmen kannst.«

Thorben geht mit Greta auf dem Arm in unsere Küche, in die die Wintersonne durch die ungeputzten Fenster scheint. Ich setze mich auf unser Sofa im Wohnzimmer. Thorben erklärt unserer gehörlosen Tochter alles ganz genau; er zeigt ihr, wo ihre Flaschen stehen, wo ihre Spritzen liegen. Dann legt er mir Greta in den Arm. Es ist ganz still, der Monitor piept nicht, nichts piept. Es ist ganz ruhig, wir sitzen zu dritt auf dem Sofa. Greta atmet. In unseren Köpfen piept es weiter.

Am nächsten Tag lege ich Greta in ihr Bettchen, als es an der Tür klingelt. Thorben hat ihr heute Morgen extra den Matrosinnen-Body angezogen, zur Feier des Tages. Der erste Tag zu Hause und der erste Besuch. Herr König hat sich angekündigt, ein Kinderarzt aus unserem Viertel. Im Krankenhaus wirkte es, als sei die richtige Kinderärzt_in für ein mehrfach behindertes Kind zu finden eine Geheimwissenschaft. Unterschiedliche Tipps gelangten zu uns. Schließlich übernahm Schwester Daniela, unsere Nachsorgekrankenschwester, die Kontaktherstellung. Wir konnten zwischen zwei Ärzten entscheiden. Unsere Wahl fiel auf den Arzt, dessen Praxis nah an unserer Wohnung liegt und der uns als »ziemlich direkt« beschrieben wurde. »Einige kommen damit klar, andere nicht«, wurde uns gesagt. Mir ist es lieber, die Wahrheit ins Gesicht gesagt zu bekommen – statt Menschen, die nur um den heißen Brei herumreden.

Während ich noch schnell den Küchentisch freiräume, öffnet Thorben die Wohnungstür. »Familie Kaiser?«, höre ich eine fremde Männerstimme fragen. »Ja, das sind wir«, antwortet Thorben und bittet den Mann herein. Wir sitzen in der Küche, und ich bin kurz verwirrt, weil er Greta gar nicht sehen will. Herr König sitzt mit uns am Küchentisch und stellt Fragen. Zur Geburt, zu der Zeit im Krankenhaus, zu Gretas Darmproblemen, zur Sauerstoffversorgung, zu unserem Alltag.

»Einen Alltag haben wir noch gar nicht«, sage ich. Greta

ist ja erst seit einem Tag zu Hause.« »Ich mache mir jetzt erst mal ein umfassendes Bild«, erklärt Herr König. »Dann schaue ich mir Ihre Greta an.« Er lässt sich alle Arztbriefe zeigen, liest sich alles in Ruhe und gewissenhaft durch, macht sich Notizen. Wenn Greta piept, geht Thorben zu ihr und korrigiert den Sauerstoff, der in ihre Nase pustet. »Können Sie schlafen?«, fragt Herr König, als wir alleine in der Küche sind. »Nicht am Stück«, antworte ich. »Vor allem wegen der Darmprobleme. Die halten sich leider nicht an Tages- oder Nachtzeiten. Manchmal müssen wir Greta nachts anspülen. Wir haben das Gefühl, sie kann nicht schlafen, wenn der Stuhlgang nicht rauskommt. Manchmal dauert das dann eine Stunde.« Seine Fragen sind präzise, auf den Punkt. Ich habe das Gefühl, er weiß genau, wovon er spricht, was er fragen muss. »Haben Sie schon eine Pflegestufe beantragt? Einen Behindertenausweis?« Die Worte sorgen noch immer für einen Schlag in meinen Bauch. Pflegestufe, Behindertenausweis. Es klingt so bürokratisch, so krank. Aber ja, wir haben an beides gedacht. »Die Nachsorge-Krankenschwester hat uns die Anträge ins Krankenhaus gebracht, wir haben sie schon abgeschickt«, erkläre ich.

»Wie oft kommt sie zu Ihnen?«, fragt Herr König.

»Am Anfang alle zwei Tage, später dann weniger, wenn wir uns eingelebt haben. Im Moment haben wir ja noch das Problem mit der Magensonde. Sie kann sie zur Not auch wieder legen, wenn Greta sie sich rauszieht. Das ist das Einzige, was wir noch nicht können.«

»Na, Sie können ja schon sehr viel«, lobt er uns. »Dann schaue ich mir Greta mal an.« Herr König vermittelt mir ein gutes Gefühl. Ich freue mich nun darauf, mit ihm zu Greta zu gehen. Er spricht liebevoll und wertschätzend über unsere Tochter und signalisiert uns, dass wir nicht die erste Familie sind, die er mit einem mehrfach behinderten Kind besucht. Er wirkt routiniert und empathisch. Ich bin erleichtert.

Als Thorben Greta auf unseren improvisierten Wickeltisch auf der Waschmaschine im Badezimmer legt, wacht sie langsam auf. Wie immer kurz nach dem Aufwachen hustet sie stark und scheint sich fast an ihrem eigenen Speichel zu verschlucken. »Macht sie das immer?«, fragt Herr König und wischt ihr mit einem Feuchttuch den Schleim von den Lippen. Wir erklären ihm, wie sehr sich Gretas Atmung in den vergangenen Wochen zum Guten entwickelt hat. Neben Greta liegt das gelbe Untersuchungsheft. »Dann untersuche ich Ihre Tochter mal«, sagt er und holt sein Stethoskop aus der Brusttasche. Greta hält ganz still, als er ihren Herzschlag hört. Er hört ihre Brust ab und ihren Rücken, sie macht alles gut mit. »Dann zeigen wir deinen Eltern jetzt mal, wie du laufen kannst«, sagt Herr König, und Thorben und ich schauen uns verwirrt an. Herr König stellt Greta auf den Wickeltisch und drückt mit den Fingern einen Punkt über ihrem Po. Greta macht Schritte. Es sieht aus, als würde sie über den Wickeltisch laufen. Mir läuft eine Träne die Wange herunter. Thorben ist sprachlos.

»Meinen Sie, sie wird laufen können?«, frage ich Herrn König. »Das kann ich Ihnen heute noch nicht sagen. Ich habe gerade ihre Reflexe geprüft. Die sprechen auf jeden Fall dafür, dass es ihr mal möglich sein wird zu laufen. Mehr kann ich zum jetzigen Zeitpunkt leider nicht versprechen.« Da ist sie, die Direktheit, vor der wir gewarnt wurden. Für mich ist es genau die richtige Art, mit uns umzugehen. Er hat uns gezeigt, was Greta alles kann – nicht, was sie nicht kann. Und er hat uns Hoffnung gemacht, im Rahmen der Realität.

Bei der Verabschiedung legt er uns noch einen Zettel auf den Tisch. »Meine private Telefonnummer, für Notfälle. Zögern Sie bitte nicht, mich anzurufen, wenn Sie Fragen haben oder nicht weiterwissen. Ich tue, was ich kann.« Wir werden die Nummer einige Male nutzen und sehen Herrn König ab jetzt mindestens einmal pro Woche. Meistens geht es uns danach besser als davor.

15
»Driving Home for Christmas«
Eine Explosion und andere Überraschungen

»Wollen wir vielleicht doch fahren?«, frage ich Thorben mit Blick auf die Schneeflocken, die vor unseren Wohnzimmerfenstern durcheinanderwirbeln. Es sind nicht viele, sie sehen aus wie Puderzucker. »Es schneit ja nicht so doll, und Greta hat die letzte Nacht auch nicht so viel gepiept wie vorher«, finde ich Gründe für die Fahrt. Eigentlich hatten wir besprochen, das erste Weihnachten mit Greta zu dritt zu verbringen. Seit gestern Abend nun überlegen wir, ob wir nicht doch mit ihr zu meiner Familie fahren. »Was ist, wenn sie die Magensonde wieder rauszieht?« Thorben denkt immer an den Notfall. Seit drei Wochen ist Greta nun zu Hause, dreimal mussten wir wieder zurück ins Krankenhaus. Einmal hatte sie so hohes Fieber, dass wir uns Sorgen machten. Die anderen zwei Male hatte sie sich die Magensonde herausgezogen. Das Legen der Magensonde ist die einzige pflegerische Tätigkeit rund um Greta, die wir nicht selbst machen. Wir könnten es bestimmt lernen, aber ich will es gar nicht. Sie hasst es, und ich hasse es, wenn es gemacht werden muss. »Wenn was passiert, ist das nächste Krankenhaus zwanzig Kilometer entfernt«, sage ich.

»Gut, dann machen wir das jetzt«, entscheidet Thorben. »Sauerstoffflasche, Darmrohre, Windeln, Feuchttücher, die Milchpumpe, Spritzen, Trinkfläschchen … was brauchen wir noch?« Wir sind noch nie mit Greta über Nacht woanders gewesen als im Krankenhaus oder zu Hause. Es ist unsere Premiere. Aufgeregt laufen wir durch die Wohnung und packen alle Utensilien ein, die Greta braucht, während sie in ihrem kleinen Bett schläft. Ab und zu piept der Monitor, und wir korrigieren den Schlauch, der vor ihrem Gesicht liegt und zusätzlichen Sauerstoff in ihre Nase pustet. Am Ende ist das Gepäck von Thorben und mir halb so schwer wie das von Greta. Der kleinste Mensch in unserer Familie braucht die meisten Sachen.

Als wir endlich mit Sack und Pack, Monitor und Sauerstoffflasche im Auto sitzen und durch die Puderzucker-Schneeflocken nach Niedersachsen fahren, haben wir zwei Stunden Zeit, uns zu unterhalten. Wir schweigen und hören Radio. »Driving home for Christmas« kommt gefühlt alle zehn Minuten auf jedem Radiosender, den ich einstelle. Thorben sitzt hinten bei Greta, um den Sauerstoff zu kontrollieren. Es läuft gut, der Monitor piept nur ab und zu.

»Meinst du, sie ahnen, dass wir kommen?«, fragt Thorben mich von hinten. »Nein, ich glaube, nicht«, antworte ich. »Gestern habe ich ja noch mit meinem Bruder telefoniert und gesagt, dass wir nicht kommen. Ach so, von dem Telefonat habe ich dir noch gar nicht erzählt.«

»Was war denn?«

»Er meinte, es wäre vielleicht besser, wenn wir nicht kämen, weil er nicht wüsste, wie er seiner Tochter das alles rund um Greta erklären soll.«

»Das alles?«

»Dass sie Sauerstoff braucht und die Milch durch die Magensonde bekommt und die Darmspülungen.«

»Wie alt ist deine Nichte jetzt?«

»Zehn.«

»Was ist daran so schwer zu erklären, dass Greta nicht gesund zur Welt gekommen ist und Unterstützung braucht? Viele Kinder kommen gesund auf die Welt, manche nicht. Und Greta eben nicht.«

»Ja, ich glaube auch, dass Lea das versteht. Habe ich ihm auch gesagt.«

»Warum fragt er dich so was?«

»Wahrscheinlich ist er unsicher«, versuche ich zu erklären, was ich selbst nicht verstehe.

Das Haus meiner Eltern steht im Licht der Dämmerung, als wir nach zweieinhalb Stunden Fahrt ankommen. Ich stelle »Driving home for Christmas« aus und parke ein paar Häuser weiter. Unser Besuch soll eine Überraschung sein, also packen wir nur das Nötigste aus und schleichen uns durch die Dämmerung zum Haus. Thorben stellt Greta im Kinder-Autositz vor die Haustür, dann klingeln wir und gehen ein paar Schritte zur Seite. Kleine Schritte laufen zur Tür, dann geht sie auf. Gretas älteste Cousine Lea öffnet die Tür. »Greta ist da, Greta ist da!«, schreit sie überschwänglich.

Ich wische mir eine Träne von der Wange.

Greta ist der Star des Abends und stiehlt Jesus die Show. Ihre drei Cousinen sind nur mit ihr beschäftigt. Lea trägt sie stolz auf dem Schoß, die Frage meines Bruders hat sich erübrigt. Seine Tochter nimmt Greta, wie sie ist. Als wir nach dem Weihnachtsessen auch Greta ihre Portion Muttermilch mit der Spritze in die Magensonde geben, bemerkt ihre dreijährige Cousine: »Greta, Milch durch

Schlauch.« Dann ist auch das Thema erledigt. Als wir am nächsten Tag beim gemeinsamen Frühstück Heiligabend Revue passieren lassen, sagt Lea: »Mein allerschönstes Weihnachtsgeschenk ist Greta! Dass ihr gekommen seid.«

Zurück in Hamburg, folgt das nächste Fest. Freunde von Thorben heiraten einen Tag vor Silvester und haben uns eingeladen. Zuerst hatten wir die Einladung ganz hinten in den Kalender gelegt, weil es unmöglich schien, mit Greta zu kommen. Aber nun ist sie so stabil, dass wir hinfahren möchten. Plötzlich stehe ich vor ganz neuen Fragen: Was ziehe ich an? Die Wochen im Krankenhaus haben Spuren hinterlassen. Ich habe mir schon ewig keine Anziehsachen gekauft und trage einen Mix aus Schwangerschafts- und Prä-Schwangerschafts-Klamotten. Auf einer Hochzeit oder einer anderen Party war ich lange nicht mehr. Ich entscheide mich für einen schwarzen Rock, der mir vor und während der Schwangerschaft gepasst hat, und ein schlichtes Oberteil. Schuhe habe ich zum Glück genug für jeden Anlass. Auch Greta hat so viele hübsche Anziehsachen geschenkt bekommen, dass die Wahl leichtfällt. Eingemummelt in einen braunen Wollanzug, nehme ich sie auf den Arm, die Tasche mit dem medizinischen Greta-Equipment hängt über meiner Schulter. Zum Glück hat mein Rock Taschen, in denen ich Gretas Monitor verstauen kann.

Als ich mit ihr im Treppenhaus bin, höre ich einen lauten Knall. »Thorben?«, rufe ich, und in dem Moment fällt mir auf, dass Greta sich nicht erschreckt hat. »Scheiße, bleib unten!«, ruft Thorben aus der Wohnung. Ich fühle mein Herz schlagen. »Mach dir keine Sorgen, ich komme gleich«, schreit es aus der Wohnung. Die paar Sekunden, die wir warten, kommen mir vor wie Stunden. Dann rennt Thorben die Treppe runter. »Der Sauerstofftank ist explodiert«, ächzt er. »Ist das gefährlich?«, frage ich.

»Keine Ahnung. Die Wohnung sieht aus wie nach einem Brand, überall Rauch. Ich habe alle Fenster geöffnet.«
»Auf dem Tank steht doch eine Notfall-Hotline«, fällt mir ein. Aber ob die einen Tag vor Silvester besetzt ist?
»Ich rufe dort gleich an«, sagt Thorben. »Bleib du mit Greta hier.«
Ich ziehe mein Telefon aus der anderen Rocktasche und gebe als Suchbegriffe »Sauerstofftank und Explosion« ein. »Drei Geschäfte nach Explosion von Sauerstofftank beschädigt« ist einer der ersten Einträge, der mir angezeigt wird. Die Hochzeitsfeier entfernt sich gerade in Riesenschritten. In einer Stunde beginnt die Trauung, nach Lüneburg fahren wir 50 Minuten. Ich seufze. Dann geht die Tür neben mir auf.

»Alles okay bei euch?« Unsere Nachbarin steckt ihren Kopf durch die Tür. »Geht so«, antworte ich. »Was ist denn los? Kann ich irgendwie helfen?«, fragt sie mit Blick auf Greta, die vor meinem Bauch schläft. Ich glaube, sie registriert auch das Kabel, das von meiner Rocktasche zu Greta führt. Irgendwie habe ich immer das Gefühl, erklären zu müssen. Selbst wenn ich nicht mit Fragen durchlöchert werde. Sie stellt keine Fragen. Nur die, ob sie helfen kann. Da kommt Thorben wieder runter. »Ich habe jetzt den Notdienst angerufen, sie kommen«, sagt er. »Haben sie gesagt, wann?«, frage ich. »Nein. So schnell wie möglich, aber es kann auch ein paar Stunden dauern«, meint er niedergeschlagen, der Schweiß glänzt auf seiner Stirn. »Scheiße«, sage ich. »Ich

wollte so gerne mit Greta mal raus. Und du hast dich auch so gefreut.«
»Kann ich das übernehmen mit dem Notdienst?«, fragt unsere Nachbarin. Thorben und ich schauen uns an. Warum eigentlich nicht? Sie muss nur die Tür öffnen und den Sauerstoffmann hereinlassen. »Spricht was dagegen?«, frage ich Thorben jetzt laut. Er überlegt. »Nein, überhaupt nicht.«
Zehn Minuten später sitzen wir im Auto. Nach einer kurzen Sauerstofftank-Einführung und Schlüsselübergabe an unsere Nachbarin können wir uns nun doch auf den Weg nach Lüneburg machen. Während der Zeremonie im Standesamt, zu der wir es gerade noch pünktlich schaffen, piept Gretas Monitor einige Male. Die anderen Gäste tun so, als würden sie es nicht hören. Thorben stupst Greta an, ihre Werte stabilisieren sich. Ich stelle den Monitor leiser, Thorben hält Greta auf seinem Schoß wie eine Trophäe. Er sieht müde aus, und glücklich. Eine Fotografin macht Fotos von der Hochzeitsgesellschaft, als sie uns fotografiert, setze ich mich aufrechter hin. Ich bin stolz. Auf Greta, auf Thorben, auf mich. Dass wir es gewagt haben, hierherzufahren. Niemand weiß, wie mutig das eigentlich ist. Keiner der Gäste weiß, wie oft wir in den letzten Wochen um Gretas Leben gebangt haben. Hier und heute ist Greta dabei, ein sehr kleiner Teil einer fröhlichen Hochzeitsgesellschaft, mit einer Magensonde, die aus der Nase hängt, und einem piependen Monitor an ihrem kleinen Fuß.

16
Lichtblicke
Apotheke statt Pekip und ein Abend zu zweit

»Darf ich Sie was fragen?« Die Apothekerin ist zögerlich. »Ja, klar«, antworte ich ihr und lege die vom Schnee durchnässte Wintermütze auf die Theke. »Wofür brauchen Sie diese Katheter eigentlich?«, fragt sie mit interessiertem Blick und legt einen großen Karton auf die Glastheke zwischen uns. Ich habe schon länger auf die Frage gewartet. Für die Apothekerin und ihre Mitarbeiterinnen sind wir bestimmt schon lange Gesprächsthema. Seitdem Greta aus dem Krankenhaus entlassen wurde, sind wir mindestens jeden zweiten Tag hier. Wir geben Rezepte ab und bekommen dafür Darmrohre, Pflaster und Spritzen. Heute also stellt sie endlich die Frage, auf die ich schon seit Wochen gewartet habe.

Ich antworte ihr. Ich erzähle davon, dass wir jeden Tag die Magensonde neu mit einem Pflaster an Gretas Wange festkleben müssen. Wir schneiden es in Herzform aus, bevor wir es Greta auf ihre kleine Wange kleben. Ich erzähle ihr nicht, wie sehr Greta es hasst, wenn wir das Pflaster wechseln, und dass sie dabei bitterlich weint, aber noch mehr weint, wenn wir es nicht wechseln und durch ein nicht mehr gut klebendes Pflaster die Sonde aus der Nase rutscht und sie wieder in die Nase geschoben werden muss. Ich erzähle ihr davon, dass Greta noch nicht trinken kann, dass wir ihr die Milch mit der Spritze durch die Magensonde geben müssen und dafür natürlich jedes Mal eine neue Spritze nehmen müssen. Ich erkläre ihr, dass Greta nicht von alleine Stuhlgang haben kann und wir daher mehrmals am Tag ihren Darm anspülen müssen und wir dafür die Frauenkatheter – extra dünne Darmrohre – benutzen, die wir ihr in den Po stecken müssen, durch die wir ihr die Spülflüssigkeit in den Darm spritzen müssen und durch die ihr verdünnter Stuhlgang rauskommt.

Die Apothekerin gibt sich die größte Mühe, nicht bestürzt auszusehen, und sieht dabei ziemlich bestürzt aus. »Aber die meiste Zeit ist sie sehr zufrieden«, füge ich hinzu. Es klingt wie eine Rechtfertigung. »Sie dürfen gern mal schauen.« Ich schiebe den Kinderwagen mit Greta an die Apothekentheke heran, die Apothekerin kommt herum und beugt sich über Greta. »Ist die süß«, sagt sie erleichtert. »So klein und schon so viel erlebt.« »Ja«, sage ich. »Die Arme«, sagt die Apothekerin, und ich denke: »Ich Arme.« Ich setze meine mittlerweile wieder trockene Mütze auf, die Apothekerin reicht mir eine große Tüte mit dem Greta-Equipment über die Theke.

Als ich vor der Apotheke stehe, atme ich tief durch und denke dann darüber nach, was die Apothekerin wohl von uns hält. Wir müssen schon ein seltsames Bild abgeben. Thorben und ich, eingepackt in unsere dicken Wintermäntel, mit dicken Stiefeln durch den Schnee stapfend. Immer den Kinderwagen dabei, der natürlich auch mit in die Apotheke muss und aus dem es alle paar Minuten piept. Die Angst um Greta ist allgegenwärtig, wir lassen sie keine Sekunde alleine. Die Apotheke liegt schräg gegenüber der Kinderarzt-Praxis, wir sind zweimal pro Woche hier. Während wir auf der Straße die anderen Eltern mit gleichalten

Babys auf dem Weg zum Pekip-Kurs treffen, sind wir auf dem Weg zum Arzt.

Greta ist jetzt ein halbes Jahr alt. Thorben arbeitet mittlerweile nicht mehr. Die Pflege rund um Greta habe ich alleine nicht mehr geschafft. Thorben hat die Arbeit nicht mehr geschafft, nach durchwachten Nächten am Wickeltisch mit Greta und Darmspülungen mit einem weinenden Kind, immer in Alarmbereitschaft. Die Agentur, in der er als Texter angestellt ist, hat die Überforderung gesehen. In der Mail seines Chefs stand: »Kümmere dich nun erst mal um das, was wirklich wichtig ist, deine Familie. Und komm wieder, wenn es möglich ist.« Wir weinten vor Erleichterung. Seitdem machen wir fast alles zusammen. Die Last ist leichter, wenn sie auf zwei Menschen verteilt ist.

Auch andere Menschen bieten sich uns an. »Was können wir tun?«, schreibt mir Jana, eine Freundin, mit der ich vor der Schwangerschaft mit Greta in einer Bürogemeinschaft saß. Am nächsten Tag steht sie vor der Tür, mit einem riesigen Suppentopf im Arm. Wir essen drei Tage ihre Suppe, sie wärmt unsere Bäuche und unsere Herzen. »Darf ich Greta mal auf den Arm nehmen?«, fragt sie, als sie auf unserem Sofa sitzt. Dann zieht sie Greta ihre selbst gestrickten Söckchen über die kleinen Füße. »Ist das so okay mit dem Monitor-Kabel?«, fragt Jana. Es ist okay. Jana hört uns zu, sie hört sich die Geschichten aus dem Krankenhaus an, sie fragt nach. Sie ist einfach da und hat die Arme offen für Greta.

Nach einigen Monaten, der Frühling kommt langsam, sind wir alle nicht mehr so eingepackt. Die Kapuzen verstecken unsere übermüdeten Gesichter nicht mehr. Es gibt gute Tage, wir ziehen Greta hübsch an für den Weg zum Kinderarzt und zur direkt daneben gelegenen Apotheke. Ottensen fühlt sich an wie die Lindenstraße, wir treffen immer jemanden, den wir kennen. Andere Eltern kennen die Verkäuferinnen in den Kindermode-Läden, wir kennen die Chefin der Apotheke. Immerhin geht es Greta mittlerweile immer öfter so gut, dass wir im Anschluss an die Kinderarzt-Besuche auch mal durch die Kindermode-Läden stöbern können.

»Ich würde Greta gern kennenlernen«, schreibt mir Anja per Mail. Auf Anjas Schoß habe ich gesessen, als ich so alt war wie Greta jetzt. Sie ist eine Freundin meiner Herkunftsfamilie und lebt seit einem Jahr auch in Hamburg. Wir hatten viele Jahre keinen Kontakt. Seitdem Greta auf der Welt ist, meldet sie sich regelmäßig. Als sie uns zu Hause besucht, bringt sie eine Wimpelkette mit, »Greta« steht auf den selbstgenähten Wimpeln. Ich hänge sie über Gretas Bett.

»Wollt ihr nicht mal ein bisschen Zeit für euch? Ich könnte ja mal auf Greta aufpassen«, fragt Anja uns später. Thorben und ich wissen gar nicht, was wir antworten sollen. Viel zu weit weg ist die Vorstellung, Greta in andere Hände zu geben. Selbst im Krankenhaus ist immer eine_r von uns bei ihr. Zu groß die Sorge, etwas könnte mit ihr sein. »Traust du dir das zu?«, frage ich. »Ja«, sagt Anja. »Was ihr könnt, kann ich auch – oder?«. Stimmt eigentlich. Ich vertraue Anja, Thorben auch.

Und so sitzen wir einige Tage später zu zweit im Restaurant um die Ecke. Anja und ihre Freundin Sabrina sind bei Greta, gebrieft von Thorben und mir.

Sie wissen, was zu tun ist, wenn der Monitor piept. Angespült haben wir Greta, bevor beide kamen. Damit sie das nicht auch noch übernehmen müssen. Sie wissen, wie viel Milch Greta wann bekommen muss, wie vorsichtig und langsam sie die Milch durch die Spritze in die Sonde drücken müssen, und ich bin mir sicher, dass Anja sich meldet, wenn sie unsicher ist. Dennoch bin ich in Alarmbereitschaft. Zwischen Thorben und mir liegen unsere Telefone auf dem Tisch neben Käsespätzle und Salat. Dann erscheint eine Nachricht auf meinem Telefon. Es ist ein Bild, Gretas Hand in Anjas Hand. Ich zeige das Bild Thorben, wir lächeln uns an, und ich stelle das Telefon auf lautlos, die Vibrationsfunktion lasse ich aktiv. »Was für schöne Hände sie hat«, schwärmt Thorben von Gretas grazilen Fingern und legt seine Hand auf meine.

17
Extrem besonders
Wie Chromosomen das Leben verändern können

»Es liegt bestimmt an mir«, das waren Thorbens Worte, wenige Sekunden nachdem Greta auf der Welt war. »Quatsch, erzähl doch nicht so einen Scheiß«, habe ich erwidert und es auch so gemeint. Die Frage der Schuld war bei ihm sofort da – ich selbst habe sie mir nicht gestellt. Ich bin pragmatisch: Wenn es Probleme gibt, verbringe ich lieber nicht so viel Zeit mit der Überlegung, wie sie entstanden sind, sondern mit der Überlegung, wie es weitergehen, wie ich sie lösen kann. Im Fall von Gretas »Problemen« ist es aber wichtig zu wissen, woher sie kommen. Auch für unsere weitere Familienplanung.

Dem genetischen Bluttest nach Gretas Geburt haben Thorben und ich sofort zugestimmt. Wir wollten wissen, woraus die Behinderungen resultieren – auch in Bezug auf unseren weiteren Kinderwunsch. Denn den haben wir beide. Ich habe ihn seit Gretas Geburt. Seitdem ich an ihrem Inkubator saß und dachte: »Das soll jetzt meine Tochter sein? Irgendwas läuft da schief.« In diesem Moment habe ich mir noch ein Kind gewünscht, ein »normales«. Eines, das sich den Weg zu meiner Brustwarze sucht. Eines, das nach der Geburt auf mir liegt. Eines, das ich mit nach Hause nehmen kann. Eines, das mir gehört, nicht den Ärzt_innen und Therapeut_innen.

Thorben sah das nicht ganz so emotional. »Wir haben doch gar keine Kapazität für ein zweites Kind«, entgegnete er oft, wenn ich das Thema ansprach. »Wie willst du das machen, wo uns zu zweit schon oft die Kraft für Greta fehlt?« Ich habe keine Antwort darauf. Nur ein Gefühl in meinem Bauch, das mir sagt, dass ein zweites, nicht behindertes Kind uns als Familie guttun würde. Gleichzeitig weiß ich, dass mein Wunsch unter ganz neuen Voraussetzungen steht: Wir haben einen Alltag, der durch die Pflege unserer behinderten Tochter geprägt ist, und wir wissen, dass sie einen Chromosomenfehler hat. Woher der kommt, wissen wir noch nicht. Aber ich befürchte – wie die meisten Ärzt_innen, mit denen ich gesprochen habe –, dass er von Thorben oder mir vererbt worden ist.

Mittlerweile wissen wir, dass das achte Chromosom »schuld« an Gretas Behinderungen ist. Warum dieses achte Chromosom so anders ist, das wissen wir noch nicht. Die Untersuchungen laufen noch. »Soll ich Sie anrufen, wenn wir die Ergebnisse haben?«, fragte mich Frau Ahmko vor einigen Wochen, als wir zu dritt zusammen in ihrer humangenetischen Praxis saßen. »Ja«, antwortete ich. »Und wen von Ihnen soll ich anrufen?« »Lieber dich«, meinte Thorben und sah mich an. Ich nickte.

Jetzt klingelt das Telefon. »Dr. Ahmko« zeigt das Display meines Telefons. Es ist so weit. Gut, dass ich alleine in der Wohnung bin, denke ich. So kann ich mir genau überlegen, wie ich die Nachricht Thorben überbringe. »Frau Kaiser, schön, dass ich Sie erwische«, sagt Frau Ahmko. »Wir haben jetzt den Grund für Gretas Duplikation ge-

funden. Möchten Sie ihn wissen?« Ich atme durch. »Ja, klar.«
»Geht es Ihnen gut?«
»Ja, schießen Sie bitte los.«
»Frau Kaiser, Sie haben auch eine Duplikation am achten Chromosom. Bei Ihnen hat das keine Auswirkungen, bei Greta hat sich diese Duplikation aber verdreht und noch mal an das Chromosom drangesetzt.«
Es liegt an mir, nicht an Thorben.
Immerhin das, denke ich.
»Und was bedeutet das für unseren Kinderwunsch?«
»Das kann ich Ihnen jetzt noch nicht genau sagen, dazu brauchen wir dezidiertere Ergebnisse. Gut wäre auch, wenn Ihre Eltern und Ihre Brüder sich ebenfalls untersuchen lassen würden. Erst wenn wir all diese Untersuchungsergebnisse beisammenhaben, können wir aussagekräftige Beurteilungen darüber abgeben. Sie müssen wissen, dass es einen solch besonderen Fall wie Ihren äußerst selten gibt. Greta und Sie sind extrem besonders.«

Mit dem Buchstaben c in meinem Vornamen habe ich in meinem Leben unzählige Male zu hören bekommen: »Das ist aber was Besonderes!« Dass ich mal so etwas extrem Besonderes sein würde, hatte ich damals nicht geahnt.
»Konnten Sie denn mittlerweile etwas zu einer Prognose für Greta herausfinden?«, frage ich Dr. Ahmko weiter.
»Ja, das konnten wir. Es war nicht leicht, wie gesagt, was Greta und Sie haben, ist extrem besonders. Aber wir konnten Vergleichsfälle finden. Eine Untersuchung steht noch aus, aber es gibt zwei Fälle, bei denen die Kinder einen vergleichbaren Chromosomensatz trugen wie Greta.«

»Trugen?«

»Ja, sie wurden Anfang der 1980er Jahre in Mexiko geboren. Sie wurden beide nur drei Monate alt, daher können wir daraus keine Prognose ableiten.«

Greta ist gerade drei Monate alt.

18
Die eine hat's, der andere nicht
Praktische Humangenetik

Bevor Greta in unser Leben kam, habe ich mich nicht für meine Chromosomen interessiert. Warum auch? Wird schon alles in Ordnung sein. Oder? Ja, ich wiege mehr, als der BMI mir vorschreibt, und ich bin kurzsichtig. Ohne Brille sollte ich lieber nicht Auto fahren. Mir geht es gut, ich bin gesund. Es gab bisher keinen Grund zur gesundheitlichen Sorge, keinen Grund zu Untersuchungen, die über die übliche Schwangerenvorsorge hinausgehen. Obwohl ich mir eigentlich sicher bin, stelle ich trotzdem die Frage. »Hätten wir uns untersuchen lassen müssen?«, frage ich Frau Wolf, die Kollegin von Frau Ahmko, beim nächsten Besuch in der humangenetischen Praxis. »Nein, warum auch? Es gab keinen Grund dafür.«

»Welche Gründe gäbe es denn dafür?« Ich will immer alles ganz genau wissen. Erst recht, seitdem Greta da ist. Wer weiß, wann ich mein Wissen mal brauchen kann. »Eine Chromosomenanalyse macht zum Beispiel Sinn, wenn Sie einen unerfüllten Kinderwunsch haben«, erklärt Frau Wolf. Paare, die jahrelang ungewollt kinderlos bleiben, kommen in diese Praxis. Die Humangenetikerin geht auf all meine Fragen ein, sie nimmt sich Zeit für mich und Thorben, der neben mir sitzt.

Die Grundlagen kenne ich bereits: Menschen haben 46 Chromosomen. Diese tragen das genetische Erbmaterial mit sich herum. Ich weiß, dass es Ausnahmen gibt von diesen 46 Chromosomen, zum Beispiel bei der Trisomie 21, bei der das 21. Chromosom dreimal vorhanden ist. Durch unsere Internetrecherchen wissen Thorben und ich mittlerweile noch viel mehr. Zum Beispiel, dass die drei häufigsten Trisomien, mit denen Kinder geboren werden, Trisomie 21, Trisomie 8 und Trisomie 9 sind. Zusätzlich gibt es unterschiedliche Formen, wie das Mosaik; außerdem Duplikationen, bei denen ein Chromosom verdoppelt vorkommt. Heute lerne ich noch viel mehr dazu.

»Sie, Frau Kaiser, haben eine balancierte Inversion am achten Chromosom. Diese ist für die invertierte Duplikation bei Greta verantwortlich. Bei Ihnen hat es keine Auswirkungen, bei Greta aber schon.« Es handelt sich also nicht um eine Duplikation eines ganzen Chromosoms, sondern nur von einem Teil. Doch dieser Teil enthält anscheinend genügend Gene, um viele Dinge zu beeinflussen: Gretas Sehvermögen, ihre Gehörlosigkeit, ihre schwachen Muskeln, ihre besonderen Ohren, die aussehen, als käme sie eher von der Enterprise als von Thorben und mir.

»Puh, das ist alles so kompliziert«, seufze ich. »Ich habe von so was noch nie etwas gehört«, gestehe ich. Das Downsyndrom, ja, das kenne ich, und mir war auch klar, dass es Chromosomenfehler gibt. Aber dass es welche gibt, die keine direkten Auswirkungen bei ihrer Trägerin haben, dafür aber unter Umständen bei ihren Kindern? »Das, was Greta und Sie haben, ist wirklich extrem besonders«, sagt Frau Wolf. »Das gibt es nur einmal.« Auf der ganzen Welt gibt es acht Milliarden Menschen, und das, was Greta hat,

hat nur sie? Das ist ja ein Hauptgewinn. Greta ist also ein Jackpot, denke ich. Ein äußerst komplizierter Jackpot.

Komplizierte Chromosomenanalysen gibt es in dieser Praxis immer mal wieder. Im Fall von Greta hilft uns die Analyse auch nicht wirklich weiter. Für uns sind diese Untersuchungen vor allem wichtig im Hinblick auf weitere Kinder. »Was wäre denn, wenn wir uns noch ein Geschwisterkind für Greta wünschen?«, frage ich die Ärztin und komme mir seltsam dabei vor. Ich möchte meinen Kinderwunsch eigentlich gar nicht mit Ärzt_innen besprechen, sondern mit dem potentiellen Vater meiner Kinder. Allerdings bleibt uns wohl nichts anderes übrig. Ich denke an die Paare aus dem Wartezimmer der humangenetischen Praxis. Sie alle müssen ihren Kinderwunsch mit Ärzt_innen besprechen, und ich bin dankbar, dass ich überhaupt mit Greta schwanger geworden bin, einfach so.

Da der »Fall Greta« so kompliziert und komplex ist, müssen weitere Untersuchungen stattfinden. Gretas Blut wird noch mal auf die Reise zu einem Speziallabor geschickt, und gleichzeitig wird auch das Blut meiner Eltern und meiner Brüder untersucht werden. Erst aus all diesen Ergebnissen können die Ärztinnen Schlüsse über die Vererbung unserer extrem besonderen Chromosomen ziehen.

Einige Wochen später wissen wir, dass ich neben einer impulsiven Persönlichkeit auch die balancierte Chromosomen-Inversion von meinem Vater geerbt habe. »Es liegt nahe, dass das erste Kind Ihrer Eltern mit einem ähnlichen Chromosomenfehler wie Greta zur Welt kam«, mutmaßt Frau Wolf am Telefon. Damals gab es allerdings noch nicht so differenzierte Untersuchungen wie heute. Vermutlich starben viel mehr Kinder als heute mit nicht untersuchten Chromosomenfehlern. Fehlen nur noch die Ergebnisse meiner Brüder.

Später klingelt mein Telefon. Mein Bruder ist dran, er will mir das Ergebnis seiner Untersuchung mitteilen. Auch er trägt das umgedrehte achte Chromosom in sich, wie mein anderer Bruder und mein Vater.
»Und wie geht es dir damit?«, frage ich ihn.
»Unsere Familienplanung ist damit abgeschlossen«, antwortet er.
Empathieloses Arschloch, denke ich.
»Aha«, sage ich.

19
So was gibt's noch!?
Von Fragen und Reaktionen

Noch vor einem halben Jahr war Greta der kleinste Teil einer Hochzeitsgesellschaft, gerade mal so groß wie Thorbens Unterarm, der sie trug. Heute ist sie Teil einer Geburtstagsgesellschaft. Einige gute Wochen mit Greta liegen hinter uns, sie ist gesundheitlich stabil. Das bedeutet, die letzte Lungenentzündung liegt vier Monate hinter uns, sie übergibt sich nach dem Essen selten und trinkt selbständig immer mehr und bekommt immer weniger Milch durch die Sonde. Greta, bei der nicht klar war, ob sie älter als drei Monate wird, hebt mittlerweile in Bauchlage ihr Köpfchen. Sie dreht sich, sie entwickelt sich. Langsam, aber es geht vorwärts.

Heute geht es wieder nach Lüneburg, wir freuen uns seit Tagen auf den Geburtstag eines guten Freundes. So ein Ausflug mit Greta ist für uns nach wie vor etwas ganz Besonderes. Ist die Sauerstoffflasche aufgeladen? Haben wir Darmrohre dabei? Die Spülflüssigkeit? Flaschen für Greta? Genug abgepumpte Milch? Muss ich die Milchpumpe mitnehmen? Wechselklamotten für Greta? Ist für den Notfall ein Krankenhaus in der Nähe? Unsere Wickeltasche ist eigentlich eher ein Wickelkoffer, so viele Hilfsmittel benötigen wir, wenn wir mit Greta unterwegs sind.

Und dann gibt es Momente, die einfacher nicht sein können. Von Freundinnen und Bekannten werden wir herzlich empfangen. Es ist eine Gartenparty, die Sonne scheint, ein strahlender Sommertag. Es gibt selbstgemachte Limonade, Kuchen, Salate, die Wespen lassen uns in Ruhe. Greta liegt neben Thorben auf einer Decke, viele Kinder hüpfen durch den Garten. Ich hole für Thorben und mich Salat, den ich auf zwei Tellern zu unserer Decke trage. Dort ziehe ich eine Spritze mit Milch für Greta auf. Während ich ihr die Milch durch die Sonde gebe, kommt ein kleines Mädchen dazu und fragt mich, was ich da mache. Ich erkläre ihr, dass Greta noch nicht selbst trinken kann und auf diesem Weg die Milch in ihren Bauch gelangt. Das Mädchen scheint zufrieden mit der Erklärung. Nach einem kurzen Stirnrunzeln fragt sie: »Warum?« Nun muss ich ihr auf etwas antworten, was ich ja eigentlich selbst nicht so richtig verstehe. Ich gebe mein Bestes. »Nicht alle Kinder kommen gesund zur Welt. Bei Greta sind einige Dinge anders als bei dir.« »Warum?«, lässt das Mädchen nicht locker. »Weiß ich ehrlich gesagt auch nicht so wirklich«, gestehe ich ihr. »Ist halt einfach so.«

»Darf ich Greta streicheln?«, fragt das gleiche Mädchen ein paar Minuten später. Zwischendurch hatte sie von weitem immer wieder zu uns geschaut. »Klar!«, sage ich. Thorben ergänzt: »Aber du musst vorsichtig sein mit der Sonde.« Ich rolle die Augen. Er ist mir oft zu vorsichtig. Ich vertraue dem Mädchen. Es wird schon nicht an der Sonde ziehen, davon bin ich überzeugt. Thorben hat immer Angst, dass Greta etwas passiert. Das ist natürlich kein Wunder nach der Zeit im Krankenhaus. Tatsächlich ist Greta anfälliger als andere Kinder, ihr Immunsystem ist schwächer als das von den meisten nicht behinderten Kindern. Gerade deshalb versuche ich, ihren Sonderstatus nicht extra zu betonen. Ich will keine zusätzlichen Barrieren zwischen den anderen Kindern und ihr errichten.

Ich genieße die Leichtigkeit zwischen den Kindern. Wie schön es ist, dass wir mit Greta hier sein können. Auch die Oma unseres Freundes ist da, eine freundliche Dame um die siebzig, die gerade auf ihrer Begrüßungsrunde durch die Geburtstagsgesellschaft unterwegs ist. Vor unserer Decke bleibt sie stehen, sieht Greta und sagt erschrocken: »So was gibt's noch!?«

20
Therapieterror
Vom Zwang, das Kind zu optimieren

»Wie hältst du das eigentlich aus?«, fragt mich Anja. »Was meinst du?«, frage ich, während ich Tassen in die Spülmaschine räume. »Na diese ganzen Menschen hier, in deinem Zuhause. Und alle wissen immer alles besser, mit allen musst du sprechen. Das ist doch total anstrengend!« Gerade war Gretas Physiotherapeutin für eine Stunde bei uns, hat Atemtherapie mit ihr gemacht und währenddessen mit mir und Anja gesprochen. Zum Glück war Anja da. Mich ermüden diese Gespräche mittlerweile. Es ist immer das Gleiche. Ich erzähle von Gretas klitzekleinen Fortschritten, die Physiotherapeutin empfiehlt mir neue Therapiekonzepte und berichtet von anderen Kindern und ihren Entwicklungen. Dabei platzt mein Kopf schon von unserer Geschichte – für die von anderen Familien mit behinderten Kindern ist im Moment dort gar kein Platz.

Anja war heute das erste Mal bei einer Therapiesitzung dabei und ist dementsprechend neugierig gewesen. Gelegenheit für mich, mir länger Zeit in der Küche zu lassen beim Aufbrühen eines Tees. Denn natürlich biete ich der Physiotherapeutin einen Tee an, wenn sie kommt. Und ja, ich räume sogar auf, bevor sie kommt. Danach räume ich dann wieder auf und brauche meistens eine halbe Stunde, um das Erlebte zu verarbeiten. Greta übrigens auch. Sie ist noch sehr fragil und oft gar nicht bereit für eine ganze Stunde Therapie, in der sie den Kopf heben oder sich drehen soll, obwohl sie oft nur schlafen und sich von den Trinkversuchen erholen will. So wie heute. Also nur Atemtherapie. Was bedeutet, dass die Physiotherapeutin eine halbe Stunde lang auf ihrem Brustkorb herumdrückt. Das soll den Schleim, mit dem sich Greta oft quält, lösen. Ihrem Gesichtsausdruck nach zu urteilen, genießt sie das. So lange sie glücklich dabei aussieht, darf sie gern therapiert werden. Immer wieder mal will die Physiotherapeutin mir zeigen, wie ich selbst die Atemtherapie machen kann. Anfangs ließ ich es mir brav erklären und hielt es für meine Pflicht als Mutter eines behinderten Kindes, so oft wie möglich mit meinen Händen den Brustkorb meiner Tochter vibrieren zu lassen. Ich kam mir immer seltsam dabei vor. Viel lieber wollte ich Greta einfach im Arm halten, mit ihr spazieren gehen, sie im Tragetuch ganz nah an meinem Körper spüren. Normale Mama-Tochter-Dinge tun, statt die Therapeutin für sie zu sein. Mit der Zeit wurde ich selbstsicherer im Umgang mit den diversen Therapeut_innen. Trotzdem räume ich noch jedes Mal auf, bevor sie zu uns kommen.

Ich stelle die Spülmaschine an. »Gleich kommt noch die Sehfrühförderung«, bereite ich Anja vor, die Greta jetzt auf dem Arm hält und versucht, ihr Milch mit einer Trinkflasche anzubieten. Greta verschluckt sich, Anja nimmt sie hoch und klopft auf ihren Rücken. »Und ja, du hast recht, es ist total anstrengend. Aber was ist die Alternative? Die Therapien sind ja schon wichtig für Greta. Und wir machen eh nur die Basis-Variante.« Wenn ich wollte, könnte Greta jeden Tag mehrere Therapietermine haben.

Sie kennt gar kein Leben ohne Therapie. Schon an ihrem ersten Lebenstag auf der Intensivstation kam eine Physiotherapeutin zu ihr. »Du glaubst gar nicht, was es alles gibt! Welche Therapien, Therapieformen. Das ist eine richtige Wissenschaft für sich.«

Auch wenn es viel gibt: Greta ist so besonders, dass selbst die Expertinnen auf ihren Gebieten bei ihr manchmal nicht weiterwissen. Die Frühförderung ist ein gutes Beispiel: Jedes behinderte Kind in Deutschland hat ein Recht auf Frühförderung. Das bedeutet, dass einmal pro Woche eine Therapeutin zum Kind kommt und es spielerisch fördert. In Hamburg gibt es Institutionen für die Sehfrühförderung und für die Hörfrühförderung. Greta aber ist hörbehindert und sehbehindert. Seitdem ich von der Möglichkeit der Frühförderung erfahren habe, bin ich auf der Suche nach einer Frühförderung, die beides vereint. »Wenn sie hörbehindert und sehbehindert ist, hat sie doch bestimmt Anspruch auf Sehfrühförderung und Hörfrühförderung«, dachte ich anfangs naiv. Aber natürlich kostet alles Geld, und Kosten müssen kleingehalten werden. Also mussten wir uns entscheiden, eine ganzheitliche Lösung gab es nicht.

Die Frau von der Sehfrühförderung kommt noch nicht lange zu uns. Ich weiß noch nicht, welches ihr Lieblingstee ist. Allerdings kommt sie lange genug, so dass ich weiß, dass sie lieber Tee als Wasser trinkt. Gut, dass ich früher viele Jahre und sehr gerne als Kellnerin gearbeitet habe. Das kommt mir als Mutter einer behinderten Tochter und der Bewirtung ihrer Therapeut_innen jetzt auf jeden Fall zupass. Sabine, so heißt die Therapeutin, wir duzen uns, hat heute einen großen Kasten dabei. Der Little Room ist ein Spielgerät für sehbehinderte Kinder – und wird auch, soweit habe ich mich bereits informiert, für taubblinde Kinder empfohlen. Der »Kleine Raum« ist circa ein Meter mal ein Meter groß, und in ihm hängen unterschiedliche Dinge zum Greifen für Greta. »Nach und nach werden wir schauen, was davon für Greta interessant ist«, sagt Sabine, und ich sehe Anjas Augen leuchten, denn sie hat immer wieder kreative Ideen für Greta und setzt sie auch um. Im Gegensatz zu mir – ich bin handwerklich so mittelbegabt und habe vor allem keine Lust dazu, Dinge zu basteln. Gut, dass es Anja und Sabine gibt. Während sich beide im Wohnzimmer mit Greta und dem Little Room beschäftigen, flüchte ich für fünf Minuten in die Küche und schlürfe meinen Tee. Die wertvollste Zeit ist für mich gerade stille Zeit, in der ich alleine bin und niemand was von mir will.

Alle drei Monate stellen wir Greta im SPZ vor, dem Sozialpädiatrischen Zentrum. Dort gibt es Ärzte, die auf behinderte Kinder spezialisiert sind. Man würde meinen, dass sie auch auf Eltern behinderter Kinder spezialisiert sind – das kann ich leider nur zum Teil bestätigen. »Haben Sie schon an Logopädie gedacht?« Ich rolle mit den Augen, zumindest innerlich. Klar, es ist nur gut gemeint von der Ärztin, die Greta heute das erste Mal untersucht. Natürlich haben wir schon an Logopädie gedacht. Wir haben auch an Ergotherapie, Physiotherapie und Delphintherapie gedacht. Auch an Pickler, Petö und Vojta. Wir haben an Bauchmassagen gedacht, an Sehfrühförderung und an Hörfrühförderung. An Schüssler-Salze, an Salben und an Öle. An Homöopathie, an Religion und an Wunderheiler_innen.

Meine Mutter hat sogar an eine Frau gedacht, die ein Bild aufgestellt hat in einer Sitzung und nach der Sitzung prophezeien konnte, »dass Greta auf jeden Fall hören kann oder hören wird.«

»Und immer diese ganzen Gespräche, Tipps, Empfehlungen, mit denen du dich auseinandersetzen musst. Ihr habt doch eh schon alle Hände voll zu tun!«, sagt Anja. Alle Menschen, die unsere Wohnung wegen Greta betreten, bringen ihren eigenen Therapie-Kosmos mit. Sie sind Expert_innen auf ihrem Gebiet, was toll ist. Allerdings sind sie Expert_innen auf ihrem Fachgebiet. Die Physiotherapeutin sieht das Kind, das hypoton ist, muskelschwach, das den Kopf nur mit Mühe selbst heben kann. »Ein Korsett wäre gut«, rät sie und hat dabei das hypotone Kind im Blick und nicht mich, die den Widerspruch an die Krankenkasse schreiben muss, wenn das Korsett im ersten Anlauf abgelehnt wird.

Gleichzeitig sind alle überzeugt von ihrer Therapie und ihrem Konzept. Während die Physiotherapeutin ganz wichtig findet, dass wir Gretas Mund nur abtupfen, rät die Logopädin zu einem festen Druck, wenn wir ihr den Speichel abwischen. Die Aufgabe von Thorben und mir ist es, den richtigen Weg für Greta und uns zu finden. Eltern behinderter Kinder scheint es besonders wichtig zu sein – oder es als besonders wichtig suggeriert zu bekommen –, alle Möglichkeiten auszuschöpfen. Alle Möglichkeiten, das Kind weniger behindert und mehr »normal« zu machen. Die Frage, die ich mir stelle, ist: Was hat Greta davon? Wie viel hat sie von einem Wochenplan, in dem sie keine Minute Zeit dafür hat, einfach mal ein Kind zu sein? Hat Greta nicht auch das Recht darauf, einfach mal nichts zu tun? Ich fordere Faultierzeit für jedes behinderte Kind! Das Recht, einfach mal Löcher in die Luft zu starren. Und das Recht, behindert zu sein und zu bleiben.

Ich bin der festen Überzeugung, dass Greta viel mitbekommt von den Dingen, die um sie herum passieren. Zeichen dafür hat sie uns schon gegeben. Wenn Thorben und ich uns gestritten haben, fing sie an zu weinen – ohne anderen erkennbaren Grund. Sie erfühlt Stimmungen. Ganz sicher wird sie auch erfühlen, wenn wir sie zu einem nicht behinderten Menschen therapieren wollen. Ich wünsche mir, den richtigen Weg zwischen Förderung und entspanntem Familienleben für und mit Greta zu finden. Eine Mischung aus Therapie und ganz normalem Kindsein.

21
Wie die Scheiße unser Leben bestimmt, Teil I
Darmgeschichten

»Scheiße«, ruft Thorben aus dem Badezimmer. »Scheiße, komm her«, ruft er wieder, jetzt noch lauter. »Schnell!« Ich lege das Buch auf das Sofa und laufe zu ihm und Greta, die auf der Wickeltisch-Waschmaschine liegt. »Was ist los?«, frage ich, bevor ich es selbst sehe. Mein Herz pocht bis zum Hals. Aus Gretas Po hängt das Darmrohr, um die Waschmaschine herum sind braune Spritzer. Viele braune Spritzer. Greta weint. Auch die Wand hinter Thorben ist braun gesprenkelt, und dann sehe ich es: Auch Thorbens Gesicht ist braun gesprenkelt. Dann bemerke ich den beißenden Geruch. Eine Mischung aus Stuhlgang und der Flüssigkeit, mit der wir die Darmspülungen machen. Thorben sieht aus, als würde er gleich umkippen.

Schnell nehme ich einen Waschlappen aus dem Regal, halte ihn unter warmes Wasser und gebe ihn Thorben. Er wischt sich Gretas Kacke aus dem Gesicht. Ich verdränge die Übelkeit, die in meinem Hals hochsteigt, und öffne das Badezimmerfenster. Dann ziehe ich Greta das Rohr aus dem Po, in dem Moment kommt noch mal viel Luft heraus, die mir direkt ins Gesicht gepustet wird. Ich übergebe mich ins Klo.

»Sie schläft jetzt«, sagt Thorben, als er einige Minuten später wieder ins Badezimmer kommt. Ich habe bis jetzt geschrubbt. Die Wände, das Waschbecken, den Wickeltisch, den Boden. Überall braune Kacke-Sprenkel. Es liegt noch immer in der Luft, trotz Stoßlüftung. »Wie immer schläft sie erst nach der Anspül-Action«, seufzt Thorben, während er sich sein T-Shirt auszieht und es in die Waschmaschine zu den von mir benutzten Putzlappen wirft. »Wie sie das belasten muss«, sage ich. »Bei uns ist es ja schon schlimm, wenn wir mal Verstopfung haben. Bei ihr kommt es gar nicht raus.« Wir können ihre Schmerzen und ihr Unwohlsein nur erahnen.

Wie unangenehm ihr die Darmspülungen sind, sehen wir jedes Mal. War sie die ersten Wochen noch zu kraftlos, sich zu wehren, hat sie mittlerweile genug Kraft. In den seltensten Momenten ist sie während der Darmspülungen kooperativ. Meistens weint sie, bis viel Luft und Stuhlgang durch das Rohr den Weg nach draußen in eine Schale gefunden haben. Wir unterstützen sie mit Bauchmassagen, immer im Uhrzeigersinn. Oft gefällt ihr die Massage, manchmal hasst sie sie.

Dreimal pro Tag schieben wir ihr zusätzlich zu den Spülungen Stäbe in den Po. Die Stäbe sind ungefähr fünfmal so dick wie ein normales Fieberthermometer. Sie sollen dafür sorgen, dass der Po-Ausgang weiter wird. Auch das mag Greta meistens nicht. Thorben und ich hassen es. Manchmal schaffe ich es einfach nicht. Alles in mir sträubt sich, meiner kleinen, sehr kleinen, sehr fragilen Tochter, Dinge in den Po zu stecken. In diesen Momenten stelle ich mir die Frage, die ich mir sonst rund um Greta nicht stelle: »Warum?« Womit hat Greta verdient, diese Probleme zu haben? Warum müssen Thorben und ich solche Dinge tun? »Wie lange sollen wir das noch aushalten? Und Greta?«, frage ich mit Tränen in den Augen und Kloß im Hals, aber eher rhetorisch.

Uns bleibt nichts anderes übrig, als ihr mit den Darmspülungen zu helfen. Doch diese Hilfe fühlt sich oft nach Folter, fast nach Vergewaltigung an. Gleichzeitig wissen wir, dass es ihr ohne diese Hilfe noch schlechter gehen würde. Abends, wenn Greta schläft, suchen wir im Internet nach Diagnosen. »Es muss ihr doch irgendwie geholfen werden können«, findet Thorben. »Wir können sie doch nicht ihr Leben lang anspülen.« Ich weiß, dass es möglich ist, dass wir das tun müssen. Wie wir das ertragen sollen, weiß ich allerdings nicht. »Darmentleerungsstörungen und Baby« gebe ich als Suchbegriffe ein. Bei all meinen Recherchen rund um Gretas Darmprobleme gelange ich immer wieder auf die Website von SOMA. »Selbsthilfe für Menschen mit anorektalen Fehlbildungen und Morbus Hirschsprung« steht auf der Seite.

»Die hat 'nen Hirsch!«, meinte Schwester Miriam vor einigen Wochen, als Greta noch auf der Kinderstation des Krankenhauses lag. Krankenschwester Miriam, ein erfahrenes Exemplar, Hamburger Original ohne Blatt vorm Mund. Sie war die Erste, die Greta gemeinsam mit uns badete, sie zeigte uns, wie wir die Analdehnung mit den Stäben am besten machen, und sie war es auch, für die Gretas Diagnose ganz klar auf der Hand lag: Morbus Hirschsprung. »Ich erkenne das mittlerweile«, sagte Miriam. Auch, als die Ergebnisse der Darmbiopsie kein eindeutiges Ergebnis brachten. Mit allen Unterlagen und Greta im Auto machten wir uns auf den Weg von Hamburg nach Schleswig-Holstein. Dort erwartete uns der erfahrenste Experte auf dem Gebiet der anorektalen Fehlbildungen. Zwei Stunden Autofahrt hin, zwei Stunden Autofahrt zurück. Für die Aussage: »Stellen Sie Ihr Kind mal in Berlin vor.« Wir werden von einem Experten zu einer anderen Expertin verwiesen. Greta ist das Kind, das selbst Expert_innen überfordert. Nicht unbedingt ein beruhigendes Gefühl für uns als Eltern. Bis zum Termin in Berlin bleibt uns also nur die Aussage der erfahrenen Krankenschwester. Ein »Hirsch«, vielleicht.

»Jeden zweiten bis dritten Tag wird in Deutschland ein Kind mit Morbus Hirschsprung geboren«, steht auf der SOMA-Seite. Ich erfahre, dass Morbus Hirschsprung eine seltene Fehlbildung ist, aber unter den seltenen Fehlbildungen eine der häufigsten. Jeder dritte Tag, das ist doch ziemlich viel. Warum ist es dann so schwierig, diese Krankheit zu diagnostizieren? Früher dachte ich, es funktioniert so: Ein kranker Mensch geht zur Ärzt_in; wenn es schlimm ist, direkt ins Krankenhaus. Dort untersuchen Ärzt_innen den kranken Menschen, diagnostizieren die Krankheit, verschreiben Medikamente oder operieren. Mensch wieder gesund. Langsam verstehe ich, dass das Leben mit Greta so nicht funktionieren wird.

Sollte Schwester Miriam richtigliegen und Greta an Morbus Hirschsprung leiden, muss es eine Operation geben. Eine krasse Operation, mehrere Stunden, in der der kranke Teil des Darms entfernt wird. Danach bekäme Greta für einige Monate einen künstlichen Darmausgang, bevor dieser dann in einer dritten Operation zurückverlegt werden würde. Greta ist noch sehr fragil, eine Operation ist ein Risiko für ihr Leben. Thorben und ich wollen Greta nur operieren lassen, wenn wirklich sicher ist, was ihr Probleme bereitet und dass eine Operation erfolgversprechend ist. Wichtig scheint auch zu ein, wer diese Operation durchführt. Der Professor in Heide operiert mittlerweile nicht mehr, empfiehlt uns aber die Kollegin in Berlin. Wir setzen alle Hoffnungen in sie.

Einige Wochen später, im Behandlungszimmer der Berliner Expertin für Morbus Hirschsprung. Greta bereist mit uns das Land, dank Thorbens Eltern haben wir ein Auto zur Verfügung. »Ihr werdet das wohl gebrauchen können«, sagten sie und drückten ihm die Autoschlüssel wenige Wochen nach Gretas Geburt in die Hand. Was für ein Geschenk! Wir brauchen es oft. In nächtlichen Notfällen, wenn wir mit Greta und einer Lungenentzündung ins Krankenhaus fahren oder wenn die Suche nach einer Darmdiagnose uns zu Deutschlands führenden Expertinnen in unterschiedliche Städte führt. Heute nun also Berlin, meine alte Heimat.

»Ich fühle jetzt mal mit meinem Finger«, sagt Doktor Müller. Und schon steckt sie ihren Chirurginnen-Finger in Gretas Po. Greta findet das nicht gut. Ich finde es furchtbar und bin kurz davor, zu sagen, dass ich das nicht will. Aber vor mir sitzt *die* Koryphäe für Darmkrankheiten bei Kindern in Deutschland. Sie wird schon wissen, was sie tut. Oder?

Der Finger ist wieder raus, Doktor Müller sich anscheinend ganz sicher: »Das ist kein Hirsch«, sagt sie. Schwester Miriam und die führende Expertin, es steht Aussage gegen Aussage. »Sie sind sicher?«, frage ich.

Sie untersucht Greta weiter, stellt uns Fragen, doch ihre Meinung scheint unumstößlich. Dennoch möchte sie die Biopsie aus Hamburg in ihrem Krankenhaus wiederholen lassen. Sie macht uns Hoffnung und berichtet von ähnlichen Fällen. Nach einer Stunde medizinischer Beratung und der Vereinbarung eines erneuten operativen Biopsie-Termins verabschieden wir uns von ihr, wir geben uns die Hand.

Sie meint, mir noch etwas mit auf den Weg geben zu müssen. »Frau Kaiser, passen Sie gut auf Ihren Mann auf! Meistens kommen nach ein paar Jahren nur noch die Mütter mit ihren behinderten Kindern zu mir – die Väter hauen ab. Sie wissen ja, was Männer in einer Ehe brauchen, oder?«, fragt sie mich und liefert die Antwort gleich mit: »Gutes Essen und guten Sex.«

Wie bitte?, denke ich und schaue Thorben an. Sein entgeisterter Gesichtsausdruck zeigt mir, dass die Ärztin das gerade wirklich gesagt hat. Und nun sage ich es doch. »Wie bitte?«, frage ich, dieses Mal laut. »Ich weiß gar nicht, wo ich anfangen soll, Ihnen zu erklären, auf wie viele unterschiedliche Arten ich es unerhört von Ihnen finde, so etwas zu sagen.« Doch ich sehe, ich erreiche sie gar nicht. Sie bleibt dabei und merkt gar nicht, wie viele Grenzen sie überschritten hat. »Es ist wirklich so, meistens sind die Mütter von so schwer behinderten Kindern wie Greta nach ein paar Jahren alleinerziehend«, sagt sie. »Und Sie haben ja ein wirklich vorbildliches Exemplar an Ihrer Seite. Passen Sie gut drauf auf«, rät sie mir.

In mir werden Wut und Fassungslosigkeit immer größer. Nicht genug, dass sie Gretas Grenze überschritten hat, nun geht es bei uns weiter. Abgesehen von ihrer Sicht auf die Welt, die mir zuwider ist. »Wer sagt denn eigentlich, dass nur Väter das Recht haben zu gehen?«, frage ich sie und mache gleich weiter. »Es geht Sie zwar nichts an, aber auch ich wünsche mir gutes Essen und guten Sex in einer Beziehung, und auch ich habe das Recht, die Beziehung zu beenden, wenn ich das will. Und meinen Sie nicht, dass da etwas an unserem gesellschaftlichen System nicht stimmt, wenn ein behindertes Kind der Grund dafür sein muss, dass Eltern sich trennen? Sollten wir nicht eher an den Strukturen etwas ändern, statt sie als gegeben hinzunehmen?«

»Nun regen Sie sich doch nicht so auf«, meint sie beschwichtigend. »Ich wollte Ihnen doch lediglich sagen, wie toll ich es finde, dass Greta so einen engagierten Papa hat.« Klar, die Mütter sind ja immer engagiert, das ist normal. Ich merke, dass eine weitere Diskussion an dieser Stelle zu nichts führen würde.

Wir verlassen das Behandlungszimmer, ich habe ein mulmiges Gefühl in meinem Bauch. Einige Monate später werde ich wissen, dass mein Bauchgefühl berechtigt war.

22
Das Leben der anderen
So normal wie möglich, bitte

»Muss das wirklich sein, eine *Kirchen*gruppe?«, Thorben ist genervt. Seine Betonung liegt auf *Kirche*. Ich weiß, damit kann er nichts anfangen. »Kann doch trotzdem nett werden«, versuche ich ihn zu überzeugen, obwohl ich selbst unsicher bin. Wir sind auf dem Weg zu unserem ersten Treffen mit betroffenen Eltern. Betroffene, wie das schon klingt. Eltern, die von behinderten Kindern betroffen sind. Warum gibt es dafür kein anderes Wort? Beglückt wäre schön – wobei das Leben mit Greta natürlich nicht nur aus Glück besteht. Aber eben viel aus Glück und auf jeden Fall mehr aus Glück als aus Betroffenheit. Selbsthilfegruppe, wir sind auf dem Weg zu einer Selbsthilfegruppe. Zum Glück nennt die sich in diesem Fall nicht so, denn dann wäre ich vermutlich nicht auf die Idee gekommen, mit Greta und Thorben hinzugehen. Auf dem Flyer steht »Inklusive Krabbelgruppe« – das klingt für mich wesentlich besser. Auch wenn Greta nicht krabbeln kann. Im Gegenteil, sie ist meilenweit davon entfernt.

»Die Kinder müssen nicht krabbeln können, alle sind herzlich willkommen« schrieb mir die Gruppenleitung in einer Mail. »Da sind auch andere schwerbehinderte Kinder«, erzähle ich Thorben auf dem Weg zur Kirchengemeinde. »Greta ist da so wie andere«, mache ich ihm Hoffnung und hoffe selbst, dass es stimmt. Als wir ankommen, ist erst eine Familie da. Mein Blick geht sofort zu ihrem Kind, das in der Mitte des kleinen, mit Teppich ausgelegten Raumes liegt. Sie ist größer als Greta, aber ebenso weit entfernt vom Krabbeln wie Greta. Ich bin ein bisschen beruhigt und finde meinen eigenen Gedanken gleichzeitig furchtbar. Vergleiche ich da wirklich gerade mein behindertes Kind mit einem anderen behinderten Kind?

Wir begrüßen uns mit Handschlag, die Eltern von Nina – wie das kleine Mädchen heißt – und Doreen, die Gruppenleitung. Eine Frau Mitte 30, modern gekleidet, blonder Pferdeschwanz, überhaupt nicht kirchlich. Ich fühle mich gleich wohl. »Pierre und Marthe kommen gleich auch noch«, sagt Doreen mit einem Blick auf ihre Uhr. »Ach, da kommen sie schon«, mit einem Blick auf den Garten vor dem großen Fenster. Eine junge Frau mit einem Kind im Kinderwagen öffnet das Gartentor, sie winkt uns lächelnd zu. Ich fühle mich in diesem Moment nicht betroffen, sondern wirklich beglückt. Während ich mich in dem Raum umgesehen habe, hat Thorben Greta schon ausgepackt und neben Nina gelegt. Die beiden betasten sich vorsichtig, dann zieht Nina Greta an den Haaren. Greta beschwert sich mit einem kleinen Jammergeräusch und breakdanced von Nina weg, während sich Ninas Mutter für das Haareziehen ihrer Tochter entschuldigt.

»Nicht schlimm«, lächle ich sie an. Für Greta ist schon wieder alles in Ordnung, und mir ist es ganz wichtig, dass sie nicht von allen Seiten mit Samthandschuhen angefasst wird. Ja, sie ist ein mehrfach behindertes Kind, und wir müssen bei einigen Dingen gut auf sie aufpassen – vielleicht mehr, als andere Eltern auf ihre nicht behinderten

Kinder aufpassen müssen. Gleichzeitig ist in mir aber auch der Wunsch nach so viel Normalität wie möglich. Dazu gehört für mich auch, dass ihr mal ein anderes Kind an den Haaren zieht und sie sich – im Rahmen ihrer Möglichkeiten – dagegen wehrt. Ich muss an den letzten Termin bei Gretas Physiotherapeutin denken. »Behinderte Kinder sollten alles machen dürfen, was nicht behinderte Kinder auch machen«, meinte sie, und schwupps! hatte sie Greta an den Füßen gepackt und in den Kopfstand bewegt. Mein Herz hörte vor Schreck einen Moment zu schlagen auf; Greta giggelte und jauchzte vor Freude.

Vorstellungsrunde, Pierre und Marthe, die ihren Sohn allein erzieht; Nina und ihre Eltern, Greta, Thorben und ich. In unserer Vorstellungsrunde geht es um Namen, Alter und Diagnosen. »Vielleicht könnt ihr noch sagen, was eure Kinder mögen und worauf wir achten müssen«, schlägt Doreen vor. Ninas Eltern erzählen von Ninas Magensonde und ihrer Vorliebe für die Farbe Grün. Pierres Mutter lächelt, als sie von seien Fortschritten beim freien Sitzen berichtet; er kam als sehr frühes Frühchen zur Welt, Prognose: ungewiss. Nun sitzt er alleine auf einem herkömmlichen Holzstuhl und schaut sich Bilderbücher an. Thorben stellt Greta vor, während sie weiter ihren Breakdance in unserer Mitte vorführt und dabei weiter Ninas Nähe sucht – manchmal mit ihren Händen, noch mehr aber mit ihren Füßen, die sehr sanft alles ertasten. Es ist schön, mit Greta bei einer Krabbelgruppe zu sein – auch wenn hier niemand krabbelt.

Nach anderthalb Stunden packen wir Greta wieder in den Kinderwagen, nachdem sie gegessen hat. Einen Teil durch ihre Magensonde, einen Teil selbständig getrunken. Bei jeder Mahlzeit schafft sie mehr von alleine. »Bis zum nächsten Mal«, sagt Thorben zum Abschied zu Doreen. Nachdem ich das Gartentor geschlossen habe, frage ich ihn: »Willst du wirklich noch mal wiederkommen?« »Na klar«, meint er. »Der Vater von Nina war doch ganz nett. Endlich mal ein Vater, mit dem ich mich austauschen kann und der sich auch um sein Kind kümmert.« »Ja, stimmt«, sage ich. Trotzdem ist mein Gefühl nicht ausschließlich positiv. »Mir war das alles irgendwie zu medizinisch«, sage ich. Die Gespräche über die Therapien, die besten Behandlungsformen, die kompetentesten Ärzt_innen ... »Ich fänd es gut, wenn es einfach nur ums Spielen ginge ... Inklusive Krabbelgruppe. Inklusiv war das ja nicht. Warum gibt es so was nicht für alle, behinderte und nicht behinderte Kinder?«.

»Meinst du, wir hätten so offen miteinander sprechen können, wenn es wirklich eine inklusive Gruppe gewesen wäre?« Klar, er hat recht. Es tut auch gut, nicht alles erklären zu müssen. Es ist schön, mit Menschen zu sprechen, für die die klitzekleinsten Fortschritte des eigenen Kindes auch die Welt bedeuten. Die wissen, wie es ist, mit ständiger Panik um das eigene Kind zu leben. Gleichzeitig wünsche ich mir aber eine Runde aus behinderten und nicht behinderten Kindern und ihren Eltern. Eine Gruppe, in der alles normal ist. Nach dem Nachmittag gehe ich vor allem aber mit einem Gedanken nach Hause, und ich sage ihn laut: »Ich hätte gerne noch ein Kind. Ein nicht behindertes.«

23
Eine Schwester für Greta
Praktische Pränataldiagnostik

Die Arzthelferin packt die Spritze aus, ich höre das Verpackungsmaterial knistern. Die Nadel ist viel größer, als ich sie mir vorgestellt hatte. Sie schauen ab jetzt lieber weg«, sagt der Arzt zu mir. Ich bin in guten Händen, sage ich zu mir selbst. Ich muss mich beruhigen. Ich bin alles andere als ruhig.

Die Chorionzottenbiopsie, für die ich heute hier bin, wird in dieser Praxis mehrmals pro Woche durchgeführt. Mit einer Hohlnadel wird schwangeren Müttern durch die Bauchdecke gestochen und Gewebe aus der Plazenta entnommen. Da die entnommenen Zellen das gleiche genetische Material haben wie das ungeborene Baby, können so genetische Auffälligkeiten festgestellt werden. Trägt das Baby in meinem Bauch wieder einen Chromosomenfehler in sich? Neben mir sitzt Thorben, Greta ist auch da. Sie liegt im Autositz, der neben der Behandlungsliege steht, auf der ich liege. Wenn ihr Monitor piept, korrigiert Thorben ihr Kinn. Wie immer in Situationen, in denen ich aufgeregt bin, ist Greta ganz ruhig. Sie schläft.

Bei 1000 Biopsien in Deutschland kommt es durchschnittlich zu drei Fehlgeburten. In der pränatalen Diagnostik geht es oft um Zahlen. Es geht um Risiken und

Chancen, um Krankheiten, Behinderungen und Gesundheit. 96 Prozent aller Schwangerschaften enden in der Geburt eines gesunden Kindes. Bei neun von zehn Kindern mit der Diagnose Downsyndrom entscheiden sich die werdenden Mütter für einen Schwangerschaftsabbruch.

Chorionzottenbiopsien finden meistens um die zehnte oder elfte Schwangerschaftswoche herum statt. Eine Zeit, in der es auch ohne Punktion noch zum Spontanabort kommen kann. »Wenn eine Frau nach der Chorionzottenbiopsie die Praxis verlässt und im Fahrstuhl eine Blutung bekommt, ist es allerdings klar, dass das in Zusammenhang mit der Biopsie steht«, erklärt uns Frau Wolf, die Humangenetikerin. Ich lasse nicht locker mit meinen Fragen zu Risiken und möglichen Folgeschäden durch den Eingriff. Ich will auf alles vorbereitet sein, wenn das überhaupt geht, und will die Entscheidung für die Biopsie wohlbedacht treffen.

Sechs Wochen Zeit brauchten Thorben und ich, um zu wissen, welches der richtige Weg für uns ist. In vielen Gesprächen miteinander und mit Frau Wolf, in denen wir uns immer wieder fragten, wie wir mit einem negativen Ergebnis umgehen würden. Wenn wir noch ein mehrfach behindertes Kind erwarten würden. Schaffen wir es, noch ein krankes Kind zu pflegen? Dürfen wir über Leben und Tod entscheiden? Welches Leben ist lebenswert – welches nicht? Fragen, die niemand in sechs Wochen beantworten kann. Uns aber bleibt keine andere Wahl. Es fühlt sich an, wie in eine Ecke gedrängt zu sein und aus ihr nicht mehr herauszukommen. Ich möchte doch einfach nur ein Kind.

Ein Geschwisterkind für Greta. Ein nicht behindertes Kind für Thorben und mich. Der Arzt zeigt mir mein Kind im Ultraschall. Das ist das normale Vorgehen vor einer Punktion: Das Baby wird gecheckt, die Lage der Plazenta kontrolliert, damit der Arzt mit der Nadel weder Kind noch Fruchtblase verletzt. »Alles sieht wunderbar aus«, beruhigt er mich und meint damit nicht nur mein Kind, sondern auch die Lage der Plazenta, in die er nun stechen will. Stechen muss. Ich spüre seine Anspannung. Es geht um ein Menschenleben, genau genommen um viele Menschenleben, um ein Familienleben. Greta ist der einzige Mensch im Raum, der entspannt ist. Zwischen ihr und mir sitzt Thorben auf einem Stuhl und hält meine schweißnasse Hand.

Es ist unbequem auf dieser Liege. Mein Kopf liegt auf einem Kissen, die Arzthelferin hat meinen Bauch desinfiziert. Es kann losgehen. Für mich kann es das aber nicht. Meine Panik wird immer größer, ich will nicht, dass die Spritze in meinen Bauch gestochen wird. Ich will nicht, dass der Arzt Gewebe entnimmt, ein paar Millimeter entfernt von meinem ungeborenen Kind, das im Ultraschall so perfekt aussieht. Ich will mein Kind nicht im Fahrstuhl verlieren!

Ich springe von der Liege auf und breche den Eingriff ab. In diesem Moment ist mein mütterlicher Instinkt, mein Baby zu schützen, größer als die Angst vor einem zweiten pflegebedürftigen Kind.

Nach drei Tagen Bedenkzeit kehren wir zurück in die Praxis für Pränataldiagnostik und Humangenetik. Ich lasse den Eingriff durchführen. Weil ich weiß, dass ich eine Schwangerschaft in Ungewissheit noch weniger ertragen würde. Ich bitte darum, vorher nicht im Live-Ultraschall mein Baby zu sehen, das ist für mich die falsche Dramaturgie. Nach dem Eingriff, der sehr schmerzhaft ist, nicht nur psychisch, nehme ich die Treppen und benutze nicht den Fahrstuhl.

Um die Zeit des Wartens möglichst abgelenkt zu verbringen, fahren wir an die Ostsee. Die Eltern einer Freundin stellen uns ihre Ferienwohnung zur Verfügung, die wir uns sonst nicht leisten könnten. »Ein Krankenhaus ist auch in der Nähe«, schrieb mir meine Freundin per Mail. Sie hatte meine Unsicherheit begriffen, denn die Panik war bei uns immer im Gepäck. Eine Klinik in der Nähe war eine der vielen Bedingungen für einen Urlaub zu dritt.

Die Wohnung ist schön, Greta hat ihr eigenes kleines Bett neben unserem, in fünf Minuten sind wir am Strand. Wir gehen mit Greta im Tragetuch an den Strand, verbringen die Nachmittage im Strandkorb. Drei Wochen nach der Biopsie klingelt das Telefon in der Ferienwohnung, das Herz schlägt mir bis zum Hals. Die Humangenetikerin sagt, dass wir ein gesundes, genetisch völlig unauffälliges Kind erwarten. »Möchten Sie wissen, was es wird?«, fragt Frau Wolf mich am Telefon. Das Wichtigste hat sie mir ja schon gesagt. Ob Junge oder Mädchen, war uns schon bei Greta egal. Nun ist es uns noch mehr egal. »Ja«, sage ich trotzdem, aus Neugier. »Greta bekommt eine kleine Schwester«, sagt sie, und ich höre, wie sie sich freut, uns gute Nachrichten überbringen zu können. »Wirklich?«, frage ich. Ein Mädchen, ohne Chromosomenfehler. Beides kann ich nicht glauben, die Nachricht fühlt sich irreal an. Thorben wartet im Nebenzimmer, er erträgt die Spannung nicht.

Ich bin jetzt in der zwölften Schwangerschaftswoche, das Geschlecht des Kindes kann man normalerweise zu diesem Zeitpunkt noch nicht per Ultraschall sicher ermitteln. Wir wissen durch das Ergebnis der Chorionzottenbiopsie plötzlich sehr viel von unserem Kind. Es fühlt sich richtig und gleichzeitig falsch an.

Dass mein Kind durch meine Bauchdecke geschützt ist, ist für mich logisch. Es tut mir fast ein bisschen leid, dass wir seine Privatsphäre mit der Untersuchung stören mussten. Ein gesundes Kind in meinem Bauch. Wow. Nach dem Telefonat atme ich ein und aus und ein und aus. Ich wische die Träne von meiner Wange und gehe zu Thorben. »Greta bekommt eine gesunde kleine Schwester«, sage ich zu ihm – auch, um es selbst noch mal zu hören. Wir liegen uns in den Armen und weinen beide, erleichtert, dann gehen wir zu Greta und überbringen ihr die gute Nachricht. Sie schläft. Es sieht aus, als würde sie dabei lächeln.

My Berlin Woman
Deine Haare sind wie Mauern
Schneid sie ab
und du bist frei
Rocko Schamoni, »*Berlin Woman*«

24
Kitasuche
Zu behindert für die integrative Kita

An den Ranunkeln kann ich nicht vorbeigehen, konnte ich schon nicht, als ich früher hier wohnte, und kann ich heute nicht, nach unserem Umzug nach Berlin. Es ist der gleiche Kiez, in dem ich vor drei Jahren lebte. Thorben und ich haben eine Wohnung in Berlin-Kreuzberg gefunden, meinem alten Berlin-Zuhause. Ich weiß, in welchem Café es den besten Cappuccino gibt, in welche Kneipe man morgens um sechs noch fallen kann und an welchem Stand auf dem Wochenmarkt es den besten Kısır gibt.

Mein liebster Blumenladen ist mittlerweile ein paar Häuser weitergezogen, ansonsten ist alles wie früher. Meine Blumenfrau verkauft ihre Tulpen, Rosen und Ranunkeln jetzt da, wo ich früher morgens um vier Uhr den letzten Wodka Lemon bestellte. »Sie habe ich ja lange nicht mehr gesehen!«, begrüßt sie mich. Ich erkläre ihr in der Kurzversion, was in der Zwischenzeit passiert ist. Verliebt, Umzug nach Hamburg, verlobt, verheiratet, erstes Kind,

»und das zweite ist auf dem Weg« sage ich, während ich grinsend auf meinen Bauch deute. »Oh, herzlichen Glückwunsch!«, sagt meine Lieblingsfloristin lächelnd. »Na, da ist ja einiges passiert! Immer noch Ranunkeln?« Ich nicke, sie weiß genau, welche Blumen ich am liebsten habe. Ich hätte gerne immer frische Blumen auf dem Küchentisch. Aber nicht immer denke ich daran, welche zu kaufen. Immerhin immer, wenn ich an diesem Laden vorbeikomme. Und das werde ich ab jetzt wieder häufiger.

Zu Hause fülle ich Wasser in eine beigefarbene Vase und platziere die Ranunkeln auf den Küchentisch. Leider steht er nicht in einer Wohnküche. Wir mussten Kompromisse eingehen: Unsere Wohnung hat nicht den perfekten Schnitt. Aber immerhin haben wir eine bezahlbare Wohnung für eine vierköpfige Familie gefunden – und dann auch noch in meinem alten Kiez.

Gretas Zimmer ist der Mittelpunkt der Wohnung, das ist praktisch. Wenn sie schläft, hören wir den Monitor, wenn er piept – egal, wo wir sind. Ob im direkt daneben gelegenen Schlafzimmer, im Wohnzimmer oder in der kleinen Küche. Die Wohnung zeigt gut, wie unser Leben im Moment aussieht: Greta ist der Mittelpunkt. Thorben ist nach wie vor von der Arbeit als Texter freigestellt, meine Elternzeit habe ich um zwei Monate verlängert. So wird sich an meine Elternzeit mit Greta der Mutterschutz mit ihrer kleinen Schwester anschließen. Zum Glück habe ich vor der Schwangerschaft mit Greta als freiberufliche Redakteurin ausreichend verdient, so können wir einigermaßen von meinem Elterngeld leben. Es reicht gerade so.

Thorben und ich sprechen manchmal über unser Leben, wie wir es uns vor Greta erträumt hatten. Ich wollte nur kurz beruflich aussetzen, schnell wieder arbeiten. Der Agentur, in der ich als Redakteurin freiberuflich gearbeitet habe, hatte ich meine Rückkehr nach einem halben Jahr angekündigt. Dass ich so lange zu Hause bei meinem Kind bleiben würde – mittlerweile schon mehr als ein Jahr –, hatte ich mir nicht vorstellen können. Meine Arbeit fehlt mir. Auch deshalb habe ich mich schon vor unserem Umzug nach Berlin nach Betreuungsangeboten für Greta umgeschaut.

Ein integrativer Kinderladen in Kreuzberg hatte sich auf meine Mail, die ich vor einigen Monaten schrieb, sehr nett zurückgemeldet und uns einen Probetag angeboten. Heute hospitieren Greta und Thorben dort. Ich bin ein bisschen aufgeregt und schreibe ihm eine SMS, nachdem ich es mir mit einem Tee auf dem großen Sofa im Wohnzimmer bequem gemacht habe.

»Wie läuft's?«

»Super! Erzähle später mehr«, antwortet er.

Vom Sofa aus kann ich in den Berliner Herbsthimmel schauen. Eigentlich bin ich kein Typ für Mittagsschlaf, ich finde nicht so leicht in den Schlaf, wenn es hell ist. Mittlerweile bin ich im siebten Monat schwanger mit Gretas Schwester, ein ganzer Vormittag auf den Beinen macht mich müde. Die Vorstellung von Greta inmitten von anderen Kindern in einer Kita macht mich glücklich. Ich bin so stolz auf sie, auf diese kleine, bemerkenswerte Person. Doch die Ungewissheit, ob wir zeitnah einen Platz bekommen, belastet mich mittlerweile schon. Wie soll das werden, wenn ihre kleine Schwester auf der Welt ist und

Aufmerksamkeit von uns braucht, wir für Greta aber noch keine Betreuungsmöglichkeit gefunden haben? Solange Thorben und ich noch nicht wieder arbeiten, wird es bestimmt gehen. Schon jetzt übernimmt Thorben mehr pflegerische Tätigkeiten rund um Greta, ich kümmere mich dafür um die bürokratischen. Wir werden das auch mit zwei Kindern schaffen, wenn wir uns die Aufgaben gerecht aufteilen, da mache ich mir keine großen Sorgen. Das Elterngeld werde ich allerdings nicht ewig beziehen können – ganz abgesehen davon, dass ich wieder arbeiten *möchte*. Greta ist jetzt anderthalb Jahre alt; die meisten Kinder in dem Alter gehen in eine Kita. Ich hoffe sehr, dass sie heute mit Thorben einen guten Tag in der Einrichtung hat. Bisher waren es immer gute Erfahrungen, die wir in Gruppen mit anderen Kindern gemacht haben. Ich erinnere mich an den Babymassage-Kurs, den wir noch in Hamburg mit ihr belegt haben. Während die Väter die Babys massierten, turnten die Mütter im Nachbarraum des Geburtshauses herum, Rückbildungsgymnastik. Für uns aus zwei Gründen ein Wochenhighlight: Erstens ging es in diesen anderthalb Stunden nicht um Gretas Behinderung, wir waren eine Familie von vielen. Und zweitens war ich die einzige entspannte Mutter, wenn wir in unserem Raum Babygeschrei hörten. Greta hat die Babymassage verlässlich genossen und ist dabei regelmäßig eingeschlafen, während die anderen Kinder das nicht so durchgängig genießen konnten. Mit Greta sind viele Dinge möglich – hoffentlich sieht das die Kita heute auch so.

Als Thorben am Nachmittag die Wohnungstür aufschließt, warte ich schon gespannt. Wie es wohl war mit Greta in der Kita? Wie haben die anderen Kinder reagiert? Waren die Erzieher_innen liebevoll und empathisch? »Es war echt toll«, erzählt Thorben stolz, als er Greta auf dem Wohnzimmerteppich aus ihrer Jacke befreit. »Die Kinder waren ganz lieb mit Greta und haben sie gestreichelt und Fragen gestellt.« Auch von den Erzieher_innen ist Thorben begeistert. Das ist ein gutes Zeichen. Er ist sonst immer skeptisch, wenn es darum geht, Greta in fremde Hände zu geben. In dieser Kita ist es anders.

»Kannst du dir vorstellen, dass sie Greta nehmen?«, frage ich ihn vorsichtig. »Ja, ich glaub schon«, meint er.

»Und hast du gefragt, ob sie auch einen zweiten Platz haben?«, frage ich und streichele über meinen Bauch. »Das hab ich mich nicht getraut«, gibt Thorben zu. Ich seufze. Obwohl ich weiß, warum er nicht nach einem Platz für Gretas ungeborene Schwester gefragt hat. Schon für Greta einen Platz zu suchen fühlt sich nach Belastung an. Es ist ein Gefühl von »können wir unser Kind einer Kita zumuten«? Dabei wurden wir ja auch nicht gefragt, ob wir uns Greta zumuten würden. Abgesehen davon, dass ich finde, dass es eine große Freude ist, mit Greta zu leben. Eigentlich auch eine dankbare Aufgabe, mit ihr zu arbeiten. Sie entwickelt sich weiter, in ihrem Tempo, ist meistens ausgeglichen und fröhlich. Sie hat keine Anfälle, isst mittlerweile püriertes Essen durch einen Breisauger – wie alles um sie herum funktioniert, kann man innerhalb weniger Tage lernen. Warum sollten sie unser Kind also nicht betreuen wollen?

Gleichzeitig wissen wir um die zusätzlichen Belastungen mit ihr im Alltag. Wir sind auch in diesem Fall die Bittsteller, so doof sich das auch anfühlt. Greta ist leider nicht überall willkommen. Dazu noch nach einem weiteren Platz zu fragen? Wir haben Angst, dass Greta dann gar nicht genommen wird. Gleichzeitig wehre ich mich innerlich gegen dieses Gefühl. Greta soll die gleichen Rechte haben wie alle anderen Kinder auch! Sie soll auch in eine Kita gehen dürfen – mittlerweile ist sie anderthalb Jahre alt, wäre sie nicht behindert, wäre sie schon längst ein Kitakind. Sie soll in die Kita gehen dürfen, auch mit ihrer Schwester zusammen – wie andere Geschwisterkinder auch.»Wenn die zusagen, werde ich das zur Bedingung machen«, sage ich patzig zu Thorben.»Und wenn das nicht klappt, gehen sie vielleicht einfach in getrennte Kitas«, versucht Thorben mich zu beschwichtigen. Er nimmt Greta und legt sich mit ihr aufs Sofa. Ich gehe grummelnd in die Küche. Immerhin stehen Blumen auf dem Tisch.

Ich erinnere mich an Gespräche aus den ersten Tagen mit Greta, als wir noch mit ihr auf der Intensivstation lebten und nicht wussten, wie das Leben mit ihr mal aussehen könnte. Zwischen möglichen und unmöglichen Diagnosen und ohne Aussicht auf Perspektive. Die Psychologin, die mit uns zweimal die Woche Gespräche führte, nahm meine Ängste ernst. Werde ich jemals wieder arbeiten gehen können? Wird Greta jemals außerhalb des Krankenhauses leben können?»Alle Kinder gehen irgendwann mit ihren Eltern nach Hause«, versicherte sie uns.»Egal, wie schwer behindert sie sind?«»Ja, es gibt für alles eine Lösung. Manche Familien nehmen das Krankenhaus mit nach Hause.« Puh, was für eine Vorstellung. Das Krankenhaus zu Hause.

Was genau das bedeutet, erfuhr ich einige Wochen später und wie so vieles, vor dem ich aus Unkenntnis Angst hatte, war das Krankenhaus zu Hause viel weniger schlimm als befürchtet. Es bedeutet nicht, dass alle Krankenhaus-Gerätschaften bei uns zu Hause Einzug halten, es nach Desinfektionsmittel riecht oder Thorben und ich zu Krankenschwestern und -pflegern mutieren und in unserer eigenen Wohnung mit Kitteln herumlaufen. Es bedeutet lediglich, dass alles, was Greta braucht, bei uns ist. Das waren in unserem Fall Klistiere für die Darmspülungen, ein Sauerstoff-Aufladegerät, Sauerstoffflaschen für den Notfall und ein Pflegebett. Das ist der Preis dafür, mit Greta leben zu können. Der Preis dafür, dass wir die Ersten sind, die sie morgens nach dem Aufwachen sehen, fühlen und riechen. Der Preis dafür, dass ich ihr jeden Tag die Klamotten anziehen kann, die ihr am besten stehen. (Im Krankenhaus nicht immer selbstverständlich – dort nimmt das Pflegepersonal einfach irgendwas.) Der Preis dafür, sie immer besser zu verstehen, sie immer genauer zu sehen. Der Preis dafür, bei jedem ihrer Fortschritte dabei zu sein. Der Preis dafür, ihr erstes Lächeln nicht verpasst zu haben.

»Jedes Kind kann eine Kita besuchen, für jedes Kind gilt die Schulpflicht«, erklärte uns die Psychologin. Ich konnte mir das praktisch nicht wirklich vorstellen. »Wirklich *jedes* Kind?«, fragte ich. »Ja, *jedes* Kind«, blieb sie standhaft. »Auch schwer mehrfach behinderte, dauerbeatmete Kinder.« »Meinen Sie, Greta wird dauerbeatmet nach Hause gehen?«, war sofort meine Frage. Zu dieser Zeit waren wir noch damit beschäftigt, alle Diagnosen für Greta zusammenzusuchen. Vielleicht sprach die Psychologin nicht allgemein, sondern hatte das medizinische Personal über Greta sprechen hören und wusste mehr als wir? Sie schüttelte den Kopf. »Nein, Frau Kaiser, ich wollte nur deutlich machen, dass für jedes Kind eine Schulpflicht besteht. Egal, wie behindert es ist.« Für mich war das neu. Ich selbst bin in einem kleinen niedersächsischen Dorf aufgewachsen. Dort gehen Kinder in die Schule, die in der Nähe ist. Ich war froh, dass zweimal am Tag ein Bus zum zwanzig Kilometer entfernten Gymnasium fuhr. Sichtbar behinderte Kinder kamen in meiner Schullaufbahn nicht vor. Woher sollte ich also wissen, wie Bildung und Erziehung für ein schwerbehindertes Kind aussehen können? Ab diesem Zeitpunkt hatte ich zumindest eine Idee von einer Zukunft für uns als Familie.

Zwei Tage nach Gretas und Thorben Hospitation klingelt mein Telefon. Die Integrationserzieherin der Kita ist dran. »Leider können wir Greta keinen Kita-Platz bei uns anbieten. Wir haben lange darüber diskutiert – und dann entschieden, dass es bei uns leider nicht passt.« Sie nennt viele Gründe: Zu wenig Platz, zu wenig Erzieher, zu viel Unsicherheit in Bezug auf das Cochlea-Implantat (eine spezielle Art des Hörgeräts, das Greta noch gar nicht hat, aber bekommen soll). Ich hörte zwischen den Zeilen die wahre Begründung: Eure Tochter ist zu behindert für uns.

Abends, als Greta schläft und Thorben auch, recherchiere ich auf meinem Smartphone. Mich lässt die Absage nicht in Ruhe, meine Gedanken kreisen. Im Berliner Kita-Gesetz werde ich fündig: »Keinem Kind darf aufgrund der Art und Schwere seiner Behinderung oder seines besonderen Förderbedarfs die Aufnahme in eine Tageseinrichtung verwehrt werden.« So weit die Theorie. Wir leben in Friedrichshain-Kreuzberg, in unserem Bezirk gibt es 237 Kindertagesstätten, 117 von ihnen betreuen gegenwärtig ein oder mehrere Kinder mit Behinderung. 50 von ihnen betreuen nur ein Kind mit Behinderung und gelten damit nicht als »klassische Integrationskitas«. Ich stelle mir eine Liste aller Integrationskitas in Kreuzberg zusammen und rufe sie am nächsten Vormittag an, eine nach der anderen.

»Hallo, ich suche einen Kita-Platz für meine Tochter.« – »Das tut mir leid, wir sind leider voll für die nächsten drei Jahre.« – »Ich suche einen integrativen Platz, meine Tochter ist behindert.« – »Ach so, dann können wir vielleicht etwas machen. Wie alt ist sie denn?« – »Fast anderthalb.« – »Oh, das wird schwierig. Wir nehmen behinderte Kinder erst ab zwei Jahren. Was hat sie denn?«

Meist ist das Telefonat nach der Aufzählung der Diagnosen beendet. Oft wird mir direkt am Telefon gesagt, dass sich die Kita »das« nicht zutrauen würde. Eine Kita-Erzieherin vertröstet mich auf morgen. Nach fast zwanzig Telefonaten habe ich keine Kraft mehr. Thorben ist im Nebenzimmer bei Greta und hat mitgehört. »Es reicht mir jetzt«, sagt er. Am Nachmittag klappert er alle Kinderläden in unserer Nachbarschaft ab – vergeblich. Entweder haben sie noch keine Erfahrung mit behinderten Kindern und trauen sich das auch nicht zu, oder aber es gibt schlicht keinen freien Platz.

Dann das Gespräch mit der vorletzten Kita auf meiner Liste. »Greta kam gehörlos zur Welt und wird bald ein

Cochlear-Implantat bekommen, eine spezielle Art eines Hörgeräts. Sie kann nicht gut sehen und bis jetzt nicht gehen. Außerdem hat sie eine Darmkrankheit, die ...« »Entschuldige bitte«, unterbricht mich die Leiterin der vorletzten Kita in der Aufzählung meiner mittlerweile auswendig gelernten Diagnose-Liste. »Mögt ihr einfach mal bei uns vorbeischauen?«, schlägt sie unvermittelt vor. »Dann lernen wir uns kennen und schauen mal, was wir tun können. Wir nehmen die Kinder, wie sie kommen.« Ich bin sprachlos.

Eine Woche später stehen wir vor der Tür des kleinen Kinderladens in unserer Nachbarstraße, den wir bisher immer übersehen hatten. Thorben hebt Greta aus dem Kinderwagen, den er im Hausflur abgestellt hat. Zusammen stehen wir vor der Tür im Erdgeschoss eines Kreuzberger Altbaus. Meinen Wintermantel bekomme ich über dem Bauch nicht mehr zu, die Schwangerschaft ist unübersehbar, ich bin im achten Monat. Dann öffnet sich die Tür, dahinter erscheint ein Mann: Fast zwei Meter groß, tätowiert, mit bunten Haaren und einem offenen Lächeln. »Ihr müsst die Kaisers sein«, begrüßt er uns. »Dann kommt mal rein, ich bin Benjamin, der Facherzieher für Integration.« Dahinter schaut die Kita-Leiterin vom Telefon aus der Küchentür. Ebenso herzlich begrüßt sie uns und bittet uns in einen der Kita-Räume, in dem gerade keine Kinder sind. Wir nehmen auf einem roten Sofa Platz. Ulla und Benjamin bieten uns Tee und Kekse an.

Im Lauf der langwierigen Suche nach einem Kita-Platz für Greta sind wir selbst zu Bedenkenträger_innen geworden, das fällt mir nun auf. Wir sind mittlerweile unsicher: Geht das überhaupt, mit Greta in einer normalen

Kita? Schaffen die das mit ihren Darmspülungen? Der besonderen Technik, Greta die Flasche mit der Sondenkost zu geben? Zum Glück hat sie keine Sonde mehr, denke ich. »Wenn ihr das schafft, schaffen wir das auch«, sagt Benjamin direkt in meinen Gedankenwust und wischt all unsere Bedenken damit vom Tisch. Greta kann noch nicht sitzen? »Bringt doch ihren Therapiestuhl mit hierher. Was ihr zu Hause könnt, können wir auch!« Sie muss gefüttert werden? »Bekommen wir hin!« Die Rollen verkehren sich in unserem Gespräch, Ulla und Benjamin überzeugen Thorben und mich, dass wir das alle schaffen, wenn wir nur wollen. Ulla und Benjamin wollen.

In unserem Gespräch bei Keksen und Tee stellt sich heraus, dass eigentlich gar kein integrativer Platz frei ist in diesem Kinderladen. Doch beide wollen sich bei dem Träger erkundigen, ob da nicht doch was machbar wäre. »Und so wie's aussieht, braucht ihr dann bald auch noch einen zweiten Platz, oder?«, grinst mich Benjamin an und deutet auf meinen Bauch. Wenig später liegt Greta auf seinem Arm, noch ein bisschen später schläft sie auf seinem Arm ein. Thorben und ich sind schockverliebt in diesen Mann, in diese Menschen. Greta ist hier willkommen, wir sind hier willkommen. Es ist ein Gefühl, das wir lange nicht mehr hatten. Ich lehne mich zurück, in meinem Bauch spüre ich Tritte. Es scheint, als würden sich alle Familienmitglieder hier wohl fühlen.

25
»Eine Brille trage ich auch«
Barrierefreie Freundschaft

»Die liebe Bürokratie«, seufzt Ulla am Telefon. »Keine Sorge, Greta hat den Platz sicher bei uns – aber es kommt jetzt noch mal ein bisschen Arbeit auf uns alle zu«, erklärt sie mir. Ein Antrag für das Jugendamt, Bewilligung des zusätzlichen Platzes von der Geschäftsführung des Kinderladens, eine Helfer_innen-Konferenz mit allen Beteiligten. »Bekommen wir hin, oder?«, frage ich sie. »Bekommen wir hin«, sagt Ulla. Wir haben eine ganz langsame Eingewöhnung vereinbart. »Ihr braucht ja wahrscheinlich zügig Entlastung«, meinte Ulla im Hinblick auf den baldigen Geburtstermin. Deshalb kann Greta schon zwei Tage in der Woche für einige Stunden mit Thorben in die Kita kommen, zum gegenseitigen Kennenlernen.

In diesen Stunden bin ich alleine zu Hause, spaziere durch unseren Kiez oder treffe Freundinnen. Ohne Greta zu sein fühlt sich komisch an, nach so langer gemeinsamer Zeit. Allerdings gebe ich sie auch gern ab. Die Aussicht, ein Kita-Kind zu haben, macht mich stolz. Greta geht zur Kita. Wow! Thorben schickt mir Fotos aus der Kita auf mein Smartphone. Heute machen sie einen Ausflug in einen Park. Auf dem Foto sehe ich Greta auf einer Decke im Gras liegen. Um sie herum sitzen vier Kinder, alle sind mit Greta beschäftigt. »Sie kümmern sich ganz liebevoll, Holly hat ihr gerade die Socken ausgezogen. Eigentlich muss ich hier gar nichts machen, so gut kümmern sie sich«, schreibt Thorben mir. Holly ist Gretas erste Freundin. In der Kita war es Liebe auf den ersten Blick. Vom ersten Tag an war Holly immer da, wo Greta war. Holly ist fünf Jahre alt, trägt lange braune Haare und spricht mit einem amerikanischen Akzent. »Kommt Greta morgen wieder?«, fragt sie Thorben nach jedem Kita-Tag.

Gretas Eingewöhnung zieht sich nun schon über mehrere Wochen hin. Immer wieder von Krankenhausaufenthalten und Infekten unterbrochen, konnte sie erst nach einigen Monaten wirklich regelmäßig zusammen mit den anderen Kindern sein. Sie sitzt beim Frühstück auf ihrem Therapiestuhl neben den anderen Kindern. Im Morgenkreis, im Garten, beim Ausflug – sie ist dabei. Beim Mittagsschlaf liegt sie auf ihrer eigenen kleinen Matratze inmitten der Matratzen der anderen Kinder, bloß mit dem Sensor für die Sauerstoffüberwachung an ihrem großen Zeh. Während ich bei den anderen Eltern Unsicherheit im Umgang mit unserer behinderten Tochter spüre, gehen ihre Kinder ohne Vorurteile auf sie zu. Nachdem die ersten unbedarften Fragen nach ihren Hilfsmitteln wie dem Hör-Implantat geklärt waren, das sie mittlerweile bekommen hat, wurde sie von den anderen Kindern angenommen, wie sie ist. Manchmal streiten sie sich darum, wer sie in ihrem Therapiestuhl durch den Kita-Garten schieben darf. Meistens gewinnt Holly.

Während der Eingewöhnungszeit fand auch unser erster Elternabend statt. Ulla hatte darum gebeten, dass Thorben und ich von Greta erzählen, sie vorstellen, aufklären. Ich hatte mir Notizen gemacht, damit ich nichts vergesse. Zu gern wäre ich wie die anderen Eltern gewesen, die zu ihren Kindern nur den Namen und das Alter sagten. Bei Greta ist immer mehr zu sagen. Ich erklärte also, dass Greta behindert ist, weil sie mit einem Chromosomenfehler zur Welt gekommen ist, und all ihre Besonderheiten, die ich für wichtig im Umgang mit den anderen Kindern halte. Dass sie nicht gut hören und nicht gut sehen, dafür aber sehr gut fühlen kann. Als ich fertig bin, meldete sich ein Vater zu Wort: »Ich bin jetzt ein bisschen verwirrt! Meine Tochter hat schon oft von Greta erzählt. Aber nur, dass sie ihre neue Freundin ist, dass sie mit ihr spielt und dass sie eine Brille trägt. Und ich habe gesagt: ›Eine Brille trage ich auch.‹« Wir lachen. Er ist der Vater von Holly.

Ich berichte an diesem Abend auch von dem Problem, das wir nach wie vor mit Gretas Kita-Besuch haben. Greta hat einen »wesentlich erhöhten Bedarf an sozialpädagogischer Hilfe«. Das bedeutet in der Umsetzung, dass der Kinderladen eine halbe Erzieher_innenstelle zusätzlich bezahlt bekommt. 20 Stunden pro Woche ist Benjamin also für Greta angestellt, muss sich aber währenddessen auch um die anderen Kinder kümmern. Wir aber haben einen Kita-Gutschein für Greta über 35 Stunden, haben also das Recht, sie 35 Stunden pro Woche betreut zu wissen. Was also passiert mit den übrigen 15 Stunden? »Aktuell nichts«, erklärt Ulla den anderen Eltern. Das Berliner Gesetz sieht keine Kinder wie Greta vor, die eine 1:1-Betreuung brauchen. Inklusion funktioniert hier nur für die weniger behinderten Kinder, mehrfach behinderte Kinder wie Greta müssen dann genau deshalb in Sondereinrichtungen gehen oder gebracht werden. Genau das, was ich für meine Tochter nicht möchte.«Wir versuchen im Moment, einen Pflegedienst für Greta zu bekommen«, berichte ich.»Damit Greta eben immer betreut ist in den 35 Stunden und nicht abhängig ist von einer einzelnen Person. Es kann also sein, dass es bald eine zusätzliche erwachsene Person in der Kita gibt.« Niemand der anderen Eltern ist skeptisch, im Gegenteil.»Das ist doch auch gut für unsere Kinder«, meint eine Mutter.»Ja, genau, denke ich auch«, stimme ich ihr zu.»Nur leider hat die Krankenkasse das im ersten Schritt abgelehnt. Ich bin gerade dabei, einen Widerspruch zu schreiben.«

Nach dem Elternabend gehen Thorben und ich Hand in Hand nach Hause.»Wie lange wir um die Uhrzeit nicht mehr draußen waren«, sage ich, denn es ist dunkel und ich erinnere mich überhaupt nicht mehr daran, wann ich das letzte Mal im Dunkeln draußen war – außer bei Notfallfahrten mit Greta ins Krankenhaus.»Wir könnten uns jetzt einfach noch in eine Bar setzen und was trinken, wie früher«, schlage ich Thorben vor und komme mir dabei ziemlich verrucht vor.»Also, fast wie früher, meine ich. Kann ja alkoholfreien Wodka Lemon trinken«, schiebe ich nach und die Verruchtheit verschwindet. Es ist erst 20 Uhr. Ich schaue auf mein Telefon, eine SMS von Wanda, Gretas neuer Einzelfallhelferin, die uns seit einigen Wochen ein paar Stunden in der Woche unterstützt.»Alles gut hier, Greta hat gerade 200 ml gegessen und schon ordentlich gepupst.« Ein gutes Zeichen.»Wollen wir?«, frage ich Thorben, während wir schon fast in unsere Straße sind. »Ich weiß nicht, ich will eigentlich lieber zu Greta«, sagt er.

»Na gut«, antworte ich. »Wir haben großes Glück mit der Kita und den Eltern«, sagt Thorben. »Ja«, sage ich. »Und ich finde es ungerecht, dass wir immer Glück haben müssen. Die mit den nicht behinderten Kindern brauchen das nicht – und wir sind immer auf Glück und die Gunst von anderen angewiesen. Eigentlich sind die doch die Glücklichen, weil sie Zeit mit Greta verbringen dürfen!«, sage ich trotzig. Dann kann ich gar nichts mehr sagen, das Baby in meinem Bauch macht einen Purzelbaum, und ich hänge mich für die restlichen Schritte in Thorbens Arm, der mich nach Hause schleift.

26
Auch Bullerbü tut weh
Momos Geburt

»Alles in Ordnung?«, frage ich durch den Kreißsaal. »Eine gesunde Tochter«, lächelt mich die Hebamme an. »Momo« sage ich, als sie mir wieder auf die Brust gelegt wird. »Sie sucht sich den Weg zur Brustwarze, schau«, sage ich zu Thorben. Es funktioniert also manchmal wirklich so, wie uns in den Geburtsvorbereitungskursen erzählt wurde. So fühlt sich das also an, denke ich.

Dann betritt ein junger Arzt den Raum. Oder ist er schon länger da? Ich weiß es nicht, ich bin im Rausch. Momo ist da – und wunderschön! Aber der Rausch dauert nur kurz an, irgendwas stimmt nicht, das merke ich. Dieses Mal ist mit meinem Kind alles in Ordnung, aber mit mir nicht. Die Hebamme und der Arzt drücken auf meinem Bauch rum. Dann wird ein Ultraschallgerät geholt und weiter auf meinem Bauch rumgedrückt. Aua, sage ich. Der junge Arzt, hipstermäßig das weiße T-Shirt aufgekrempelt und für einen Arzt, der mich nach vielen Stunden härtester körperlicher Arbeit gerade komplett nackt sieht, einen Tick zu attraktiv. Mit einem Instrument, das ich mir lieber nicht näher anschaue, begibt er sich zwischen meine Beine. Es tut mir weh. Aua, sage ich wieder, jetzt lauter. »Frau Kaiser, es tut mir leid, aber wir müssen die Reste der Plazenta rausholen, sonst können Sie Probleme bekommen.« »Die Probleme habe ich schon, Sie tun mir weh.« Er macht weiter, dann reicht es mir.»Hören Sie jetzt sofort auf, ich will das nicht mehr. Das wird schon alles rauskommen«, sage ich.

Die Erfahrungen in Krankenhäusern und mit Ärztinnen und Ärzten haben Spuren hinterlassen. Ich vertraue nur noch mir selbst, ganz bestimmt nicht irgendwelchen hipsterhemdsärmeligen Ärzten. Der Hipster-Arzt schaut verunsichert zwischen meinen Beinen hoch.»Ich meine es ernst«, sage ich noch mal.»Aufhören!« Dann zieht er das gruselige Ding aus mir raus.»Ich würde gern noch die Oberärztin dazuholen, damit wir auf Nummer sicher gehen«, sagt er.»Okay«, sage ich.»Aber bitte nichts mehr machen jetzt. Ich kann und will nicht mehr.« Er nickt und holt die Ärztin.

Sie stellt sich kurz vor, drückt meine Hand und dann ziemlich pragmatisch auf meinem Bauch herum. Ich spüre, dass sich etwas in mir löst.»Das sollte funktioniert haben«, sagt sie ziemlich cool und zwinkert mir zu. Dann verlässt sie das Zimmer, wir haben alles überstanden. Momo ist da, sie ist gesund. Zur Sicherheit frage ich noch mal die Hebamme.»Es ist alles in Ordnung, oder?«»Alles in bester Ordnung«, strahlt sie mich an. Was für ein unfassbares Wunder.

»Greta geht's gut«, berichtet Thorben vom Telefonat mit meiner Mutter.»Ich hole beide später ab.«»Aber ich will nach Hause«, jammere ich. Ich will nicht länger als nötig im Krankenhaus sein.»Du weißt doch, dass ich es hier nicht lange aushalte.«

»Ja, aber ruh dich doch erst mal aus. Du hast eine anstrengende Geburt hinter dir. Wenn du wieder fit bist, kommst du nach Hause.« »Aber ich bin fit!« Langsam werde ich ärgerlich. Wir einigen uns auf eine Nacht im Krankenhaus.

Ich starre Momo an, die in meinem linken Arm liegt, der inzwischen eingeschlafen ist. Ich traue mich aber nicht, ihn zu bewegen. Sie sieht zu schön so aus. Zwischen Anstarren und Schlafen lege ich sie an meine Brust. Sie nuckelt an meiner Brustwarze. Milch kommt nicht raus, aber ich bin entspannt. Ich weiß, dass es dauert mit dem Milcheinschuss. Und ich weiß auch, dass ich es kann. Ich vertraue meinem Körper. Wenn er und ich das schon mit der furchtbaren Milchpumpe hinbekommen haben, werden wir es auch mit einem gesunden, nicht behinderten Kind hinbekommen. Momo ist gesund. Ich muss es mir immer wieder sagen, um es zu glauben.

Die zuständige Krankenschwester teilt meine Selbstsicherheit bezüglich des Stillens anscheinend eher nicht. Sie kommt rein, als Momo gerade nölt. »Warum stillen Sie sie denn nicht?«, fragt sie mich vorwurfsvoll. »Abgesehen davon, dass ich noch überhaupt keinen Milcheinschuss habe, weil mein Kind erst vor ein paar Stunden zur Welt gekommen ist, liegt sie die ganze Zeit an meiner Brust. Jetzt gerade wollte ich mich mal ausruhen«, erkläre ich ihr. »Es ist ja kein Wunder, dass sie schreit. Sie sind viel zu angezogen!«, sagt sie mit Blick auf mein Unterhemd. »Hören Sie mal«, sage ich, jetzt langsam auch nicht mehr in freundlichem Ton. »Ich ziehe hier das an, was ich will. Und wenn das ein Stillhemd ist, ist es ein Stillhemd. Ich hatte meine Tochter eine ganze Stunde an meinen Brüsten und ich denke, es ist völlig in Ordnung, wenn ich mich davon mal ausruhen will. Und wenn ich mich davon angezogen ausruhen will.«

»Tz!«, sagt die Krankenschwester augenrollend und verlässt das Zimmer. Momo weint jetzt, ich auch. »Bitte hol mich ab«, schicke ich eine SMS an Thorben. »Morgen früh, ganz früh, okay?« »Na gut. Gute Nacht.«

Zwei Stunden später, ich habe Momo gerade in den Schlaf gestillt, betritt wieder die Krankenschwester mit dem Faible für Nackedeis den Raum. »Ich muss Ihre Tochter jetzt wiegen«, sagt sie. »Wie bitte? Sie ist gerade vor fünf Minuten eingeschlafen. Bitte wecken Sie sie jetzt nicht auf.«

»Es ist aber meine Vorschrift, ich muss sie wecken.«

Sie sagt das mit einem diktatorischen Ton. Hätte ich nicht mit Greta diverse Erfahrungen mit Krankenschwester, Pflegern und Ärzt_innen gesammelt, ich würde ihrem Befehl Folge leisten. So höre ich aber auf meinen Bauch und mache es nicht.

»Bitte hol uns morgen so früh wie möglich ab«, bitte ich Thorben per SMS, bevor ich gegen vier Uhr nachts endlich einschlafe.

27
Endlich zu viert
Die Familie ist komplett

»Wahnsinn, oder? Jetzt ist Momo einen Tag alt und darf schon nach Hause. Greta musste so lange warten«, sage ich. Thorben nickt nur, er konzentriert sich auf den Verkehr. Heute noch etwas mehr als sonst, schließlich hat er wertvolle Fracht an Bord. Auf dem Rücksitz schläft Momo, einen Tag alt. Gleich wird sie ihr Zuhause kennenlernen – Greta und ihre Oma, die beide dort auf sie warten, kennt sie schon. Beide waren gestern noch im Krankenhaus zu Besuch. Ab jetzt beginnt er, unser Alltag zu viert.

Vor unserer Wohnung stehen Schuhe. »Ach ja, Frau Blume ist ja hier«, erinnere ich mich an den Physiotherapie-Termin, den wir für heute ausgemacht hatten. Ich schließe die Tür auf, mein Herz klopft. Das ist es jetzt also, mein Leben mit zwei Mädchen. »Oh, wer kommt denn da!?«, ruft meine Mutter aus dem Kinderzimmer. »Schau mal, Greta, da kommt deine kleine Schwester!«, freut sie sich. Und ich freue mich, dass meine Mutter mit Greta immer spricht, als könne sie alles hören. Niemand spricht so viel mit Greta wie meine Mutter. Manchmal so viel und so akzentuiert, dass es mich sogar nervt. Heute aber nicht, heute freue ich mich nur. Und als ich um die Ecke schaue, freue ich mich noch mehr. Greta steht! Ohne Hilfe lehnt sie am Kinderzimmertisch und grinst übers ganze Gesicht. »Frau Kaiser,

Herr Kaiser, herzlichen Glückwunsch!«, strahlt auch Frau Blume, die Physiotherapeutin. »Ihre große Tochter wollte Ihnen heute ein Geschenk machen«, sagt sie und deutet auf Greta, deren Beine langsam wackeln. »Prima, Greta!«, lobt sie und hilft Greta, sich wieder auf den Teppich zu legen.

Thorben stellt Momo im Autositz daneben, sie schläft noch immer. Greta robbt sich langsam an den Autositz heran und betastet ihn mit ihren Füßen. »Bist du klein und süß!«, begeistert sich nun auch Frau Blume für Momo. Momo hingegen begeistert sich fürs Schlafen. Wenig später liegen meine Mädchen zusammen in Gretas Bett. Vorsichtig berühren sie sich gegenseitig mit den Händen. Beide sind sehr behutsam. Thorben und ich stehen vor dem Bett und halten uns an den Händen. Ich fühle mich komplett. Und müde.

»Schön, wie ihr das macht«, sagt Margarete, unsere Hebamme. Margarete ist Familienhebamme und betreut Familien mit besonderem Betreuungsbedarf über den normalen Hebammenstundensatz hinaus. »Ich habe den Umgang mit behinderten Kindern schon so oft anders erlebt«, berichtet sie uns aus ihrem Berufsalltag. Als Familienhebamme betreut Margarete oft Familien mit schwierigen sozialen und oder gesundheitlichen Bedingungen. »Zu euch zu kommen ist für mich immer ein bisschen wie Urlaub«, sagte sie bei einem Besuch. Von Margarete weiß ich, dass sie Familien betreut, in denen die behinderten Kinder versteckt werden. Kinder, die nicht in einen Kindergarten oder in die Schule gehen, aus Scham der Eltern.

Wir kennen uns jetzt schon ein Jahr. Margarete brachte mir Stillhütchen mit, als ich mit blutenden, schmerzenden Brustwarzen ganz kurz davor war, mit dem Stillen – was ich mir so lange gewünscht hatte, weil es mit Greta nicht funktionierte – aufzuhören. »Damit hast du unsere Stillbeziehung gerettet«, sage ich ihr heute bei unserem Abschlussgespräch. »Wie gut, dass du das sagst – ich hatte so lange ein schlechtes Gewissen deswegen. Ich gebe die Stillhütchen nur im Notfall raus. Aber bei dir war's ja einer«, grinst sie. Heute kann ich darüber auch grinsen. Vor ein paar Monaten habe ich bei dem Thema nur geheult. Schon wenn ich Momo nach dem Stillen abgelegt hatte, kamen mir die Tränen, weil das ja bedeutete, dass sie in einiger Zeit wieder gestillt werden wollte. Nach dem Geburtsschmerz waren entzündete Brustwarzen der schlimmste Schmerz, den ich jemals erleben musste. Spätestens da wusste ich: Auch mit einem nicht behinderten Kind ist das Wochenbett kein Kinderspiel.

Und doch war mit Momo vieles auch einfacher: Ein Kind, das kackt. Ein Kind, das lächelt. So wahnsinnig schnell und bei so vielen Gelegenheiten. Ein Kind, das gut schläft. Ein Kind, das dafür aber auch ziemlich schnell ziemlich laut schreit. Vor allem aber ein Kind, das einen Tag nach seinem ersten Geburtstag in die Kita der großen Schwester geht. »In drei Monaten geht's also los?«, freut sich Margarete, als Momo auf sie zutorkelt und vor Freude gluckst, als sie bei ihr ankommt. »Ja«, antworte ich Margarete mit einem Lächeln, dann lässt sich Momo in meine Arme plumpsen.

28
Wie die Scheiße unser Leben bestimmt, Teil II
Darmgeschichten

Nein, bitte nicht jetzt, denke ich. Aber natürlich jetzt, scheint Momo zu denken. Ihr Bedürfnis, gestillt zu werden, ist geographisch unabhängig. Manchmal habe ich sogar das Gefühl, es ist immer dort am stärksten, wo es mir am unangenehmsten ist. Immerhin sind wir schon im Kinderabteil, und noch ist es leer. Noch, weil ich weiß, dass diese Strecke fast immer ausgebucht ist. Momo und ich sind mittlerweile Streckenspezialistinnen für den ICE, der Berlin und Köln miteinander verbindet. In diesem Jahr fahren wir die Strecke zum fünften oder sechsten Mal, so genau weiß ich das gar nicht mehr, jedes Mal mit Anspannung in meinem Bauch. Momo scheint davon nicht so viel mitzubekommen. Unter dem Tuch, das ich über ihren Kopf gelegt habe, scheint sie sich wohl zu fühlen. Die Zugreisen liebt sie sowieso. Sie liebt alle Aktivitäten, an denen sie teilnehmen kann. Einfach dabei sein, das ist ihr Motto. Und sei es eine Zugfahrt von sechs Stunden in einem überfüllten Zug, der uns Greta näher bringt, die in Köln kurz vor einer lebensgefährlichen Operation steht und mit Thorben auf uns wartet.

In Berlin-Spandau wird unser Abteil voll, zwei Familien steigen ein, drei erwachsene Menschen, drei Kinder und ein Kinderwagen. Momo ist mittlerweile unter dem Tuch eingeschlafen. Ich halte ihr mit einer Hand ein Ohr zu, in der Hoffnung, dass sie vom ausgelassenen Geschrei der zwei Kleinkinder nicht aufwacht. Das eine Mädchen, es muss wohl drei Jahre sein, deutet mit dem Finger auf mich. »Warum hat die Frau da ein Tuch? Ist die nackig drunter?«, fragt es seine Mutter. Sie ist ungefähr so alt wie ich, also um die 30 und sieht sympathisch aus. Jeans, Nasenpiercing, offenes Lächeln. »Darunter ist ein Baby, das gerade gestillt wird«, erklärt sie ihrer Tochter. »Gestillt wurde«, korrigiere ich sie augenzwinkernd und richte mich dann an das Mädchen: »Meine Tochter ist gerade eingeschlafen, und ich hoffe, sie schläft noch ein bisschen.« Das Mädchen legt den Finger auf die Lippen und sagt »Psssst.« »Genau«, flüstere ich.

»Fahrt ihr auch in den Urlaub?«, fragt mich die Dreijährige, Momo krabbelt mittlerweile fröhlich durch die Kekskrümel auf der Erde des Kinderabteils. Der dreckige Teppichboden ist schon gar nicht mehr zu sehen zwischen all dem Essen, dem Lego und den Kinderbüchern auf dem Boden. »Urlaub, nee, nicht so ganz«, sage ich. Die Konversationen dieser Art kann ich mittlerweile nicht mehr zählen. Und es ist immer dieser Moment, in dem ich überlege zu lügen. Einfach, weil es einfacher wäre. Ja, wir fahren zu den Großeltern. Und Punkt. Ich müsste nicht immer unsere Geschichte erzählen, von A bis Z. Oder noch schlimmer, betretenes Schweigen und Unsicherheit kassieren. Ich lüge ungern, und die Mutter ist wirklich sympathisch. Also hole ich Luft und lege los. »Wir sind auf dem Weg ins Krankenhaus«, sage ich. Ihr Blick wird ernst und fragend. »Momos Schwester und ihr Papa sind schon seit gestern da. Momos Schwester wird morgen operiert.«

Die Dreijährige bekommt große Augen. Krankenhaus, Operation! Die Geschichten aus ihren Bilderbüchern werden real. Sie stellt viele Fragen, und ich versuche, kindgerecht zu antworten. Dass nicht alle Kinder gesund auf die Welt kommen zum Beispiel. Sie scheint das zu verstehen. »Jetzt hör mal auf, die Frau so viel zu fragen«, weist ihre Mutter sie zurecht. »Schon okay«, sage ich und meine es so. Die Fragen von Kindern finde ich oft viel erträglicher als das Schweigen oder die Unsicherheit von Erwachsenen. Kinder fragen einfach, bis ihnen keine Frage mehr einfällt. Sie sind nicht so bestürzt wie ihre Eltern. Ja, manche Kinder kommen nicht gesund zur Welt, dann ist das wohl so, sagt ihr Blick. »Muss sie sterben?«, fragt die Dreijährige. »Irgendwann ja«, antworte ich. »Aber hoffentlich nicht jetzt.«

»Jede Lungenentzündung kann ihre letzte sein«, das hatte Professor Schmidt, der Chefanästhesist der Kölner Kinderklinik, noch vor einem Jahr zu mir gesagt. Greta lag vor uns im gelben Krankenhausbett, mit einer Lungenentzündung und kurz davor, in einer mehrstündigen Operation einen künstlichen Darmausgang zu bekommen. Unser Weg bis hierher mit Greta war lang und hart gewesen. Er führte uns von der Hamburger Kinderklinik zu *der* Expertin für Morbus Hirschsprung in Berlin, die uns nach einigen Monaten Untersuchungen und Beobachtungen von Greta Mails schrieb, in denen stand: »Hören Sie Mozart zur Beruhigung.« Zwischen den Zeilen stand: Vielleicht haben Sie das Problem, nicht Ihre Tochter.

Währenddessen verbrachten wir einen Großteil des Tages mit Greta an ihrem Pflegebett und versuchten, die

Kacke aus ihrem Darm zu holen. Darmspülungen morgens, Darmspülungen abends. Je älter Greta wurde, desto mehr wehrte sie sich. Wir hassten es, Dinge gegen ihren Willen zu tun. Aber wir fühlten auch, dass wir es tun mussten. »Wir haben das Gefühl, dass ihr Stuhlgang auf die Lunge drückt und sie deshalb Erkältungen hat«, berichteten wir der Morbus-Hirschsprung-Expertin unsere Beobachtungen. »Ich fühle keinen vollen Darm«, entgegnete sie, während sie Gretas Bauch abtastete. Mozart hören, ist doch alles nicht so schlimm. Werden wir vielleicht verrückt?

Nach vielen Monaten zweifelten wir irgendwann an uns selbst. Bis Greta wieder eine Lungenentzündung bekam, auf der Intensivstation landete und es ihr erst nach diversen Darmspülungen wieder besserging. »Siehst du«, sagte ich zu Thorben. »Es ist doch so, wie wir es wahrnehmen. Wir sind die Experten für Greta.« Thorben weinte. »Aber wem können wir vertrauen, wenn selbst die Experten keine Experten mehr sind?« Eine Antwort hatte ich nicht. Die Belastung wurde immer unerträglicher. Vor allem, weil da niemand war, der uns glaubte. Drehten wir gerade durch? Aber nein, wir waren zu zweit. Wir sahen, was wir sahen. Wir sahen beide das Gleiche. Und wir sahen Greta genau. Konnte sie pupsen, waren die Darmspülungen erfolgreich, ging es der ganzen Greta besser. Husten und Schnupfen hatte sie immer vermehrt, wenn sie verstopft war. *Hören sie Mozart, das beruhigt.* Thorben und ich waren die Expert_innen für Greta – und durch das Internet auch Expert_innen für Morbus Hirschsprung.

»Zeigen Sie mir, wie das geht, und ich schneide Greta selbst den kranken Darm raus!«, schrie ich die Expertin an

Gretas Krankenbett auf der Intensivstation an. »Aber sie braucht keine Operation«, entgegnete sie, ganz cool. »Da ist nichts, was ich mittels einer Operation entfernen könnte.« Dann klingelte ihr Telefon in der weißen Brusttasche ihres weißen Kittels. »Entschuldigung, ich muss schnell zu meinem Auto. Ich habe das Verdeck offen gelassen.« Erst als sie aus dem Zimmer rauschte, blickte ich das erste Mal nach draußen. Regen, war mir noch gar nicht aufgefallen. Das offene Verdeck eines Cabrios war wichtiger als meine kranke Tochter, na klar. Ich sollte wohl Mozart hören. Wer ist denn jetzt eigentlich verrückt?

Ein halbes Jahr später dann eine Röntgenuntersuchung mit einem Kontrastmittel, im selben Krankenhaus. Wir hatten nicht lockergelassen, wir hatten uns nicht für verrückt erklären lassen. Wir haben versucht, uns und dem, was Greta uns tagtäglich zeigte, weiter zu vertrauen. Unter dem Ultraschallgerät sieht man, wie sich das Kontrastmittel im Darm verhält. Schon wieder etwas, das in Gretas Darm gespritzt wird. Ich gewöhne mich niemals dran, es bleibt jedes Mal eine Überwindung. »Könnten Sie Ihre Tochter bitte ruhig halten, wenn ich das Bild mache?«, fragt der Kontrastmittelmann freundlich. Ruhig halten, denke ich. Diese Untersuchungen sind nicht gemacht für kleine taubblinde Mädchen mit Freiheitsdrang. Greta gefällt es hier gar nicht, halbnackt auf einer Liege, auf der sie für die Röntgenaufnahmen ruhig liegen soll. Sie hasst es – und ich auch.

»Also, ich kann auf den Bildern nichts erkennen, was problematisch wäre«, sagt der Kontrastmittelmann. Ich atme durch, das hier ist vielleicht unsere letzte Chance. »Aber ich weiß, dass da etwas ist«, sage ich. »Bitte schauen Sie noch mal genau.« Er erklärt mir das Röntgenbild, ich stelle Fragen. »Ich denke, der Abschnitt ist zu kurz. Gretas Problem liegt höher.« Er guckt mich irritiert an. Ich kenne diesen Blick. Wieder so eine verrückte Mutter, sagt er mir. Es ist mir egal. »Bitte schauen Sie noch mal«, sage ich, so dringlich, wie ich kann, während ich versuche, Greta auf der Liege mit meinen Händen zu beruhigen. Sie mag es nicht, festgehalten zu werden. Was bei anderen Kindern funktioniert – gut zureden, über die Stirn streichen –, hilft bei Greta nicht. Für sie sind das alles Zeichen, die sie mittlerweile dechiffrieren kann: Stirn streicheln, Hände festhalten gleich Krankenhaus. Entweder pikst es gleich, oder eine sonstige fremdbestimmte Handlung folgt. Logisch, dass sie sich aufregt. Sie will einfach nur in Ruhe gelassen werden.

»Frau Kaiser, wir machen das jetzt noch einmal«, sagt er. »Wenn dabei nichts rauskommt, muss ich Sie wirklich bitten zu gehen.« Ich nicke und halte Greta so liebevoll fest, wie ich nur kann. Nur noch einmal durchhalten, meine Süße, denke ich und streichle ihr über das Haar, das mittlerweile verschwitzt ist. Der Kontrastmittelsmann spritzt das Kontrastmittel in Gretas Darm und erklärt mir dabei geduldig, was er sieht. Dann wird er still, ganz still.

Nachdem ich Greta wieder komplett angezogen habe, halte ich sie fest im Arm, ganz fest. Vor der Tür wartet Thorben. »Und?«, fragt er. Ich kann nichts antworten, nur Greta fest im Arm halten.

Auf dem Weg nach Hause sitze ich auf dem Rücksitz unseres Autos neben Greta, die nach den Strapazen eingeschlafen ist. Mein Handy klingelt, es ist die Nummer der

Morbus-Hirschsprung-Expertin.« Frau Kaiser, ich habe es gerade erfahren und die komplette Station zusammengebrüllt.« »Ja«, sage ich. Mehr kann ich nicht sagen. Warum haben Sie uns nicht geglaubt?, denke ich. Warum haben Sie uns für verrückt erklärt?, denke ich. Arschloch!, denke ich. Fuck you!, denke ich. »Ich kann es verstehen, wenn Sie Greta nicht hier operieren lassen wollen, und überlasse Ihnen die Entscheidung. Allerdings sollte sie schnell operiert werden«, sagt sie. DAS SAGEN WIR SEIT EINEM JAHR, denke ich. »Ja«, sage ich und lege auf.

Einige Wochen später sind wir in der Kölner Kinderklinik – wir haben uns dafür entschieden, Greta von einem Arzt operieren zu lassen, zu dem wir Vertrauen haben. Greta einer Ärztin anzuvertrauen, die uns zwischendurch für verrückt erklärte, war für uns nicht möglich. Auch wenn wir uns die Fahrten nach Köln und zurück gern erspart hätten – vor allem Greta, für die lange Fahrten immer belastend sind. Thorben geht mit Momo draußen spazieren, während ich mit Frau Toskana, einer jungen Oberärztin mit kurzen dunklen Haaren, vor den Röntgenbildern von Gretas Bauch sitze. »Hier sehen Sie, wie die Kotsteine auf Gretas Herz und Gretas Lunge drücken. Wenn wir sie davon nicht entlasten, wird sie auch nicht von der Lungenentzündung loskommen«, erklärt mir die Oberärztin. Die Tränen laufen meine Wange runter. Sie erklärt mir unsere Beobachtungen der letzten zwei Jahre in Mediziner_innensprache. Alles, was wir gesehen haben, ist wahr. Wir sind nicht verrückt.

»Greta muss jetzt so schnell wie möglich operiert werden, sonst droht ein Darmverschluss«, erklärt mir Frau Toskana. Darmverschluss, das hatte ich schon mal recherchiert. Gefahr: Erbrechen von Kot, lebensgefährlich. Das ist in meinem Kopf hängengeblieben.»Aber unter einer Lungenentzündung zu operieren ist doch lebensgefährlich, oder?«, frage ich.»Ja, das ist es. Aber so weiterzuleben auch. Ich verspreche Ihnen, wir arbeiten hier mit dem erfahrensten Personal. Ja, es sind schlechte Voraussetzungen. Aber es ist auch wichtig, dass wir das jetzt machen. Greta muss von ihrem Stuhl befreit werden.«

Das Vorgespräch mit dem Chef-Anästhesisten führen wir an Gretas Bett. Ich stelle wieder alle Fragen, die ich nur stellen kann.»Haben Sie Angst?«, frage ich Doktor Schmidt.»Nein, Angst habe ich keine. Aber wir alle müssen uns klar darüber sein, dass es schlechte Bedingungen sind, unter denen wir den Eingriff vornehmen. Einem Kind wie Greta mit einer Lungenentzündung einen Anus Praeter zu legen ... Wir müssen mit allem rechnen, Frau Kaiser.«

Nach der fünfstündigen Operation gehe ich als Erstes zu ihr. Sie ist noch intubiert und atmet schwer. Sie ist blass, ich sehe ihr Herz an der Halsschlagader schlagen. Ich setze mich neben ihr Bett und höre dem Piepen und Rauschen in diesem Zimmer zu. Eine Krankenschwester klärt mich über die Operation auf. Es ist alles gutgegangen, sagt sie.»Überlebt sie es?«, stelle ich sofort meine wichtigste Frage.»Es sieht alles danach aus«, antwortet die Krankenschwester. Greta braucht noch Unterstützung beim Atmen, das sei normal unter diesen erschwerten Bedingungen. Den Anus Praeter hat sie jetzt, das hat alles geklappt.»Wollen Sie mal schauen?«, fragt sie und ich traue mich nicht, nein zu sagen. Ich habe gegoogelt, wie ein künstlicher Darmausgang aussieht, eigentlich will ich es nicht sehen, das Loch im Bauch meiner Tochter, meiner süßen, unschuldigen, zarten und doch so starken Tochter. Die Krankenschwester hebt langsam die Decke und mir wird übel. Ein Würstchen guckt aus Gretas Bauch, aus einem Loch im Bauch heraus, in einem kleinen Beutel. Mir ist kotzübel, ich muss würgen. Die Krankenschwester bemerkt das und deckt Greta wieder zu. Vom Regen in die Traufe, denke ich. Und: Hauptsache, sie kann kacken. Ich lege die Hand auf Gretas Bauch und bleibe bei ihr. Minuten später hebt sich die Decke, nur ganz kurz, dabei gibt es ein Pupsgeräusch. »Oh, ein Pups!«, sagt die Krankenschwester grinsend und deckt die Decke noch mal auf. In dem Beutel um das Würstchen, das aus Gretas Bauch heraushängt, ist jetzt braune Flüssigkeit. »Und der Anus Praeter fördert auch schon. Prima!« »Ist das Stuhlgang?«, frage ich. »Ja, genau. Am Anfang ist der noch sehr dünn. Das ist ein sehr gutes Zeichen, dass das so kurz nach der OP schon funktioniert«, freut sie sich. Der erste Pups, ohne Leiden, ohne Spülen. Eine Träne kullert meine Wange herunter. Ich schreibe Thorben eine SMS: »Sie hat gepupst!!! Einfach so!!!« – »Ich will zu ihr!«, schreibt er zurück. Vor der Tür nehmen wir uns fest in den Arm, und ich übernehme Momo. Wir schreiben uns die nächsten Tage ausschließlich Pups- und Kack-Nachrichten, dazwischen: Herzen. Von der Lungenentzündung erholt sich Greta schnell.

Der Dreijährigen und ihrer Mutter im Zugabteil erzähle ich die Geschichte nur in Kurzform. »Übermorgen wird der künstliche Darmausgang zurückverlegt. Dann kann Momos Schwester – wenn alles gutgeht – ganz von alleine

Aa machen.« »Cool«, sagt die Dreijährige und widmet sich wieder Momo, die vergnügt quietscht. Die Erwachsenen im Abteil allerdings sind nun still. Am Kölner Hauptbahnhof holt Thorben uns ab. Ich bin froh, ihn zu sehen, und löchere ihn schon auf dem Weg zum Krankenhaus mit allen Fragen rund um Greta. Er ist gelöst, das ist für mich das beste Zeichen. Den Weg vom Bahnhof zur Kinderklinik kennen wir schon auswendig. Wir können wieder im Ronald-McDonald-Haus wohnen, wie auch bei den letzten Aufenthalten, erzählt er mir. Ich bin sehr aufgeregt, Greta gleich zu sehen. Mittlerweile bin ich es gewohnt, einige Tage ohne sie zu sein. Aber spätestens am dritten Tag werde ich unruhig. »Die sind ganz toll auf der Station«, Thorben liest meine Gedanken. Wir beide mögen es nicht, wenn Greta zu lange allein ist.

Bevor unser Leben durch Greta in Deutschlands Krankenhäuser verlegt wurde, dachte ich immer, dort wird sich um die Patient_innen gekümmert. Mittlerweile weiß ich, dass das nur punktuell stimmt. Das Pflegepersonal wird per Klingel gerufen, die Visite von Ärzt_innen ist einmal am Tag. Ohne Thorben oder mich ist Greta aufgeschmissen. Sie kann keinen Pfleger rufen, wenn sie etwas braucht. Nur wir können ihre Zeichen deuten. Mehrfach behinderte Kinder wie Greta können ohne Betreuungsperson gar nicht im Krankenhaus sein. Paradox daran: Sobald Greta im Krankenhaus ist, bekommen wir kein Pflegegeld mehr für sie – dabei sind wir an diesen Tagen noch viel mehr mit ihrer Pflege beschäftigt. Eine_r von uns beiden muss dann rund um die Uhr bei ihr sein, die Entlastung durch die Kita fällt weg.

Während Thorben mit Momo unsere Sachen in unser Zimmer im Ronald-McDonald-Haus bringt, gehe ich direkt zu Greta. Mein Herz klopft, als ich die Kinderstation betrete. Ich gehe durch die Elternschleuse und desinfiziere meine Hände. Auf der Station gibt es strenge Hygiene-Vorschriften, es ist eine Station, auf der Kinder liegen, die bald operiert werden oder die sich gerade von einer Operation erholen. Es ist die Station zwischen Intensivstation und normaler Kinderstation. Für die Kinder, die hier liegen, gilt: Obacht ist geboten. Für uns ist es ein gutes Gefühl, dass Greta hier liegt. Der Betreuungsschlüssel ist wesentlich besser als auf der normalen Kinderstation. Hier können wir sie über Nacht schlafen lassen und wissen sie gut betreut. Als ich ihr Zimmer betrete, wacht Greta gerade auf.

Meine Jacke werfe ich über den Stuhl, der direkt neben ihrem gelben Gitterbett steht. Ganz sacht greife ich nach ihrer Hand und streichle sie, streichle ihre zarte blasse Haut. Auf ihrer Hand sehe ich einen kleinen blauen Fleck. Er erzählt von Einstichen, von Schmerzen und von ihrem Willen. Ich bin immer froh, wenn ein paar Tage nach den Krankenhausaufenthalten endlich alle blauen Flecke von den Einstichen wieder weg sind. Aber jetzt sind wir mittendrin. Greta wird gepikt, immer wieder – und morgen sogar operiert. Ich mag gar nicht dran denken. Dann trete ich mit dem rechten Fuß auf die Pedale unter dem Bett, mit der ich die Gitterstäbe auf einer Seite des Bettes herunterfahren lasse. Meine linke Hand lege ich Greta auf den Kopf, die andere auf ihren Bauch. Ich küsse sie auf ihre zarte Wange und rieche wenig Greta und viel Krankenhausgeruch, eine Mischung aus Putzmittel und Desinfektion.

Greta blinzelt. Ich streichle ihr mit einer Hand über die Wange, die Gebärde für »Mama« und flüstere nah an ihrem Gesicht: »Mama ist da.«

29
Feste feiern, wie sie fallen
Geburtstag im Krankenhaus

»Wenigstens ist sie nicht mehr auf der Intensivstation.« Mit meiner positiven Sicht kann ich Thorben nicht überzeugen. »Ich bin halt traurig, dass wir nicht zu Hause sein können«, sagt er. »Eine große Party, das wäre so schön gewesen.«

»Dann machen wir halt hier eine«, sage ich und puste trotzig einen Luftballon auf, den ich mit Tesafilm an ihrem gelben Gitterbett befestige. Greta wird heute zwei, wir sind noch immer in Köln. Jetzt schon seit zwei Wochen und schon das dritte Mal in diesem Jahr. Vor zwei Wochen wurde Gretas Anus Praeter zurückverlegt. Das Loch im Bauch wächst nun zu, Greta kann von alleine Stuhlgang machen. Ihre erste selbstgefüllte Windel haben wir gefeiert, und Greta hat sich gut erholt von der Operation.

Was sich allerdings nicht gut erholt, ist ihr Po. Das erste Mal in Gretas Leben kommt ihre Haut in Kontakt mit Stuhlgang – in ihrem Fall, durch den verkürzten Darm, mit aggressiverem Stuhlgang. Die Haut wird schnell wund, nach einigen Tagen blutig. Greta muss sofort vom Stuhlgang befreit werden, sonst weint sie. Nachts können wir sie nicht allein lassen, weil das Personal keine Kapazitäten frei hat, alle fünf Minuten in ihre Windel zu schauen. Wir haben alle Pflegeprodukte ausprobiert, die es gibt. Im Moment ist der einzige Weg, sie ohne Windel liegen zu lassen. Aber so einfach ist auch das nicht. Greta ist mittlerweile mobil, sie bewegt sich durch das Bett. Breakdance, nennen Thorben und ich ihre Art der Fortbewegung. Seitdem ihre Verdauung funktioniert, funktioniert die ganze Greta besser. Sie schläft weniger, ist wacher, isst mehr, bewegt sich viel, setzt sich ohne Hilfe auf.

Mit ihrem blutigen Po können wir die Heimfahrt nach Berlin nicht antreten. Weder mit dem Zug – in dem es gar keine Wickelmöglichkeit für so große Kinder wie Greta gibt – noch mit dem Auto, mit dem wir im Worst Case alle zehn Minuten anhalten müssten. Also müssen wir in Köln bleiben, bis es besser ist. Also müssen wir Gretas zweiten Geburtstag im Krankenhaus feiern. Immerhin können wir ihren zweiten Geburtstag feiern.

Einen Geburtstagsgast hat Greta auch schon: Ella. Sie ist seit zwei Tagen Gretas Zimmernachbarin. Sie ist fünf Jahre alt, und wir hören sie schon von weitem, wenn wir die Station betreten. Wo Ella ist, ist Lachen. Sie flitzt über die Krankenhausgänge und hält ihre Eltern auf Trab. Sie hat den Schalk im Nacken – und in ihrem Auge, hinter einer Brille. Ella kam mit nur einem Auge zur Welt. Ich war sofort an meine Angst erinnert, die ich nach Gretas Geburt hatte: Hat sie keine Augen? Seit der Begegnung mit Ella weiß ich, dass Gespenster mir nur so lange Angst machen, bis sie vor mir stehen und mich angrinsen.

Die Tür geht auf, eine Krankenschwester steckt den Kopf zur Tür herein: »Frau Kaiser, für Greta ist Post angekommen, die Sie am Empfang abholen können.« Ich schaue

Thorben fragend an. »Ich habe vorgestern auf Facebook in die Greta-Gruppe gepostet, dass wir wohl länger hierbleiben müssen, und habe die Krankenhaus-Adresse dazugeschrieben, damit die Leute Greta Geburtstagspost schicken können.« Die Greta-Gruppe auf Facebook gibt es seit der ersten großen Operation. Wir mussten immer so viele Fragen beantworten von Freund_innen und Bekannten, die sich nach Greta erkundigt haben, dass wir sie mittlerweile so auf dem Laufenden halten. Nicht nur, wenn wir mit Greta im Krankenhaus sind, sondern auch sonst, wenn es Momente zum Mitfreuen gibt. Ich laufe die Treppenstufen hinunter zum Empfang.

»Ich hoffe, Sie sind stark!«, grinst mich die Frau am Empfang an. Ich mache eine Faust mit meiner rechten Hand, hebe sie zum Kopf und deute mit der linken Hand auf meine imaginären Oberarmmuskeln. Sie lacht. »Hier ist einiges für Ihre Tochter angekommen«, sagt sie und steht von ihrem Stuhl auf. »Kleinen Moment, ich habe die Post in einem anderen Raum gelagert, es war zu viel für den Empfang.« Dann kommt sie zurück mit einem ganzen Berg von Briefen, Karten und Päckchen. Sie kann sie gerade so halten und legt sie auf den Tresen der Anmeldung. »Da kommt noch was«, sagt sie und holt noch ein großes Paket hervor. Es ist so groß, dass ich ihren Kopf dahinter gar nicht mehr sehen kann. Und dann holt sie noch mehr Päckchen. Ich muss dreimal gehen. Mit Tränen in den Augen und gefüllten Armen stehe ich in der Krankenhauszimmertür.

Wir packen alles zusammen aus, Momo ist glücklich über das viele Papier, das sie auseinanderreißen kann. Greta freut sich über die Luftballons, die sie zärtlich streichelt und anleckt. Die Päckchen und Pakete beinhalten alles, was man für eine Geburtstagsparty braucht. Aus dem Riesenpaket befreien wir ein großes Schwein, einen mit Helium gefüllten Ballon, der aus dem Karton gleich nach oben fliegt. »Ein Glücksschwein«, steht auf der Karte. Es kommt von einem Kollegen aus Thorbens Werbeagentur. Enge Freund_innen haben Geschenke geschickt, aber auch entfernte Bekannte. Nach einer Stunde Auspacken und Dekorieren liegt Greta inmitten von Geschenken in einem Partybett. Das Glücksschwein schwebt durch den Raum. Eine glitzernde Diskokugel hängt am Kopfende von Gretas Bett.

Leben in der Bar
Schlafen kann ich, wenn ich tot bin
Verliebt bin ich sowieso
Ich sag: Mikrokosmos, hallo
Ja, ja, jippi, jippi, yeah

Lassie Singers, »*Leben in der Bar*«

30
Zurück im Leben
Von Musik, Knutschen und Loslassen

»Bekommt ihr das hin?«, frage ich noch mal unsicher. »Na klar, jetzt haut endlich ab«, ruft Wanda aus dem Kinderzimmer. Thorben greift meine Hand, und wir laufen die Treppenstufen hinunter. Vor der Tür fotografiere ich uns, unsere Füße von oben, nebeneinander, unsere Hände ineinander, bevor wir ins Auto steigen. Im Auto poste ich das Foto bei Instagram mit dem #kinderfrei.

»Weißt du eigentlich, wie lange es her ist, dass wir zusammen ausgegangen sind?«, frage ich ihn. Wir kommen nicht auf die Antwort. Es ist viel zu lange her. Ich erinnere mich nicht mehr an den Geschmack von Bier, geschweige denn von Wodka Lemon. Ich bin durstig, nicht nur nach Alkohol. Ich habe Durst auf Musik, auf Kultur, auf Leben – auf alles, was vor Greta mein Leben ausgemacht hat. Thorben dreht die Musik lauter, wir singen Lieder von Rocko Schamoni. *Hier kommt die Nacht, sie kommt mit dir – und alle Uhren hören auf zu schlagen. Hier kommt die Nacht, sie ist in miiihiiiir.* Ich drehe die Scheibe runter, und Berliner Sommerluft strömt herein und an meinen Fingern vorbei.

Ich erinnere mich an die Zeit, in der Musik eine viel größere Rolle spielte, als sie das im Moment für uns tut. Mit einer gehörlosen Tochter, die vermutlich nur den Bass der Musik wahrnehmen kann. Vor Gretas Geburt hatten wir die kreativsten Einfälle: Thorben komponierte Lieder und wollte eine CD daraus machen. Für jeden Wochentag ein Lied, wir wollten es morgens nach dem Aufstehen für Greta singen. Und nicht nur für Gretas Geburt hatte er ein Mixtape zusammengestellt, sondern auch für die Zeit danach. Die coolsten Kinderlieder; auf einer CD. Wir waren vorbereitet auf die musikalische Früherziehung unserer Tochter. Während der Schwangerschaft hatten wir sogar schon damit angefangen. Zusammen mit Thorben und seiner Band stand ich – mit Greta im siebten Monat schwanger – als Gastsängerin auf der Bühne. Wir freuten uns sehr auf eine hoffentlich musikalische Tochter. Dass sie behindert zur Welt kommen würde, war für uns beide nicht ausgeschlossen. Dass sie aber gehörlos zur Welt kam, ließ eine ganze Welt für uns zusammenbrechen. Nein, zwei Welten.

Von Anfang an stand Musik in unsere Beziehung im Mittelpunkt. Wir lernten uns in einem Hamburger Plattenladen kennen und gingen direkt an unserem ersten gemeinsamen Abend zusammen zu einem Konzert. Am nächsten Morgen landete ein von Thorben selbst geschriebenes Lied für mich in meiner Mailbox. Nach kurzer Zeit machten wir auch gemeinsam Musik, Thorben schrieb Songs, ich sang. Mehrere Male standen wir gemeinsam auf der Bühne. Auch den Heiratsantrag machte er mir nach einem Konzert auf der Bühne.

Seitdem Greta auf der Welt ist, machen wir keine Musik mehr. Wir hören auch ziemlich selten welche. Der Plattenspieler ist kaputt, und keiner von uns beiden repariert ihn. Unser Leben ist ruhiger geworden, manchmal langweiliger. Aber auch manchmal lauter, in Panik, wenn es um Sekunden geht und wir das Krankenhaus erreichen müssen. Durch diese ständige Alarmbereitschaft, das Immer-auf-alles-gefasst-Sein, habe ich manchmal keinen Nerv mehr, Musik zu hören. Was mich früher beruhigt hat, regt mich heute auf.

Aber jetzt freue ich mich auf den Abend in unserem alten Leben. Ein Freund von uns ist gemeinsam mit Rocko Schamoni auf Tour, er hat uns die besten Plätze reserviert. Ein ganzer Abend nur für uns. »Wann sind wir das letzte Mal zusammen ausgegangen?«, frage ich Thorben, als wir in Mitte einen Parkplatz suchen. »Es ist so lange her, ich erinnere mich nicht mehr dran«, antwortet er. Es ist schon dunkel, als wir am Deutschen Theater ankommen. Ich weiß noch nicht mal, wann ich das letzte Mal draußen war, als es dunkel war. Es ist auf jeden Fall allerhöchste Zeit.

Wir sitzen in der zweiten Reihe, das Theater ist ausverkauft, ich höre und spüre die Musik im Bauch und kann bei den meisten Songs mitsingen. »Es ist schön, deine

Singstimme mal wieder zu hören«, flüstert mir Thorben ins Ohr. Mein Bauch kribbelt. Dann steht Christiane Rösinger auf der Bühne, sie ist der Überraschungsgast des Abends. Ich verehre Christiane Rösinger. Als ich in Wien gelebt habe, haben Pamela und ich wochenlang von morgens bis abends die Lassie Singers, Rösingers Band, gehört. Jetzt singt sie eins meiner Lieblingslieder, und ich könnte glücklicher nicht sein. *Ist das wieder so 'ne Phase, oder bleibt das jetzt für immer so stehen? Werd ich jemals noch in diesem Leben wieder aufstehen, mich anziehen und auf die Straße gehen.* Ich bin dankbar für diesen Moment; Thorben hält meine Hand.

Nach dem Konzert trinken wir Backstage Wein, ich mache ein Foto mit Rocko und schicke es meiner Freundin Pamela, die mir Herzchen als Antwort sendet. Dann bekomme ich eine Nachricht von Wanda: »Momo schläft schon, und Greta ist kurz davor. Viel Spaß euch!« Thorben bringt noch einen Wein. Wir stoßen an, wir quatschen, wir lachen. Dann treffen wir zufällig einen Vater aus der Kita. In unserer Unterhaltung geht es um Musik, nicht um Betreuungszeiten oder Kita-Essen. Wir haben uns etwas zu erzählen – abseits der Kinderthemen. Mir wird klar, dass ich schon viel zu lange nicht mehr Mareice war, nicht nur Mama Mareice. Es ist schön, das alte Leben ein kleines bisschen zurück zu haben. Wenn auch nur für einen Abend.

Als wir im Auto knutschen, statt nach Hause zu fahren, überlegen wir kurz, ein Hotelzimmer zu nehmen. Eine Nacht, nur Thorben und ich, verlockend. Wanda schreibt, dass alles in Ordnung ist. Wir fahren trotzdem nach Hause. An die neue alte Freiheit müssen wir uns langsam, ganz langsam wieder gewöhnen. Aber es wird besser.

Jede Seele hat ihren Verlauf, Du kannst sie nicht halten
und ob wer die Augen öffnet oder schließt ist eine Frage des Blicks
und ob Du danebenliegst oder schläfst, eine Antwort
ob Dich ein Lichtstrahl trifft ins Gesicht oder nicht

Diese Nacht sollten wir bleiben
diese Nacht im Komaland
und wir sollten uns halten
wenn wir auseinandergehen
Peter Licht, »*Wir sollten uns halten*«

31
Krankenhaus, grotesk
Von Überforderung, Eskalation und Einsamkeit

»Kümmern Sie sich endlich um unsere Tochter!«, schreit Thorben die Krankenschwester an und drückt sie in ihren Stuhl. Für einen Moment steht die Zeit still. Thorben und die Krankenschwester im Schwesternzimmer der Kinderstation. Momo und ich vor der Glasscheibe, ich trage Momo auf meinem Arm, sie weint. So laut hat sie ihren Vater noch nie schreien hören. Ich ihn auch nicht.

In mir drin schreit auch alles. Aber statt laut zu schreien, werde ich ganz ruhig. Ich gehe zu Thorben, greife seine Hand, die noch immer die Krankenschwester in den Stuhl drückt, nehme sie fest und bestimmt und flüstere ihm scharf zu. »Aufhören.« Und etwas lauter: »Hör sofort auf!«

Dann sehe ich, wie die Krankenschwester einen Knopf drückt. Ich weiß nicht genau, welche Funktion er hat. Aber ich ahne es. Thorben schicke ich in Gretas Zimmer. »Bleib da und warte auf mich«, zische ich ihn an. Ich sehe ihm an, dass er gerade nicht bei sich ist. Ich komme nicht an ihn ran. Es ist wie in einem Film, das Drehbuch hat allerdings mehrere Fehler. Irgendwas läuft hier schief. Schon länger, nicht plötzlich. Wie konnte das bloß passieren?

Thorben und Greta sind seit gestern Abend im Krankenhaus. Greta hatte in kürzester Zeit hohes Fieber bekommen und sich mehrmals übergeben, wir waren in Panik. Immer die Angst, sie könnte an Erbrochenem ersticken. Sie könnte dehydrieren. Sie könnte sterben. Als beide gegen 22 Uhr im Krankenhaus ankamen, bekam ich die SMS: »Wir müssen hier noch warten, Notaufnahme voll.« Erst gegen Mitternacht die erlösende Nachricht: »Wir sind jetzt auf der Kinderstation.« Als ich morgens aufwachte, die nächste Nachricht. »Die Nacht war die Hölle. Keiner kümmert sich um Greta. Sie hat noch immer Fieber. Ich konnte keine Minute schlafen. Kannst du kommen?«

Wir verabreden eine Auto-Übergabe zu Hause. Ich mache Momo und mich fertig für die Reise ins Krankenhaus, zwanzig Minuten später steht Thorben in unserer Tür, die durchwachte Nacht ist ihm ins Gesicht geschrieben, er ist kreidebleich. »Die kümmern sich nicht um Greta«, schluchzt er, als wir uns umarmen. »Leg dich mal hin und komm erst ins Krankenhaus, wenn du ausgeschlafen bist«, sage ich ihm. »Hast du den Krankenschwestern Bescheid gesagt, dass ich gleich komme?«, sichere ich mich ab. »Ja, die wissen Bescheid und haben gesagt, sie schauen nach

Greta«. Ich nehme meine Tasche von der Garderobe, setze Momo in die Manduca vor meinem Bauch und gehe zum Auto. Auf dem Weg zum Krankenhaus ist mir mulmig. Thorben ist am Ende seiner Kräfte, und wenn ich ehrlich bin, bin ich es auch.

Als wir am Krankenhaus ankommen, ist Momo eingeschlafen. Auch als ich sie aus dem Kindersitz hebe, lässt sie sich nicht aus der Ruhe bringen. Ich eile mit ihr vor meinem Bauch in Gretas Zimmer. Ich öffne die Tür und rieche es sofort: Gretas Stoma-Beutel ist geplatzt. Sie liegt in einer Lache aus Kacke, ihr Bett ist braun, sie weint. Ihre Haut ist empfindlich, ihr Stuhlgang ätzend – eine schmerzhafte Mischung. Sobald Stuhlgang auf die Haut kommt, müssen Beutel und Platte neu geklebt werden. Mein Herz klopft, Momo schläft noch immer. Um den Beutel und die Platte zu wechseln, brauche ich beide Hände. Eigentlich brauche ich drei Hände und auf jeden Fall kein Baby vor dem Bauch. Ich laufe zum Schwesternzimmer: »Ich brauche ganz schnell Hilfe, Gretas Beutel ist geplatzt«, rufe ich und renne wieder zurück. Es kommt niemand, ich muss es alleine machen.

Vorsichtig nehme ich Momo aus der Manduca, breite eine Mullwindel auf dem Boden aus und lege sie darauf. Was für ein Glück dieses Kind ist, sie schläft weiter. Mit zittrigen Händen versuche ich, Greta von ihrer Kacke zu befreien, das Bett abzuziehen, die Stoma-Platte abzuziehen und neu zu kleben. Ich würde am liebsten ganz laut schreien, versuche mich aber auf meine Atmung und Greta zu konzentrieren, die weiter leise weint.

Als ich gerade die neue Platte auf Gretas Bauch befestigen will, kommt endlich eine Krankenschwester zur Tür rein. »Was kann ich tun?«, flötet sie, während ich den Schweiß auf meiner Oberlippe spüre und mir dabei auffällt, dass ich meine Jacke noch gar nicht ausgezogen habe. »Einiges«, antworte ich kurz. Mir ist nicht nach Worten. Ich habe Angst, unverschämt zu werden oder vor Momo zu schreien und sage lieber nur so viel, wie nötig ist. »Gretas Bett war voller Stuhlgang, der Beutel geplatzt und der Bauch schon so angegriffen, dass sie längere Zeit in ihrem Stuhlgang gelegen haben muss. Wie konnte das passieren?«, frage ich so freundlich, wie es mir nur möglich ist. Die Krankenschwester reagiert pikiert: »Wir haben ab und zu nach ihr gesehen, seitdem Ihr Mann gegangen ist.« Der Satz klingt in meinen Ohren nach einem Vorwurf. »Okay, das bringt jetzt nichts. Lassen Sie uns bitte dafür sorgen, dass Greta zu weinen aufhört«, bitte ich sie.

Während sie den Beutel neu klebt, weil ich es mit meinen zitternden Fingern nicht schaffe, ziehe ich mir die Jacke aus und nehme Momo auf den Arm, die mittlerweile aufgewacht ist. Ich atme durch und schreibe Thorben eine SMS. »Greta lag in ihrer Kacke. Was ist hier eigentlich los? Hattest du nicht Bescheid gesagt?« Dann wende ich mich wieder an die Krankenschwester: »Wann kommt denn endlich ein Arzt zu Greta? Sie ist jetzt schon seit gestern Abend hier, und es hat weder eine Visite noch eine Medikamentengabe stattgefunden. Ich denke, sie braucht mindestens ein Zäpfchen, sie ist ziemlich heiß«, sage ich und streichle meiner noch immer weinenden Tochter über die warme Stirn. »Ein Zäpfchen bringe ich Ihnen gleich rein«, meint die Schwester knapp. »Wann der Arzt kommt, kann ich Ihnen nicht sagen, hier ist heute einiges los, das Haus ist voll«, erklärt sie. Keine von uns beiden ist mittlerweile mehr freundlich. Ich bin froh, als sie das Zimmer wieder verlässt und ich Momo in Ruhe stillen kann. Greta erholt sich von der Aufregung, indem sie schläft. Ihr Schlaf wird ab und an durch ein leises Schluchzen unterbrochen.

»Ich komme!«, schreibt Thorben.

Er findet Greta und mich weinend im Krankenhauszimmer. »Was ist hier los?«, fragt er mich, und ich sehe, dass er weder geschlafen noch geduscht hat. »Sie lag in ihrer Kacke«, schluchze ich. »Sie hat die ganze Zeit geweint, und der Bauch war wieder blutig.«

»War ein Arzt hier?«

»Nein«, sage ich leise.

»Fuck«, sagt Thorben und rennt aus dem Zimmer, Richtung Schwesternzimmer.

»Wann kümmert sich endlich jemand um unsere Tochter?«, höre ich Thorben über den Gang schreien. Ich laufe mit Momo auf dem Arm hinter ihm her, ich habe Angst vor einer Eskalation. Aber es ist schon zu spät. »Wir haben regelmäßig in das Zimmer Ihrer Tochter geschaut«, rechtfertigt sich eine Stimme aus dem Schwesternzimmer. Dann drückt er sie in den Stuhl, während er sie anschreit. Dann drückt sie den Knopf, der die Polizei ruft.

Eine Stunde später trage ich noch immer Momo auf dem Arm. Thorben ist auf dem Weg zur Notaufnahme der psychiatrischen Ambulanz, seine Eltern auf dem Weg nach Berlin. Vor mir stehen zwei Polizisten und drei Krankenschwestern. Ich stehe vor einem Tribunal aus Krankenschwestern und Polizisten und halte Momo auf dem Arm, während Greta in ihrem Krankenhausbett schon wieder weint. Ein Zäpfchen hat sie mittlerweile bekommen, und zwar von mir. Es wurde mir mit spitzen Fingern von einer Krankenschwester gegeben, die mir erklärte, dass sie Greta nichts mehr geben dürfte. Wir würden des Krankenhauses verwiesen, erklärte sie mir. Für Greta bedeutet das: Keine Behandlung. Die Stunde, in der ich auf die Polizei warte, auf die Verkündung meines Urteils, werde ich wie eine Aussätzige behandelt. Und nicht nur ich, vor allem Greta. Sie existiert für das Krankenhaus nicht mehr. Es ist egal, ob sie weint oder nicht. Es ist egal, ob sie behandlungsbedürftig ist oder nicht. Ihr Vater hat eine Grenze überschritten, nur das zählt hier.

Einer der Polizisten spricht nun das Hausverbot aus. »Frau Kaiser, ich muss Ihnen mitteilen, dass Ihr Mann ab sofort Hausverbot in diesem Krankenhaus hat und damit auch Ihre ganze Familie. Sie müssen das Krankenhaus jetzt sofort verlassen.« Greta liegt noch immer weinend im Bett neben mir; auch Momo ist unruhig. Mich wundert es nicht, ich trage sie nah an mir und kann mir gut vorstellen, dass ich einen Pulsmesser sprengen würde, wenn man ihn mir jetzt anlegen würde. Ich hole tief Luft, mein Körper zittert. Auch wenn ich schon verurteilt wurde – mein Abschlussplädoyer lasse ich mir nicht nehmen und hole tief Luft.

Ich spreche von Menschlichkeit und von Überforderung. Ich appelliere an das Mitgefühl der fünf Menschen vor mir. Ich versuche ihnen zu erklären, was es bedeutet, mit einem schwer mehrfach behinderten Kind zu leben – mehr im Krankenhaus als zu Hause. Immer mit der Panik im Gepäck. Ich erkläre, dass Greta nicht um Hilfe schreien kann, wenn ihr Beutel platzt. Ich erkläre, dass sie nicht hören und nicht gut sehen kann. Dass ihr Vater seit ihrer Geburt keine Nacht mehr in Ruhe durchgeschlafen hat. Dass er mit ihr seit gestern Abend um 22 Uhr – mittlerweile ist es später Nachmittag, draußen wird es dunkel – in diesem Krankenhaus ist und seine Tochter nicht behandelt wurde. Dass Greta weint und weint und weint und sie nur weint, wenn sie krank ist. Und sie weint mittlerweile seit 24 Stunden und schluchzt selbst im Schlaf. In den Gesichtern, an die ich appelliere, sehe ich: nichts. Keine Regung. Nur die Krankenschwester, die Thorben in den Stuhl gedrückt hat, scheint berührt. »Aber …«, beginnt sie und weiß doch nicht genau, was sie sagen soll. Sie spricht dann von Vorschriften und dem Schutz ihrer Kolleginnen.

Ich spreche von Nächstenliebe, die in diesem katholischen Krankenhaus als Leitlinie aufgeführt ist. Es ist nicht unser erster Aufenthalt hier. Thorben und ich kennen die katholische Seelsorgerin mittlerweile sehr gut und sie uns. Wir sind hier als Familie bekannt, als belastete Familie. Heute macht das aber alles keinen Unterschied. Die Stationsleitung verweist uns des Hauses. »In fünfzehn Minuten kommt ein Krankenwagen, der Greta und Sie in ein anderes Krankenhaus fährt«, wird mir angekündigt. Dann verlassen die fünf Geschworenen den Raum. Greta, Momo und ich bleiben zurück. Greta weint im Schlaf, während ich Momo endlich stillen kann, laufen mir die Tränen über die Wangen.

32
Kinderhaus vs. Zuhause
Eine Entscheidung

»Heim sagen wir nicht so gerne, wir nennen es lieber Kinderhaus«, erklärt mir die Heimleitung. Es ist das schönste Heim, also Kinderhaus, das ich jemals gesehen habe. Allerdings habe ich bisher auch noch kein einziges gesehen. Aber es ist schön hier. Konzipiert ist die Einrichtung für taubblinde Menschen. Es gibt eine Kita, eine Schule und eine Wohnstätte für taubblinde erwachsene Menschen. Ich bin hier, um mir anzuschauen, wie Greta leben könnte. Ohne uns, zusammen mit anderen taubblinden Kindern in einer Wohngemeinschaft.

Wir sitzen in der Küche der Kinder-WG im ersten Stock eines alten Backsteinbaus. Die Räume sind hoch, die Küche ist vom großen Wohnzimmer durch Fensterscheiben abgetrennt, alles ist hell, obwohl es Winter ist und die Sonne nicht scheint. »Möchten Sie Kaffee?«, fragt mich Frau Maier, die Heimleiterin. Ich schüttele den Kopf. Der Kloß in meinem Hals ist so groß, ich kann fast nicht sprechen. Ich fühle, dass ich weinen muss, wenn ich doch etwas sage. Ich bin hier, um mein Kind abzugeben. Beschissener können sich Eltern wohl nicht fühlen.

Frau Maier übernimmt: »Derzeit leben sieben Kinder hier zusammen, jedes Kind hat sein eigenes Zimmer. Unser Jüngster ist vier Jahre alt, unsere Älteste sieben. Wir essen hier gemeinsam, wir spielen gemeinsam, und wir versuchen, alle Kinder individuell zu fördern«, erklärt sie mir freundlich. »Wie oft sehen die Kinder denn ihre Eltern?«, frage ich, der Kloß ist noch da, aber das Weinen konnte ich bisher unterdrücken. »Das ist total unterschiedlich«, sagt Frau Maier, und ich bin ihr dankbar, dass sie so nüchtern über alles spricht. »Einige Kinder sind jedes Wochenende bei ihren Eltern, andere sind immer im Kinderhaus.« Jetzt läuft mir doch eine Träne über die Wange. »Eigentlich will ich Greta gar nicht abgeben«, sage ich. »Aber ich weiß im Moment einfach nicht weiter. Mein Mann war zwei Wochen in der Psychiatrie, Greta muss ständig ins Krankenhaus, Momo braucht auch Aufmerksamkeit. Nach über zwei Jahren können wir einfach nicht mehr.«

»So wie Ihnen geht es vielen Eltern«, beruhigt sie mich. »Sie müssen das nicht alleine schaffen, wir sind hier. Und es heißt nicht, dass Greta dann keine Eltern mehr hat, wenn sie hier lebt. Einige Kinder werden sehr regelmäßig von ihren Eltern besucht und jedes Wochenende abgeholt. Das können Sie machen, wie es für Sie am besten ist.« Dann zeigt sie mir die Zimmer der Kinder und erklärt mir, dass jedes Zimmer individuell eingerichtet werden kann. An den Wänden sehe ich Familienfotos. Ich frage mich, was die Eltern der Kinder erlebt haben müssen, um sie hier abzugeben. Das, was wir erlebt haben? Oder Schlimmeres? Was haben die Kinder erlebt, die niemals abgeholt werden? Ich kann gar nicht daran denken, ohne zu heulen. Dabei sieht hier wirklich alles ganz freundlich aus, und auch die Heimleitung ist mir sympathisch. »Jedes Kind hat einen CD-Player, manche Eltern besprechen CDs für ihre Kinder, die wir ihnen dann abends vorspielen.«

Ich muss daran denken, wie ich mit Greta schwanger war und Thorben und ich Musik für sie gehört haben. »Musikalische Früherziehung« nannten wir es, wenn wir mit Greta im Bauch singend durch unser Wohnzimmer tanzten. »You are always trying to keep it real, I'm in love with how you feel, I don't see what anyone can see, In anyone else but you.«[3] Wie wir Mixtapes für sie zusammenstellten und uns überlegten, welche Instrumente unsere Tochter mal spielen könnte. »Aber sie darf auch gar keins spielen wollen«, meinte Thorben mit ernster Miene. »Na gut«, sagte ich. »Aber singen sollte sie können! Sie ist doch jede Woche mit mir beim Gesangsunterricht!«

Nun hier zu stehen und zu überlegen, was wir auf Gretas Einschlaf-CD sprechen könnten, die sie vermutlich eh nicht hören kann, fühlt sich paradox an. Und nicht nur das, es fühlt sich sogar falsch an. Allerdings weiß ich auch keine andere Lösung. Ich will nicht noch mal einem Polizisten-Krankenschwestern-Tribunal gegenüberstehen. Es war für mich das Zeichen, dass uns alles zu viel geworden ist. Ich spüre eine Verantwortung nicht nur Greta, mir und Thorben gegenüber, sondern auch Momo. Während Greta einige Dinge anders wahrnimmt als wir, kommt bei Momo alles ungefiltert an. Ich möchte nicht, dass sie ihren Papa beim Ausrasten sieht.

Also schaue ich mir weiter diese Kinder-WG an, Bauchschmerzen inklusive. Für jeden Wochentag gibt es hier Bezugsobjekte, die die Kinder morgens im Morgenkreis anfassen können. Für den Wochentag, an dem Sport auf dem

---

3 Moldy Peaches, *»Anyone else but you«*

Programm steht, gibt es zum Beispiel einen Turnschuh zum Anfassen. »Die Kita-Gruppe ist sehr klein, so dass auf jedes Kind einzeln eingegangen werden kann«, erklärt mir Frau Maier. Ihr Ton ist weiter sachlich-freundlich, alles ist freundlich hier. Ich kann nichts finden, an dem ich etwas auszusetzen hätte. Nur das Gesamtkonzept.

Ich bohre weiter mit meinen Fragen. Wie kommen Kinder hierher? Warum können sie nicht bei ihren Eltern bleiben? »Einige haben gar keine Eltern mehr«, sagt Frau Maier knapp. In einem besonders schönen Kinderzimmer spricht sie weiter. »Der Junge, der hier wohnt, hat mittlerweile ein gutes Verhältnis zu seinen Eltern. Als sie bei uns ankamen, sagte uns der Vater, es gäbe für ihn nur noch zwei Optionen: Entweder wir würden seinen Sohn aufnehmen, oder er würde sich gemeinsam mit ihm vom Balkon stürzen.« Ich schlucke den Kloß in meinem Hals herunter.

Momo wird unruhig in der Manduca, Frau Maier schlägt vor, sie im Wohnzimmer auf den Boden zu legen. »Wie ist das mit Geschwisterkindern?«, frage ich. »Die sind natürlich herzlich willkommen«, sagt Frau Maier. Ich denke daran, wie Momo und Greta gemeinsam in Momos Bettchen liegen. Wie Momo Greta berührt und Greta ihrer kleinen Schwester hinterherschaut, die jetzt schon sitzen und krabbeln kann, die ihr Dinge vormacht, die sie vielleicht irgendwann mal, in ihrem eigenen Tempo nachmachen wird. Sollte Greta hier einziehen, werde ich zwei Einzelkinder haben. Gut, wir können die Wochenenden miteinander verbringen. Aber das ist doch keine Familie – oder?

Andererseits spüre ich auch den Druck, etwas verändern zu müssen. So, wie wir im vergangenen Jahr gelebt haben, geht es nicht weiter. Die ständige Belastung hat auch Spuren in unserer Beziehung hinterlassen, unsere Nerven sind andauernd gespannt. Frau Maier berichtet von anderen Familien, sie will mir die Angst nehmen. Sie macht das nicht zum ersten Mal, und sie macht es wirklich gut. Erzählt von Familien, die am Wochenende endlich wieder Familie sein können, weil die Belastung während der Woche wegfällt, seitdem das behinderte Kind hier lebt. Aber ich lasse nicht locker, ich will alles wissen. »Wie ist das mit den Kindern untereinander? Es sind ja ausschließlich behinderte Kinder, die hier miteinander spielen.« »Natürlich schauen sie sich gegenseitig Dinge ab«, sagt Frau Maier. »Wäre es nicht schöner, wenn sie nicht auch mit nichtbehinderten Kindern zusammen wären?«, frage ich. »Inklusion habe ich mir anders vorgestellt«, sage ich.

Als wir uns nach einer Stunde an der Tür verabschieden, kommen zwei der hier lebenden Kinder zur Tür herein, die Kita ist gerade zu Ende. Ein Mädchen kommt im Rollstuhl rein, sie düst mich fast um und lacht dabei. Ich mag sie sofort. »Hallo«, sag ich und erschrecke mich fast ein bisschen, als sie mich ebenfalls mit »Hallo« begrüßt. »Das ist Emma«, stellt die Erzieherin das Mädchen vor. »Eine von unseren Großen«, sagt sie, während ich Emma weiter beobachte. »Sie ist eine von denen, die leider nicht ganz richtig hier sind. Sie ist viel weiter als die anderen Kinder hier und bräuchte am besten tatsächlich Kontakt zu nicht behinderten. Sie hat sogar schon Ticks der anderen übernommen.«

Auf dem Weg nach Hause in der S-Bahn denke ich darüber nach, wie unser Leben aussehen würde, wenn Greta im Kinderhaus leben würde. Wenn ich daran denke, dass die Belastung durch Gretas Pflege wegfallen würde, fühle ich mich gleich viel leichter. Sollte Greta akut krank werden, wären trotzdem wir es, die mit ihr ins Krankenhaus gehen würden, hat Frau Maier mir erklärt. Dennoch: Wir würden einen Teil der riesengroßen, schweren Verantwortung um Greta abgeben können. Gretas Förderung könnte besser nicht sein. Im Kinderhaus haben sie Erfahrung mit taubblinden Kindern wie Greta. Wo uns sonst gesagt wurde »Ein Kind wie Greta hatten wir noch nie«, sind sie dort spezialisiert auf ihre sinnesspezifischen Bedürfnisse. Es wäre eine nachhaltige Lösung – die Kita direkt im Haus, die Schule direkt daneben.

Es wäre eine einfache Lösung. Mir ist mulmig. Seitdem ich Emma getroffen habe, haben meine Befürchtungen ein Gesicht bekommen. Ganz abgesehen von Momo, die dann Einzelkind wäre. Ich will das alles nicht, aber ich sehe auch keine andere Option.

Zurück in Berlin, fahre ich zu Greta, die seit dem Ausraster von Thorben im Lerchenhaus ist. Das Lerchenhaus ist eine Kurzzeitpflege-Einrichtung, in der pflegebedürftige Kinder 28 Tage im Jahr gepflegt werden können, zur Entlastung der Eltern. Es gibt auch einige Plätze für Kinder, die dauerhaft dort leben. Als ich das Lerchenhaus mit Momo betrete, fällt mir auf, wie dunkel es hier ist. Viel zu dunkel für Greta. Als ich ihr Zimmer betrete, schläft sie. Ich frage eine Krankenschwester nach Gretas Tag. Die Auskunft, die ich bekomme, ist vage. Die Krankenschwester hat Greta gerade erst übernommen. Ich weiß nicht, wie ihr Tag war, worüber sie gelächelt hat. Sollte Greta in die Kinderhaus-WG ziehen, werde ich weniger an ihrem Leben teilhaben. Es wird so sein wie im Lerchenhaus, ich werde alles über Greta erfragen müssen, nichts selbst erleben.

Thorben berichte ich von meinem Besuch in der Kinderhaus-WG am Abend per SMS. Er ist noch in der psychiatrischen Tagesklinik. Und er ist dagegen, Greta ins Kinderhaus zu geben. »Hast du eine Alternative?«, frage ich.
»Nein«, schreibt er. »Aber ich will mit ihr leben.«
»Wie willst du verhindern, dass so was noch mal passiert?«
»Ich weiß es nicht.«
»Ich will, dass so was nie wieder passiert. Nie wieder!«, schreibe ich ihm.

Wir einigen uns darauf, einen Platz für Greta im Kinderhaus zu reservieren. Das Jugendamt stimmt der Kostenübernahme zu. »Es war einfach zu viel für euch«, höre ich, wenn ich Leuten von unserer Entscheidung berichte.

Nach einigen Wochen in der Tagesklinik findet Thorben ein WG-Zimmer ein paar Straßen von unserer Wohnung entfernt. Wir brauchen Abstand, und ich sehe nur den Weg der räumlichen und romantischen Trennung. In einem halben Jahr soll Greta ins Kinderhaus ziehen. Thorben und ich sind beide unglücklich mit dieser Entscheidung; sehen aber auch keinen anderen Weg. Wir fühlen uns allein, jede_r mit sich selbst.

-177-

Ich wache schweißgebadet auf. Momo liegt neben mir, ich atme durch und wische mir den Schweiß von der Stirn. Sie ist da, es war nur ein Traum. Zum Glück! Die Szene war schrecklich real. Ich war im Traum wieder im Kinderhaus, doch dieses Mal ging es nicht um Greta, sondern um Momo. Sie sollte dort ein Zimmer beziehen, doch ich schrie und heulte. Mein Kind weggeben? Kommt gar nicht in Frage! Den ganzen Tag kann ich meinen Traum nicht vergessen. Ich bin kurz davor, mein Kind wegzugeben. Wie krass ist das eigentlich? Es fällt mir auf, wenn ich an den Traum denke. Würde ich Menschen davon erzählen, dass ich vorhabe, Momo in ein Heim zu geben, mir würde ein Vogel gezeigt werden. Bei Greta scheint der Gedanke gesellschaftlich akzeptiert. Gleichzeitig bin ich doch die Mutter von meinen beiden Kindern. Ich habe beide über neun Monate in meinem Bauch getragen, ich habe beide unter Schmerzen geboren, ich liebe beide. Nur, weil wir mit Greta vor anderen Barrieren stehen als mit Momo, soll sie im Heim leben? Mir kommt das paradox vor.

»Dann kommt das Krankenhaus eben zu Ihnen«, höre ich in meinem Kopf. Wenn das schon einmal geklappt hat, warum nicht noch mal? Ich recherchiere im Internet nach »Kinderkrankenpflege zu Hause« und finde mehrere Adressen in Berlin. Eine Woche später sitzt Herr Schmidt an unserem Küchentisch. Er ist der Leiter eines häuslichen Kinderintensivpflegedienstes. »Das bekommen wir hin«, sagt er mir immer wieder auf meine unterschiedlichen Fragen. Können wir dann wirklich die ganze Nacht schlafen? Bezahlt das wirklich die Pflegekasse? Und kommt wirklich jede Nacht jemand, um auf Greta aufzupassen? Herr

Schmidt grinst. »Wir sind genau dafür da«, sagt er, und ich kann nicht fassen, dass das hier die Lösung sein soll. Warum hat uns das keiner gesagt? »Das verstehe ich ehrlich gesagt auch nicht«, sagt Herr Schmidt. Der häusliche Pflegedienst kostet der Pflegekasse nicht einmal mehr Geld als die stationäre Unterbringung. Und es kommt noch besser. Ich berichte Herrn Schmidt von den Schwierigkeiten in der Kita. Greta kann nur hingehen, wenn die Integrationskraft dort ist. So rufen wir oft morgens an und können nicht verlässlich planen. So kann ich auch nicht verlässlich arbeiten. »Wir können auch eine Begleitung für die Kita beantragen«, schlägt Herr Schmidt vor. »Das geht?«, frage ich erstaunt. Plötzlich scheint alles ganz einfach zu sein. »Ja, das geht. Schließlich hat Greta Pflegestufe III und Probleme mit dem Sauerstoff. Beides zusammen ist die Grundlage für unsere Beantragung.« Ich kann mein Glück kaum fassen. So kann Greta doch mit uns leben!

Einige Wochen später – nach einem von mir formulierten Widerspruch nach der ersten, kategorischen Ablehnung der Pflegekasse – fische ich die Genehmigung aus dem Briefkasten. Zehn Stunden in der Nacht und sieben Stunden in der Kita wird Greta ab sofort einen Pfleger oder eine Krankenschwester an ihrer Seite wissen und wird sie immer gut versorgt. Ich sage den Platz im Heim ab, ein großer Stein plumpst von meinem Herzen.

33
Kaiserinnenreich
Vom Spielplatz ins Netz

»Alles gut?« Eine SMS von Pamela blinkt auf. Momo ist gerade auf meinem Bauch eingeschlafen, wir liegen gemeinsam auf dem Sofa. Ich stelle das Telefon schnell auf lautlos. Bloß nicht aufwachen, Momo. Das Einschlafstillen wirkt so zuverlässig wie eine ganze Packung Baldrian, und ich genieße die ruhigen Minuten sehr, vor allem, seitdem das Stillen nicht mehr weh tut. Endlich ein bisschen Zeit für mich. »Meine Brustwarzen bluten nicht mehr! Alles wird besser. Aber anstrengend«, antworte ich Pamela. Sie schickt mir einen Link zurück, er führt zu einem Elternblog, zu einem Blogartikel, in dem es um Schmerzen beim Stillen geht und was man dagegen tun kann. Seitdem Momo da ist, lese ich viel im Internet.

Ich lese von Müttern, die ihre Kinder über zwei Jahre gestillt haben, und von Müttern, die Stillen unpraktisch finden. Noch vor einigen Wochen, als ich bei jedem Schreien von Momo weinen musste – weil ich wusste, es bedeutet, ich muss sie gleich wieder stillen, mit wunden, blutenden Brustwarzen – war es für mich die Hölle. Die Stillhütchen, die Margarete mir mitbrachte, waren meine Erlösung. Es war zwar immer eine Friemelei, aber das Bluten hörte auf und irgendwann auch mein Weinen und vor allem: meine Angst.

»Wie geht es Greta derweil?«, Pamela und ich schreiben uns weiter hin und her. Es ist fast wie eine Unterhaltung früher im Café, nur sitzen wir uns nicht gegenüber. Ich sitze in Berlin, Pamela in Wien. Ich habe ein schlafendes Kind auf dem Bauch und ein Telefon in der Hand. Aber es fühlt sich so an, als säße Pamela neben uns auf dem Sofa. »Immer besser, sie ist gerade in der Kita«, schreibe ich ihr und schicke ihr dazu ein Bild, auf dem Greta im Garten der Kita zu sehen ist. Umringt von den anderen Kita-Kindern. »Greta hat schon eine Freundin, sie heißt Holly und will immer bei Greta sein.« Pamela antwortet mit einem Emoticon. Es zeigt ein Gesicht mit Herzchenaugen. Dann schickt sie mir ein Foto von Frido, ihrem Sohn. Er ist genau so alt wie Greta, kam ein paar Tage später zur Welt, nicht behindert.

Pamela und ich haben vor zehn Jahren zusammen in Wien in einer WG gelebt, haben samstags gemeinsam den Naschmarkt besucht, freitags das Flex und betrunken Lieder von den Lassie Singers gesungen. Seitdem sind wir Freundinnen, besuchen uns gegenseitig einmal im Jahr, und zufällig sind wir gleichzeitig schwanger geworden. Wir haben uns während unserer Schwangerschaften per Smartphone auf dem Laufenden gehalten und tun das nach wie vor. Dass Greta behindert ist, hat daran nichts geändert. Auch wenn Pamela Greta bis jetzt noch nicht kennengelernt hat – die jährlichen Besuche sind durch unsere Schwangerschaften jäh unterbrochen worden –, hat sie ein Gefühl für Greta. Pamela war eine der ersten Gratulantinnen. Für sie stand es von Anfang an außer Frage, dass Greta ein Grund zur Freude ist. Sie hat mich nie mit Samthandschuhen angefasst, sondern behandelt wie eine frischgebackene Mama. Das tat gut. Und auch die schwierigen Situationen hat sie nicht mit mir beschwiegen, sondern besprochen. Meistens per SMS, manchmal via E-Mail. Die Wartezeit während Gretas erster OP habe ich teilweise mit Pamela am Handy verbracht. Sie war immer da, obwohl sie nicht da war.

»Wir haben jetzt endlich eine Kita für Frido!«, schreibt sie mir nun. Und es kommt noch eine Nachricht: »Leider ist sie nicht integrativ.« »Schade«, schreibe ich. »Ja, zu schade«, kommt zurück. »Ich will, dass Frido auch mit behinderten Kindern aufwächst. Aber es war wirklich nicht leicht, eine Kita zu finden. Wo trifft man denn Kinder mit Behinderung sonst?«, fragt sie mich. Keine Ahnung, denke ich. »Auf dem Spielplatz jedenfalls eher nicht«, schreibe ich ihr. »Ich kenne gar keinen Elternblog von einer Mama oder einem Papa von einem behinderten Kind. Du?« Ich muss überlegen. Die, die ich kenne, gefallen mir nicht. Ich kann ihr nicht ein paar Empfehlungslinks schicken, wie wir es sonst machen. »Ein paar kenne ich, aber ich fand noch keinen wirklich cool«, antworte ich knapp.

»Ich hab's!«, schreibt sie. »Du musst bloggen!«
Es folgen viele Ausrufezeichen und freudige Emoticons.

Einen eigenen Blog. Den Gedanken habe ich nicht zum ersten Mal. Beruflich habe ich mich einige Jahre mit Blogs von anderen Menschen beschäftigt; als Social-Media-Redakteurin erarbeitete ich Blog-Konzepte für große Werbekunden. »Wann machst du denn endlich dein eigenes Blog?«, wurde ich immer wieder gefragt. Was letztendlich immer zur Umsetzung fehlte, war Zeit. Jetzt habe ich sie.

Während ich mit Momo auf dem Sofa abhänge und Blogs lese, könnte ich doch einfach selbst eines starten. Pamela hat recht. Während ich noch weiter darüber nachdenke, ist auch Pamela Feuer und Flamme, was ihre Idee angeht.

»Ich kann mir gut vorstellen, dass andere Eltern auch so denken wie ich, dass sie tausend Fragen haben an dich, wegen Greta. Wie sieht euer Alltag aus? Das wollen bestimmt viele wissen und trauen sich nicht zu fragen. Berührungsängste und so.«

»Ich finde es schwierig, nur über das Leben mit einem behinderten Kind zu schreiben«, stoppe ich Pamela. »Schließlich bin ich nicht nur Gretas Mutter, sondern auch die von Momo. Und über das Muttersein hinaus ja auch noch viel mehr.«

»Ja, genau. Und über das alles solltest du erzählen. Also ich würde dich abonnieren«, schreibt sie.

Drei Monate später, auf dem Spielplatz. Die Sonne scheint, es ist ein warmer Frühlingstag, ich sitze im Halbschatten auf einer Bank. Momo schläft im Kinderwagen vor mir, die Eingewöhnung im Kinderladen macht sie schön müde. Damit sie nicht aufwacht, schuckele ich den Wagen mit dem linken Fuß. Auf meinem rechten Oberschenkel steht mein Laptop. Bis ich Greta aus dem Kinderladen abholen muss, bleiben mir noch drei Stunden. Wenn es gut läuft, habe ich jetzt eine Dreiviertelstunde zum Schreiben. Mit meinem linken Fuß schuckele ich Momo im Kinderwagen, mit meinen Fingern schreibe ich den ersten Text für meinen Blog. Ich will Pamelas Idee in die Tat umsetzen. Zwar bin ich mir noch nicht sicher, wer das außer Pamela überhaupt lesen möchte, aber einen Versuch ist es wert. Außerdem spukt mir die Idee eines eigenen Blogs schon so lange im Kopf herum – die Zeit, die ich jetzt habe, kommt nie wieder. Und immer wieder treffe ich auf andere Eltern, die bedauern, dass Greta das erste behinderte Kind ist, das sie kennenlernen. Warum also nicht etwas fürs digitale Kennenlernen tun?

Die wichtigsten Fragen habe ich in langen Diskussionen mit Thorben besprochen: Wie viel Privatsphäre gebe ich preis? Welche Geschichten erzähle ich, was ist zu intim? Wo beginnt die private Grenze unserer Familie? Thorben ist skeptisch. »Du darfst auf keinen Fall zu privat und intim werden«, gibt er zu bedenken. »Natürlich mache ich das nicht!«, stimme ich ihm zu. »Nur so privat wie nötig, um die wichtigen Dinge zu erzählen«, versuche ich ihm noch mal meine Intention erklären. »Erinnerst du dich noch an den ersten Besuch wegen Gretas Pflegestufe? Wie aufgeregt ich war und wie stolz ich der Frau von der Pflegekasse davon erzählt habe, was Greta schon alles kann?« »Ja, klar«, erinnert sich Thorben. »Sie hat dann die niedrigste Pflegestufe bekommen, obwohl die höchste gerechtfertigt gewesen wäre. Aber das haben wir erst herausgefunden, als du mit einer anderen Mutter gesprochen hast.« – »Genau! Und jetzt stell dir mal vor, ich erzähle davon auf dem Blog – dann können andere Eltern davon profitieren.« »Ja, das ist gut«, stimmt er mir zu. »Ich möchte ja nur, dass du vorsichtig bist. Immerhin ist es unser privates Familienleben.« »Ich weiß«, sage ich. »Und das ist und bleibt mir heilig, also im unreligiösen Sinn. Ich will nur die relevanten Geschichten erzählen.«

Wir entscheiden uns dafür, die Namen unserer Kinder nicht zu veröffentlichen. Nach einigem Hin und Her entscheide ich mich, Greta Kaiserin 1 und Momo Kaiserin 2 zu nennen. Anfangs fühlt sich das Schreiben für mich sehr holprig an – mit jedem Tag auf der Spielplatz-Bank mit dem Laptop auf dem Schoß gelingt es mir besser. Ich versuche, mich zu erinnern an die ersten Tage und Wochen und Monate mit Greta. Die Leser_innen des Blogs sollen nicht auf eine leere Seite gelangen, wenn ich mit dem Blog starte. Heute beende ich den »Über mich«-Text. In zwei Wochen will ich den Blog online stellen. Schon jetzt steckt viel Arbeit darin, viele Freundinnen und Freunde haben mir geholfen. Daniela hat Illustrationen nach meinen Wünschen gezeichnet, Alexander und Manu haben mir das technische System eingerichtet, Sue hat mir immer wieder Mut gemacht.

Am Nachmittag sitze ich mit ihr in einem Café. »Und, wann geht's los?«, fragt sie mich. Sie weiß, dass ich Schiss habe. »Ostersonntag«, sage ich leise. »Und, für welchen Namen hast du dich jetzt entschieden?« Sue lässt nicht locker. »Im Moment bin ich bei Kaiserinnenreich.« »Super«, sagt sie. »Willst du einen Tipp?«, fragt sie mich. »Hm«, sage ich. »Mach das jetzt endlich! Es ist scheißegal, wie der Blog heißt, und es ist auch scheißegal, wie viele Texte da am Anfang stehen. Du musst es einfach machen!« Sue ist selbst Bloggerin, seit Jahren. Wenn sich jemand damit auskennt, dann sie. Allerdings ist sie auch schon längst über den Punkt mit den Selbstzweifeln hinaus, an dem ich gerade feststecke. Ich frage mich immer wieder, wen das überhaupt interessiert, was ich schreibe. »Das wirst du schon sehen«, meint Sue. Und sie ist sich dabei so sicher, dass ich ihr glaube.

Zwei Wochen später, am Ostersonntag, klicke ich auf »veröffentlichen«. Mein Blog heißt dann tatsächlich »Kaiserinnenreich«. Schon am ersten Tag sind über tausend Menschen auf meiner Seite, am zweiten Tag sind es noch mehr. Die Kurve geht nach oben. Es gibt anscheinend eine Menge Leute, die sich für das Leben mit einem behinderten und einem nichtbehinderten Kind interessieren. Auf Facebook bekomme ich Glückwünsche zu meinem dritten »Baby«, meine ersten zwei Blogartikel werden oft kommentiert – von Eltern behinderter Kinder, aber auch von Menschen, die bisher nichts mit dem Thema zu tun hatten. Pamela schreibt mir eine SMS. »Deine Texte zu lesen ist ein bisschen so, wie neben dir am Spielplatz auf der Bank zu sitzen und zu quatschen.«

Das F in Feminismus steht für Freiheit.
Anne Wizorek, aus *»Weil ein #aufschrei nicht reicht«*

34
Beruflicher Wiedereinstieg
Vom Netz auf die Bühne

Als ich das Gelände der *Station* Berlin betrete, ein ehemaliger Bahnhof, der heute als Veranstaltungsort dient, hole ich tief Luft. Ich kann mich nicht daran erinnern, wann ich das letzte Mal alleine unterwegs war. Ohne Kinderwagen, ohne Manduca, ohne Greta, ohne Momo. Nur ich, in hohen Schuhen – auch das ist lange her. »Mach das mal«, ermutigte Thorben mich heute Morgen, kurz bevor er die Kinder zur Kita brachte. »Kann ich das anziehen?«, fragte ich ihn unsicher. »Klar, du siehst toll aus! Jetzt mach dir nicht so viele Gedanken, sondern geh einfach los. Sei froh, dass Greta gesund ist und du endlich mal was für dich machen kannst.«

Ich bin froh – und sogar die Visitenkarten sind noch rechtzeitig fertig geworden. »Kaiserinnenreich« steht darauf und daneben die Illustration, die Daniela für meinen Blog entworfen hat. Sie zeigt einige Details aus unserem Alltag: eine Waschmaschine, einen Behindertenparkplatz, eine Spritze, einen Lippenstift, den ich heute sogar mal wieder benutzt habe, etwas unbeholfen. Das letzte Mal

Farbe auf meinen Lippen ist lange her. Dass ich eine berufliche Veranstaltung besuche, auch. Es muss vor über drei Jahren gewesen sein. Drei Jahre ohne Erwerbsarbeit – das hätte ich niemals für möglich gehalten.

Ich stehe am Eingang zur re:publica, einer der größten Veranstaltungen zu den Themen der digitalen Gesellschaft. 8000 Leute aus ganz Europa treffen sich hier, um darüber zu diskutieren, wie das Internet die Gesellschaft verändert und andersherum. Einige Menschen, die ich aus dem Internet kenne, halten hier Vorträge. In diesem Jahr kann ich das erste Mal daran teilnehmen; früher war ich dafür beruflich immer zu eingespannt und verfolgte die für mich spannendsten Vorträge per Livestream im Büro. Da bisher keines meiner Vorstellungsgespräche erfolgreich verlief, habe ich nun endlich mal Zeit, dabei zu sein.

Drei Vorstellungsgespräche für Jobs in digitalen Agenturen hatte ich in den vergangenen Wochen. Sie verliefen immer sehr nett – und endeten mit einer Absage. Früher, vor Greta und Momo, wurde mir so gut wie nie abgesagt. Doch mittlerweile ist meine Ausgangsposition eine andere, die Fragen, die mir gestellt werden, sind andere. »Wann musst du denn deine Kinder aus der Kita abholen?«, werde ich gefragt, statt für welche Kunden ich gearbeitet habe. »Wie oft muss deine große Tochter denn ins Krankenhaus?«, werde ich gefragt, statt welche Kampagnen ich entwickelt habe. Dass meine Kinder einen Vater haben, der sich um das Abholen und um das möglicherweise kranke Kind kümmert, muss ich immer erklären. Ich erkläre es gern; die Skepsis bei meinen Gegenübern bleibt. Entschieden wurde sich in den drei Fällen immer für andere Bewerber_innen, die »flexibler« wären als ich. In einem Fall konnte ich online verfolgen, wer den Job bekam. Eine jüngere, kinderlose Frau.

So konkret wie die Frau vom Jobcenter hat es mir allerdings noch niemand ins Gesicht gesagt. Es ging in einem Telefonat um den Zuschuss zu meinen kleinen journalistischen Aufträgen, die noch nicht einmal für die Miete reichten. Bis ich einen festen Job finden würde, benötige ich die Unterstützung des Jobcenters. Am Telefon erklärte ich der freundlichen Sachbearbeiterin, dass für mich die Unterstützung des Jobcenters nur eine vorübergehende Lösung sei. »Mein Plan ist, dass ich in einem halben Jahr wieder von meiner Arbeit leben kann«, verriet ich ihr positiv denkend und vorfreudig. »Wollen Sie denn wirklich wieder arbeiten?« Ich stutze. »Wie bitte?«

»Na, wollen Sie denn wirklich bald wieder arbeiten? Sie haben doch mit Ihrer behinderten Tochter wirklich genug zu tun, oder?«

»Ähm, ja, ich habe viel zu tun. Aber trotzdem arbeite ich sehr gerne. Ich freue mich schon seit Monaten darauf, endlich wieder zu arbeiten.«

»Ich mein ja nur … die ganze Pflege, das ist ja auch anstrengend. Die Organisation. Sie bekommen die höchste Pflegestufe, mit einem schwerbehinderten Kind könnten Sie in Ihrer Wohnung auch mit Hartz IV wohnen. Warum wollen Sie denn da überhaupt noch arbeiten?«

Ich versuchte ihr zu erklären, dass ich gerne arbeite. Dass Arbeit auch eine Art der gesellschaftlichen Teilhabe ist und dass Inklusion auch bedeuten muss, dass die Mutter eines behinderten Kindes arbeitet, weil sie es will. Dass ich wegen meiner behinderten Tochter nicht meine ganze Persönlichkeit verloren habe.»Na, ich wünsch Ihnen für ihre Pläne jedenfalls viel Glück«, sagt die Sachberaterin zum Schluss wirklich freundlich. Ich kann es ihr auch gar nicht übelnehmen, vermutlich hat sie sich wirklich nur gesorgt. Das Problem ist leider, dass ihre Sorge gerechtfertigt ist.

In Deutschland sind 77 Prozent der Hauptpflegepersonen nicht erwerbstätig. Durch die Pflege eines Kindes müssen 40 Prozent der Hauptpflegepersonen – fast immer Frauen – ihre Berufstätigkeit aufgeben oder zumindest einschränken. Bei einem unserer Krankenhausaufenthalte mit Greta in Köln lernten wir die sechsjährige schwer mehrfachbehinderte Julia und ihre Eltern kennen. Bei den ersten Smalltalk-Gesprächen, die ich mit Julias Mutter führte, erkundigte ich mich nach ihrem Beruf. Ihre entrüstete Antwort:»Ich arbeite doch nicht! Ich hab doch Julia!« Die vollumfängliche Betreuung eines behinderten Kindes wird nach wie vor als selbstverständliche Aufgabe der Mutter angesehen. Das Resultat: Müttern behinderter Kinder wird stärker als in anderen Familien die Rolle als Hausfrau und Mutter zugeschrieben. Die Folge: Die Erwerbsquote von Müttern mit behinderten Kindern ist nur halb so hoch wie die von Müttern nicht behinderter Kinder.[4] Die gesellschaftliche Meinung ist: Die Mutter gehört zum Kind – erst recht, wenn es chronisch krank oder behindert ist.

Thorben und ich hatten bereits während der Schwangerschaft die Vereinbarung getroffen, dass er zugunsten

---

4 Studie »Wiedereinstieg mit besonderen Herausforderungen«, 2014

der Pflege rund ums Kind beruflich zurücktreten wird. Dass aus meinen geplanten sechs Monaten Elternzeit drei Jahre werden würden, konnten wir damals nicht ahnen. An unserer Aufteilung – ich Erwerbsarbeit, Thorben Care-Arbeit – hat sich durch Gretas Behinderungen aber nichts geändert.

Als ich am Eingang zur re:publica stehe, bin ich dankbar dafür, dass ich nun endlich weitermachen kann, wo ich mit Gretas Geburt aufhören musste. Noch bevor ich mich registrieren lassen kann, werde ich angesprochen. Die Frau, die in der Schlange hinter mir steht, fragt ganz direkt: »Na, warum bist du hier?« O Gott, Smalltalk. Und das mit meiner Aufregung. »Ähm ...«, verschaffe ich mir ein wenig Luft. »Also, ich blogge seit kurzer Zeit, und es gibt ein paar Vorträge, die mich interessieren«, stammele ich. Tatsächlich habe ich mich intensiv vorbereitet auf diese dreitägige Veranstaltung. Wenn Greta und Momo mitmachen, kann ich alle drei Tage hier sein, das ist der Plan. Mein persönliches Programm habe ich mir bereits vorab zusammengestellt. Besonders freue ich mich auf Vorträge zu den Themen, die in den vergangenen Monaten meine Themen wurden: Digitale Elternschaft und Barrierefreiheit. »Worüber bloggst du denn?«, will die Frau weiter wissen. Sie nimmt keine Rücksicht auf meine Unsicherheit – vielleicht bin ich aber auch einfach eine gute Schauspielerin. »Also, ich habe zwei Kinder und ...« »Ah! du bist auch Elternbloggerin?«, sagt sie. Ich überlege, dann nicke ich. Vermutlich bin ich das, ja. Elternbloggerin. Okay, von mir aus. Eine Rolle, in die ich noch wachsen muss.

Mit Bauchkribbeln betrete ich die große Halle. Ich habe ewig lange nicht mehr so viele Menschen auf einem Haufen gesehen. Mir ist ein bisschen mulmig. Wie geht das denn noch mal, Smalltalk? Wie verhalte ich mich hier richtig? Es kommt mir vor wie eine Parallelwelt. Oder nein, vielleicht ist das hier die richtige Welt, und ich habe die letzten drei Jahre in einer Parallelwelt verbracht. Eine Parallelwelt, bestehend aus Krankenhäusern, Therapien, Sorgen, Ängsten, Kacke, Windeln, Spritzen, Milchpumpen, Spaziergängen, Arztterminen. Diese Welt hier ist anders. Ich sehe viele lachende Menschen, die meisten sind so alt wie ich oder jünger. Viele tragen ihr Smartphone in der Hand, einige sitzen mit ihren Laptops auf der Erde oder Sitzkissen. Alle sehen cool aus oder bemühen sich zumindest, cool auszusehen. Es ist laut, ein lautes Murmeln, dazwischen Musik. Seitdem Greta da ist, bin ich geräuschempfindlicher geworden. Es ist leise bei uns zu Hause und in den Krankenhäusern, die unsere Teilzeit-Zuhause sind. Ich hätte gern Kopfhörer, die mich ein bisschen abschotten vom Geräuschpegel.

Ich sitze in den Vorträgen und Workshops und sauge alles auf. Wie ein neugieriges Kind, das gerade eingeschult wurde. Neben mir sitzen Menschen, die zuhören und gleichzeitig twittern. Ich mache mit. Die Menschen neben mir ticken offensichtlich so wie ich. Sie nehmen auf, denken nach und veröffentlichen ihre Gedanken im Internet. Sie möchten sich digital austauschen, so wie ich. Sie bloggen und diskutieren. Nach den Vorträgen komme ich manchmal ins Gespräch mit Leuten und merke: Ich kann es noch. Ich bin noch Mareice. Zwar ein bisschen unsicherer, aber ich bin noch ich. Und ich habe etwas zu sagen. Vielleicht noch mehr, weil Greta da ist. Ich schwanke zwischen Unsicherheit und Stolz. Wem erzähle ich von meiner behinderten Tochter, wem nicht? Wie reagieren meine Gesprächspartner_innen? Mit Greta als Gesprächsthema bin ich sofort ohne Schutz. Am Ende des zweiten Tages ist mein Kontingent an »Kaiserinnenreich«-Visitenkarten aufgebraucht. Ich gehe mit einem prall gefüllten Kopf wieder nach Hause und habe mich lange nicht mehr so auf meine Familie gefreut.

Genau ein Jahr später stehe ich an der gleichen Stelle. Dieses Mal gehe ich zur Registrierung für die Speaker_innen, wackelige Beine habe ich wieder. Aber ich bin nicht mehr so unsicher wie vor zwölf Monaten. Ich habe kein Problem mehr, mit anderen Menschen über Greta zu sprechen; überlege nicht, wem ich von ihrer Behinderung erzählen kann und wem nicht. Greta ist ein Teil meines Lebens, genau so, wie sie ist. Ich muss weder sie noch mich verstecken, im Gegenteil. Ich sage meinen Namen, mir wird ein grünes Bändchen um das Handgelenk befestigt, dann betrete ich die Station. Ich werde heute auf der re:publica über Inklusion im digitalen Europa sprechen, gemeinsam mit einem Inklusionsaktivisten aus Deutschland.

Noch vor einem Jahr habe ich mich fast nicht getraut, laut zu sagen, dass ich Bloggerin bin. Heute spreche ich als Journalistin und Bloggerin auf einer Bühne vor über 200 Menschen. Mir geht der Arsch auf Grundeis.

In der Vorbereitung auf diesen Tag habe ich viel gelernt. Nicht nur bei meiner Recherche über Aktivismus im Netz, sondern auch über Menschen mit Behinderungen und die Behindertenbewegung. Über Feminismus, gesellschaftliche Teilhabe und Diskriminierungen. Was ich mit Greta und dank Greta erlebt habe, wird langsam zu einem großen Ganzen. Ich versuche, Gretas Perspektive immer mitzudenken. Gerade, weil sie sich nicht in der Sprache ausdrücken kann, in der die meisten Menschen in unserem Umfeld kommunizieren, ist es mir wichtig, sie zu verstehen und, soweit es geht, auf ihren Willen zu achten. Ihr ein möglichst selbstbestimmtes Leben zu ermöglichen. Durch den Kontakt und die Zusammenarbeit mit behinderten Aktivist_innen werde ich sensibler für ein inklusives Denken, das alle Menschen mitdenkt.

Wie inklusiv ist das Internet, und mit welchen Kampagnen können wir Inklusion forcieren? Unser Vortrag dauert eine Stunde, wir stellen fünf Aktivist_innen aus Europa vor, die mit digitalen Kampagnen für Inklusion gekämpft haben. Im Publikum sitzen Menschen, die ich aus dem Internet kenne – und sehr viele andere, die ich noch nie gesehen habe. Das Herz schlägt mir bis zum Hals.

Im Vorfeld tauchten viele Fragen auf: Darf ich überhaupt zu so einem Thema sprechen, als nichtbehinderter Mensch? Wie viele behinderte Frauen sprechen eigentlich auf den Podien solcher Veranstaltungen? Wer hat eine Stimme, und wer verleiht sie jemandem? Wie inklusiv ist eigentlich das Internet, in dem ich lebe, meine eigene kleine Filterblase? Wer spricht für wen und warum? Das alles sind Fragen, die ich mir in Vorbereitung unseres Vortrages gestellt habe. Nicht auf alle Fragen habe ich eine Antwort. Aber ich bin dankbar, dass es immer mehr Fragen werden und mir die Auseinandersetzung in der Theorie auch die Auseinandersetzung in der Praxis mit Greta erleichtert. Ich möchte hinterfragen, wie unsere Gesellschaft funktioniert. Greta vermittelt mir immer wieder neue Perspektiven auf die Welt und die Menschen, die in ihr leben.

Im Anschluss an unseren Vortrag entsteht eine Diskussion mit dem Publikum. Die dritte Wortmeldung aus dem Publikum kommt von Jan, der sich als *weißer Cis-Mann*[5] vorstellt, mit »den meisten Privilegien der Welt«. Er sieht es als großes Problem, dass Leute wie er sich immer wieder in Debatten einmischen, von denen sie eigentlich nichts verstehen können. Und mischt sich damit in die Debatte ein.

In diesem Moment verstehe ich mehr als jemals zuvor die Notwendigkeit von Feminismus und Inklusion. Beides ist für mich unmittelbar verknüpft. Ohne gelebten Feminismus keine Inklusion. Und beides kann nur funktionieren, wenn die Menschen, deren Stimme eh immer laut hörbar ist, auch mal schweigen und den leisen Stimmen zuhören. Es geht darum, das Unsichtbare sichtbar zu machen.

---

5 Als Cisgender werden Menschen bezeichnet, deren Geschlechtsidentität dem Geschlecht entspricht, das ihnen bei der Geburt zugewiesen wurde.

Sich dem aussetzen, um dem nicht ausgesetzt zu sein.

Roger Willemsen

35
Vom Bloggen
Hass-Kommentare und
»Die Veränderung in der Welt«

»Lebt *Ihr behinderter Nachwuchs immer noch? Wie lange denn noch? Ist ja auch teuer für den Steuerzahler.*« Ich klicke auf »Spam«. Mal wieder ein Troll-Kommentar auf meinem Blog. Kommentare dieser Art werfe ich einmal pro Woche in den digitalen Mülleimer. Leider kann ich sie nicht so gut vergessen wie den Müll, den ich sonst in Papierkörbe werfe. Es ist nicht so, dass ich von solchen Worten überrascht bin. Aber dass sie in so einer Vehemenz geäußert werden, das schockiert mich schon. Ich bin nicht überrascht davon, dass Menschen so denken. Seitdem Greta auf der Welt ist, erlebe ich, dass sie hier nicht willkommen ist. Es ist schwieriger, für sie eine Kita zu finden als für ihre nichtbehinderte Schwester. Menschen haben Berührungsängste ihr gegenüber. Sie ist anders als die anderen, und das wird ihr und uns immer wieder deutlich gezeigt. Daher wundert es mich nicht, dass es auch Stimmen gibt, die offen behindertenfeindlich sind. Es wundert mich nicht, aber es tut weh.

Der erste Kommentar dieser Art erreichte mich wenige Wochen nachdem mein Blog online ging. »Na ja, selber schuld, wenn man so einen Krüppel zur Welt bringt und ihn dann auch noch großziehen muss.« Damals konnte ich nicht so einfach auf »Spam« klicken. Ich war geschockt, machte einen Screenshot und schickte ihn an meine Freundin Carolin. Fünf Minuten später bekam ich eine Telefonnummer von ihr als Antwort. »Was ist das?« »Die Nummer von dem Idioten. Kann man ziemlich schnell rausfinden«, schrieb sie.

Ich musste nicht lange nachdenken und rief an. Die Stimme meldete sich mit genau dem Namen, der in der E-Mail-Adresse des Kommentars stand. »Hallo, mein Name ist Kaiser. Ich habe eine Nachricht von Ihnen bekommen.«

»Wie bitte?«

»Ich schreibe einen Blog, auf dem ich über das Leben mit einem behinderten und einem nichtbehinderten Kind schreibe, und Sie haben einen Kommentar auf meiner Seite gepostet.«

Stille.

»Was haben Sie denn gegen behinderte Menschen?«

»Nichts! Ich weiß gar nicht, was Sie meinen. Ich habe sogar einen Behinderten in der Familie!« »Und das soll warum als Gegenargument gelten?«

Stille.

Unser Gespräch dauerte nur wenige Minuten. Er dementierte alles, tat so, als wüsste er von nichts, und wiederholte immer wieder, dass er ja selbst einen behinderten Verwandten hätte. Nach diesem Telefonat kamen von dieser E-Mail-Adresse keine Kommentare mehr.

Dafür ploppen immer wieder andere Mail-Adressen und Namen auf. Ein- oder zweimal pro Woche erreichen mich Kommentare, deren Verfasser_innen sich wünschen, meine Tochter würde nicht mehr leben, oder behaupten, ihre Existenz würde den Steuerzahlern zur Last fallen. Nach meiner Reise nach New York zum Beispiel: »Während die Behindertenmutti verreist, muss die pflegebedürftige Kreatur auf Steuerzahler-Kosten betreut werden?«

Meistens klicke ich auf »Spam« und versuche zu verdrängen, dass es Menschen gibt, die so denken. Ich verkneife mir dann meinen Kommentar, dass unser Leben mit Gretas Geburt ganz bestimmt nicht an finanzieller Stabilität gewonnen hat – im Gegenteil. Ich schreibe nicht, dass Thorben und ich oft nicht wussten, wie wir durch unseren Verdienstausfall unsere Miete zahlen sollten. Ich schreibe nicht, dass wir unseren Arbeitsausfall nur durch die Zuschüsse von Thorbens Eltern überstehen konnten und durch eine Sammelaktion in der Werbeagentur, in der wir beide früher arbeiteten. Ich gehe nicht darauf ein, dass Mutter von zwei Kindern – mit und ohne Behinderung – für viele Personalmenschen schon als Kriterium gegen meine Einstellung genügt hat. Ich schreibe nicht von den vielen Zuzahlungen zu Hilfsmitteln, die wir leisten mussten. Ich schreibe nicht von meiner Arbeitszeit, die für die Bürokratie rund um Greta draufging. Ich verkneife mir so einen Kommentar, weil ich weiß, dass er nicht ankommt bei diesen Menschen, und weil ich nicht gewillt bin, dieses Statusdenken zu etablieren.

Manchmal, an guten Tagen, veröffentliche ich die Kommentare. Und freue mich zu sehen, dass die Leser_innen des Kaiserinnenreichs sich für meine Tochter einsetzen, Empathie und Menschenverstand beweisen. Eine Freundin schrieb mir dazu in einer E-Mail: *Das ist der Preis der Öffentlichkeit und zugleich der Grund, weshalb du sie gewählt hast.*

Das Phänomen Hate Speech ist bekannt unter Blogger_innen. Es betrifft vor allem Frauen, die sich emanzipatorisch im Internet äußern. In meinem Fall genügt schon die Tatsache, dass ich es als Mutter einer behinderten Tochter überhaupt wage, meine Stimme zu erheben. Dass ich es wage, mich über strukturelle Diskriminierung zu beschweren, statt mich um meine pflegebedürftige Tochter zu kümmern. Dass ich nach New York zu einer Hochzeit von zwei Freunden fliege und meine behinderte Tochter einfach bei ihrem Vater in Berlin lasse. *Frauen an den Herd?* Auf mich bezogen wäre die Forderung wohl: *Mütter behinderter Kinder an das Pflegebett!*

Ich versuche mich mit diesen Kommentaren nicht lange aufzuhalten. Sie zeigen mir, wie ein Teil der Gesellschaft tickt, und sind ein Abbild dafür, dass behinderte Menschen in dieser Welt nicht willkommen sind. Ich weiß, dass es so ist, und spüre es in unterschiedlichen Situationen immer wieder – bei der Kita-Suche für Greta, während der langwierigen bürokratischen Auseinandersetzungen mit der Krankenkasse oder wenn unser Behindertenparkplatz mal wieder von einem anderen Auto zugeparkt wurde. Dennoch versuche ich, den anderen Reaktionen einen größeren, wichtigeren Stellenwert in unserem Leben einzuräumen. Den Menschen, die ich durch meinen Blog kennen- und lieben gelernt habe.

Suse, die mir schrieb, dass sie für ihr Kind leider keine integrative Kita gefunden hätte, sich aber wünschen würde, es würde in einer möglichst inklusiven Umgebung aufwachsen. Wir trafen uns mit unseren Kindern auf dem Spielplatz und wurden Freundinnen. Carolin, die ich über Instagram kennenlernte und die ohne mit der Wimper zu zucken auf Greta aufpasste, als Thorben und ich gemeinsam einen Termin hatten und die Einzelfallhelferin keine Zeit. Oder Liz, die selbst über ihren Alltag mit ihrem Kind bloggt. Wir wurden Fans voneinander und trafen uns irgendwann zum gemeinsamen Kaffeetrinken. Wenig später schrieb sie auf meine Bitte folgenden Text für meinen Blog.

Die Veränderung in der Welt

»Nee. Die sieht nicht behindert genug aus. Man muss sehen, dass die behindert ist. Aber kein Rollstuhl. Rollstuhl ist so Klischee.«
»Wie wär's mit blind?«
»Hatten wir schon.«
»Spastiker?«
»Nicht dein Ernst.«

Während meine Kollegen angestrengt auf ein paar Farbdrucke starren, starre ich angestrengt auf meine Kollegen. Der Kunde, an dem wir uns seit Wochen die Zähne ausbeißen, ist eine gemeinnützige Organisation für Menschen mit Behinderung. Und an diesem Tag in der Werbeagentur scheint es mir, als könnten wir genauso gut Werbung für sechsköpfige Amöbenwesen aus der zwölften Dimension versuchen. Von denen haben wir genauso wenig Ahnung.

Der zitierte Dialog war nicht der erste dieser Art, den ich mitgehört habe – aber es war der erste, der mich richtig sauer macht. Weil ich nur wenige Tage vorher nämlich wirklich eine Begegnung der dritten Art hatte: mit Kaiserin 1.

Es ist ja nicht so, dass ich in meinem Leben noch nie behinderte Menschen gesehen hätte. Habe ich. Wie die meisten von uns. Und wie die meisten, dachte ich über diese Menschen nicht als »wir«, sondern als »die«. Nicht, weil ich so bösartig bin – sondern weil es in unserer nichtinklusiven Gemeinschaft der unhinterfragte Standard ist. Diese Leute mit ihren sperrigen Gefährten und seltsamen körperlichen Funktionen und Nichtfunktionen. Befremdet bis peinlich berührt hat mich das oft. Weil ich nicht wusste, wie ich reagieren, was ich sagen oder tun oder nicht tun soll. Auf die Idee, einfach erst mal gar keinen Unterschied zu machen, kam ich nicht. Bis mir ein schlafendes kleines Kind meine eigene Beschränktheit vor Augen führte.

Der Tag, an dem ich Kaiserin 1 treffe, ist für mich ein bisschen aufregend. Ich kenne Kaiserin 1 bisher nur in Textform und habe absolut keine Ahnung, was ich denn mit ihr »machen« soll, wenn ich ihr im wirklichen Leben begegne. Weil sie doch nicht gehen, mich nicht hören kann, sehen auch nicht so richtig. Als ich in dem Café ankomme, in dem wir uns verabredet haben, sind die Kaiserinnen schon da. Kaiserin 1 schläft gerade. Und fährt damit sehr ausdauernd fort, während Mareice, Kaiserin 2 und ich leckeres Zeug essen und ein bisschen Eiscreme auf die Sitzpolster tropft. Meine anfängliche Verlegenheit ist mit dem Eis in der warmen Augustsonne geschmolzen. Dann möchte Kaiserin 2 noch eine Kugel, die sie sich an der Theke aber selber aussuchen will. Mareice bittet mich, ein Auge auf Kaiserin 1 zu haben, während sie drinnen beim Aussuchen hilft. Ich müsse nichts machen, sagt Mareice. Nur auf den Knopf am Monitor drücken, falls er piept. Und wenn er noch mal piept, Bescheid sagen. Der kleine Monitor hängt an Kaiserin 1 dran und überwacht die Sauerstoffversorgung. Hoffentlich piept er nicht.

Ich sitze also allein mit der schlafenden Kaiserin 1 vor dem Café. Menschen laufen vorbei. Andere sitzen an den Nachbartischen. Einige schauen Kaiserin 1 lange an, dann mich. Ich habe das Gefühl, Kaiserin 1 vor diesen Blicken beschützen zu müssen. Bestimmt sind die Blicke nicht böse gemeint. Aber sie schläft doch so friedlich. In diesem Moment wird Kaiserin 1 unruhig. Auf dem Monitor tut sich etwas, aber er piept nicht. Vielleicht träumt sie nur schlecht, keine Ahnung. Kurz bin ich versucht, Mareice von drinnen zu rufen, besinne mich dann aber auf meinen gesunden Menschenverstand. Was tue ich, wenn meine eigene Tochter unruhig schläft?

Vorsichtig schiebe ich meine Handfläche unter die von Kaiserin 1. Ihre kleine warme Hand auf meiner, die Fingerspitzen zucken leicht, es kitzelt. Ich schließe sachte meine Finger um ihre. Es ist jemand hier, Kind. Ein großer Mensch gleich neben dir, der deinen Schlaf bewacht. Es ist in Ordnung. Die strampelnden Beine beruhigen sich, auch der Atem. Wenig später schläft Kaiserin 1 wieder ganz fest, und ich ziehe meine Hand langsam weg. Als Mareice mit Kaiserin 2 aus dem Café kommt, bin ich noch ganz woanders mit dem Kopf. Meine Gedanken formen sehr langsam eine große, für mich überraschende Erkenntnis: Kaiserin 1 ist in allererster Linie ein Kind. Einfach ein Kind. Eines, das lacht, weint, unruhig schläft. In ihrem schlichten Kindsein, ihrer Essenz, unterscheidet sie sich nicht von meiner Tochter. Komisch, dass es so lange gedauert hat, bis ich das mit dem Herzen begriffen habe.

In den folgenden Tagen denke ich oft über Inklusion nach. Ein Begriff, den ich zwar schon oft gehört, aber in seiner Konsequenz nicht verstanden habe. Inklusion bedeutet auch: Eine Gesellschaft muss es ertragen, dass nicht alle ihre Mitglieder vollständig »funktionieren«. Eine Gesellschaft, die sich menschlich nennen will, muss das aushalten können. Je mehr ich nachdenke, umso wütender macht es mich, wie der Wert eines Menschen nach seiner wirtschaftlichen Leistungsfähigkeit beurteilt wird. Jemand ist zu krank, zu depressiv, zu alt? Vielleicht so schwer behindert, dass er niemals seinen Beitrag zum Bruttosozialprodukt leisten wird? Ganz schlecht!

Am Ende des Tages könnte jeder von uns jederzeit Inklusionsbedarf haben. Mit einer kapitalmarktrelevanten Behinderung wird man ja nicht unbedingt geboren. Vielleicht falle ich morgen von der Kellertreppe und breche mir das Rückgrat. Vielleicht erwischt mich eine schwere Psychose, und ich bin für immer arbeitsunfähig. Vielleicht gehöre ich von jetzt auf gleich nicht mehr zu »uns«, sondern zu »denen«. Weiß man nicht.

Meine Kollegen diskutieren derweil immer noch über die optische Zumutbarkeit einer blinden Frau ohne dunkle Brille. Ich seufze innerlich ganz laut. Ich will jetzt keine Grundsatzdiskussion führen. Wirklich nicht. Die meinen es ja auch nicht böse. Aber ich will auch nicht stillschweigend mit anhören, was die da reden. Auf irgendeinem Kalenderblatt bei meiner Oma in der Küche steht, man solle die Veränderung sein, die man sich wünscht in der Welt. Gandhi oder so. Ich räuspere mich laut. Und erzähle von Kaiserin 1.[6]

6 »Die Veränderung der Welt« von Liz Birk-Stefanovic, Blogeintrag auf kaiserinnenreich.de

36
»Schade, dass sie so behindert ist«
Alltag in Berlin

»Na, wo ist denn meine Süße?«, fragt Frau Schwinge, noch bevor ich die Haustür geschlossen habe. »Hallo, Frau Schwinge«, begrüße ich unsere Haushaltshilfe. Seit der Schwangerschaft mit Momo ist Frau Schwinge unsere gute Seele. Sie kommt zweimal im Monat und wirbelt durch die Wohnung. Anfangs wurde sie noch von der Krankenkasse bezahlt, mittlerweile bezahle ich sie selbst. Frau Schwinge ist eines der vielen kleinen Puzzleteilchen, aus denen unser Alltag besteht und mit denen wir funktionieren können. Ein anderes Puzzleteil ist der Pflegedienst, der Greta mittlerweile in der Nacht und in der Kita begleitet, die Einzelfallhilfe Wanda unterstützt uns an einem Nachmittag in der Woche. Und dann sind da noch Freund_innen, die auch mal einspringen. Wir sind gut angekommen in unserem Familienalltag – und auch die verhassten Krankenhausaufenthalte reißen unser Leben nicht mehr komplett aus den Angeln. Zum Glück werden sie weniger.

Während Frau Schwinge putzt, kann ich arbeiten oder mich um Greta oder Momo kümmern. Heute ist Greta zu Hause, sie ist stark erkältet und muss viel inhalieren. Thorben sitzt mit dem Inhalator bei ihr, Nebelschwaden um sie herum. Aus dem Kinderzimmer hustet es. Frau Schwinge ist nicht mehr zu halten. »Na, meine Süße«, sagt sie liebevoll zu

Greta und streicht ihr übers Haar. Von Anfang an war sie ein bisschen verliebt in sie.

»Greta passt heute auf, dass Sie auch kein Zimmer vergessen«, zwinkere ich Frau Schwinge an. »Oh, das ist gut«, antwortet sie. »Sei aber nicht so streng mit mir«, sagt sie zu Greta und streichelt ihre Beine. »So schöne lange, schlanke Beine hast du«, sagt sie. »Überhaupt, so ein hübsches Mädchen. Schade nur, dass sie so behindert ist.« »Ja, schade«, sage ich. Dann geht mir der Satz nicht aus dem Kopf. So ein hübsches Mädchen – nur schade, dass sie so behindert ist. Ein schlichter Gedanke, ich kann ihn Frau Schwinge nicht übelnehmen. Sie ist so vernarrt in Greta, ihr *Schade* kommt aus tiefster Seele. Sie hat das *Schade* mit so viel Zuneigung gesagt, dass ich lächeln muss.

»Hüpfburgfest, Hüpfburgfest!«, brüllt Momo durch das Auto. Sie spricht noch nicht in ganzen Sätzen, aber Hüpfburgfest kann sie schon sagen. Und sie sagt es heute schon den ganzen Tag, in Dauerrotation. »Ein bisschen musst du dich noch gedulden«, erkläre ich ihr. Was sie nicht daran hindert, weiterzuskandieren. Die ganze Viertelstunde Autofahrt bis zum Hüpfburgfest. Schon von weitem sieht man die vielen großen Hüpfburgen und mit Luft gefüllten Tiere. Es ist ein Paradies für Kinder wie Momo, die im Moment am allerliebsten hüpft.

Dialog an der Kasse: »Kann das behinderte Kind denn hüpfen?« – »Nein, kann es nicht.« – »Dann ist der Eintritt frei.« Momo rennt gleich vor auf die größte Hüpfburg. Die ist zufällig gerade leer, so dass ich Greta zu ihr legen kann. Durch Momos Sprünge hüpft auch Greta – das behinderte Kind kann vielleicht nicht selbst hüpfen. Aber hüpfen lassen geht sehr wohl. Greta und Momo jauchzen vor Freude. Nachdem wir alle, wirklich alle Hüpfburgen gehüpft haben, kommt der Hunger. Thorben setzt Greta in den Kinderwagen, und wir gehen zu einer Sitzgruppe, neben der auch ein kleiner Tisch und Stühle für Kinder stehen. Momo setzt sich gleich darauf, ist aber trotz des Essens auf ihrem Tisch unzufrieden. Sie deutet auf den anderen kleinen Stuhl neben sich. »Greta auch!«, sagt sie, und ihre Mimik macht unmissverständlich klar, dass es keine Widerrede gibt – auch wenn Greta noch gar nicht alleine frei sitzen kann. »Greta auch!«, Momo ruft es jetzt. Also hebe ich Greta aus ihrem Kinderwagen und setze sie auf den kleinen Kinder-Plastikstuhl. Ich schiebe sie damit ganz nah an den Tisch, damit sie nicht nach vorne herauskippen kann. Greta legt sofort die Hände auf den Tisch und grinst. Es sieht aus, als würden die beiden schon immer so zusammensitzen. Meine Hand ist einen Zentimeter von Greta entfernt, falls sie doch umkippt. »Weg, Mama«, mahnt mich Momo. Sie will im Moment alles alleine machen, und ihre Autoritätsphase gilt nun auch für ihre große Schwester. »Aber ich muss Greta doch was zu essen geben«, erkläre ich Momo. »Na gut, darfst du«, lenkt sie ein. Thorben gibt mir die Flasche mit Gretas Sondenkost, und sie greift nach ihr, sobald sie in ihr Blickfeld gerät. Dabei bleibt sie auf dem Kinderstuhl sitzen, eine Hand auf der Tischplatte, die andere umgreift die Trinkflasche. Als sie fertig ist, stößt sie die Flasche von sich. Ihre Zeichen werden immer deutlicher. Dann sitzen Momo und Greta zusammen am Tisch, und Momo packt ihr Puzzle aus. »Wow«, sagt Thorben, und ich weiß, was er meint.

Es fällt mir immer leichter, ohne Prognose für mein behindertes Kind zu leben. Greta muss nicht hüpfen können, um auf einem Hüpfburgfest glücklich zu sein. Sie muss nichts werden, es reicht, wenn sie einfach ist. Und ich bin mir sicher: Wenn wir ihr alle genug zutrauen – wie ihre Schwester es uns vormacht –, wird sie uns noch oft überraschen. Ohne Prognose, ohne Plan, einfach so.

37
Bittstellerin, lebenslänglich
Von behindernder Bürokratie und struktureller Diskriminierung

»Wollen die mich eigentlich verarschen?« Der Satz spukt in meinem Kopf herum, während ich in der Warteschleife der Krankenkasse den immer gleichen Song durch den Telefonhörer höre. Was für ein schlechter Sound; welch Ironie dieser Text ist. »Besser geht's nicht, schau nur hin. Das ist Leben, wir sind drin. Besser geht's nicht, wir sind da. Selbst im Dunkeln, wir sind uns nah. Du vertraust mir, ich vertrau dir.« Seitdem die Band 2raumwohnung sich an unsere Krankenkasse verkauft hat, mag ich sie nicht mehr. Also die Band, die Krankenkasse mochte ich noch nie besonders. Ich hatte ein neutrales Verhältnis zu ihr, bis Greta zur Welt kam und ich seitdem mindestens einmal pro Woche in dieser Schleife hänge. Je öfter ich das tue, desto mehr fühle ich mich verarscht. Noch mehr, weil dieses Lied meine Erlebnisse mit der Krankenkasse konterkariert. Besser geht's nicht? Dass ich nicht lache!

Besser wäre es zum Beispiel vor zwei Jahren gegangen, als wir Greta noch bis zu dreimal am Tag anspülen mussten. Dafür brauchten wir nicht nur eine Spülflüssigkeit, die den kleinen Babydarm nicht angreift, sondern auch Spritzen und Darmrohre. Problem für die Krankenkasse: Die Darmrohre waren eigentlich Rohre, die als Katheter für die Harnröhre genutzt werden. Für Gretas Babypo konnten wir aber keine handelsüblichen Darmrohre benutzen, sie sind nicht gemacht für den Darmausgang eines zarten Babys. Ich würde sogar so weit gehen zu sagen, dass zarte Babypopos niemals dafür gemacht sind, Darmspülungen zu bekommen. Egal, wir – und vor allem Greta – mussten da durch. Also bitte mit den dünnsten, softesten Rohren der Welt.

Was für jeden Menschen mit Hirn und Herz auf der Hand liegt, war für die Sachbearbeiterin der Krankenkasse leider viel komplizierter. Die Ablehnung des Kostenvoranschlags kam prompt. Nicht so schnell ging die Bearbeitung meines schriftlichen Widerspruchs. Als die Rohre bei uns zu Hause zur Neige gingen, rief ich die zuständige Dame an.

»Wie lange dauert es denn noch mit der Bewilligung? Unsere Tochter benötigt die Rohre dringend.«

»Das ist leider nicht so einfach, die Bearbeitung dauert hier noch intern.«

»Was dauert denn da so lange? Sie haben die Verordnung des Kinderarztes, der die Rohre verschrieben hat. Was brauchen Sie denn noch?«

»Die Rohre, die Sie haben möchten, sind für Erwachsene als Urinkatheter gedacht. Deshalb können Sie sie nicht bekommen.«

»Aber meine Tochter braucht genau diese Rohre.«

»Aber ich habe meine Vorschriften.«

»Bitte erklären Sie mir, wie unsere Tochter Stuhlgang haben soll ohne diese Rohre?«

»Das kann ich Ihnen nicht sagen.«

»Ich Ihnen auch nicht. Ich kann Ihnen nur sagen, dass

Greta an ihrer eigenen Kacke ersticken wird, wenn wir diese scheiß Rohre nicht bekommen. Wollen Sie die Verantwortung dafür tragen?« Die letzten Sätze habe ich geschrien. Geschrien, um nicht weinen zu müssen.

Ein paar Tage später holte ich die schließlich bewilligten Darmrohre aus der Apotheke ab. Nerven hatte ich weniger, aber dafür Darmrohre in der Hand. Greta musste nicht an ihrer eigenen Kacke ersticken, wir konnten sie weiter täglich davon befreien, ihr helfen, zu leben.»Einzelfallentscheidung« stand auf der Bewilligung der Krankenkasse. Das heißt übersetzt:»Glück gehabt«, oder:»Na gut, ausnahmsweise.« Und es heißt eben auch: Die Familien, die nach uns mit dem gleichen Problem kommen, werden genauso kämpfen müssen. Aber was ist, wenn sie gar nicht mehr kämpfen können?

Immer wieder treffe ich Eltern behinderter Kinder, denen die Bezahlung der Hilfsmittel von den Krankenkassen verweigert wird. Einige wissen nicht, dass sie Widerspruch einlegen können – oder haben keine Kraft dafür neben dem aufwendigen Pflegealltag mit dem behinderten Kind. Für einen Widerspruch geht locker mal ein halber Arbeitstag drauf. Abgesehen davon, dass man sich bei komplexeren Themen in das Sozialgesetzbuch einarbeiten muss und bei nicht so komplexen Themen zumindest in Elternforen wie Rehakids im Internet recherchieren. Als uns zwei Wochen Kurzzeitpflege für Greta nicht bewilligt wurden, bat ich die Sozialpädagogin der Pflegeeinrichtung um Rat.»Was tun Eltern denn sonst in solch einem Fall?«, wollte ich von ihr wissen. Sie zuckte mit den Schultern: »Wir haben leider keine Vergleichsfälle. Normalerweise fehlt den Eltern die Kraft zu kämpfen – und sie zahlen selbst.« In diesem Moment habe ich beschlossen, weiterzukämpfen. Für Greta, für Momo, für uns als Familie und für alle Eltern, denen die Kraft ausgegangen ist.

»Besser geht's nicht, sieh nur hin. Das ist Leben, wir sind drin.« Inga Humpe trällert weiter aus dem Telefonhörer. Die Uhr meines Telefons zeigt mir an, dass ich bereits über acht Minuten in der Warteschleife hänge. Klar, ich habe natürlich nichts Besseres zu tun. Ich bin schließlich die Mutter eines behinderten Kindes. Mein Job ist es, mein Kind zu pflegen und mich um die Organisation der Pflege zu kümmern. Ich schreibe das nicht, weil ich es denke. Ich schreibe es, weil es mir immer und immer wieder suggeriert wird. »Müssen Sie denn unbedingt arbeiten? Sie haben doch ein schwerbehindertes Kind! Ist das nicht Stress genug?«

Widersprüche schreiben, Anträge stellen, Kommunikation mit Hilfsmittelfirmen, Organisation der Therapien. Ich soll nicht das Heimchen am Herd sein, sondern die Mutti am Pflegebett. Aber das bin ich nicht. Und nun? »Das ist Leben, wir sind drin«, trällert die Humpe, und würde sie vor mir stehen, ich würde ihr ein paar Takte erzählen. Oder sie wenigstens fragen, wie viel Geld sie dafür bekommen hat, ihren Song zu verkaufen. Oder ihr wenigstens erzählen, in welchen Situationen ich ihr Lied schon hören musste. Wartend darauf, dass sich jemand anhört, was ich, die Bittstellerin, schon wieder will.

Stattdessen habe ich jetzt, nach über zehn Minuten in der Warteschleife, die Sachbearbeiterin der Krankenkasse dran. Was war noch mal der Grund meines Anrufs? Das Gedudel hat so lange gedauert, dass ich es gar nicht mehr genau weiß. Gretas achtstellige Nummer bei der Kasse weiß ich mittlerweile auswendig, ich schaue auf die Notizen in meinem Kalender, der vor mir auf dem Schreibtisch liegt. »Ambubeutel« steht da und die Daten meiner letzten Telefonate mit der Krankenkasse. Greta benötigt eine neue Maske für den Ambubeutel. Das ist ein Gerät – sieht ähnlich aus wie ein Luftballon –, das für den Notfall gedacht ist. Sollte Gretas Atmung mal aussetzen oder sie andere schwerwiegende Probleme mit der Atmung bekommen, was bei ihrem besonderen Mund-Zungen-Zähne-Dings nicht unwahrscheinlich ist, müssten wir sie mit Hilfe des Ambubeutels beatmen.

Der Pflegedienst hat seine Arbeit nur unter der Bedingung aufgenommen, dass ein Ambubeutel immer in Gretas Nähe ist. Für den Notfall müssen sie gewappnet sein. Nun ist aber etwas passiert, das anscheinend im Plan der Krankenkasse nicht vorkommt: Greta ist gewachsen. Die Gesichtsmaske, die wir ihr im Notfall auf das Gesicht setzen würden, passt nicht mehr. Logische Schlussfolgerung: Eine neue Gesichtsmaske muss her. So ein kleines Ding aus Plastik, Wert: nicht mehr als 50 Euro.

Ich habe mir also beim letzten Kinderarztbesuch eine Verordnung des Arztes geben lassen und diese bei der Apotheke eingereicht. Die Apotheke reicht die Verordnung bei der Krankenkasse ein, die Krankenkasse lehnt ab. So weit der normale Ablauf der strukturellen Diskriminierung, die ich mittlerweile schon gewohnt bin. Dann geht die Verordnung an die Clearingstelle und von dort aus wieder zurück zur Krankenkasse, die den Kostenvoranschlag wieder an unseren Apotheker schickte mit dem Hinweis: »Keine Genehmigung, da bereits im September 2015 neues Gerät bewilligt wurde. Da das Kind älter als drei Jahre ist, gibt es keine weiteren Kosten für eine Maske!« Interessant auf so einem Schriftstück ist ja auch das Ausrufezeichen. Aber ich will nicht zynisch werden; das ist das Letzte, was ich will – und es ist verdammt schwer, es nicht zu werden. Eigentlich will ich ja nur, dass meine Tochter im Notfall nicht sterben muss. Ist das zu viel verlangt?

September 2015. Ich denke nach. Ein neues Gerät im September 2015. Mir fällt partout nicht ein, was die Krankenkasse damit meinen könnte. Ich blättere in meinem Papierkalender nach, im September steht an mehreren Tagen »Hamburg«. Ich rufe Thorben an. »Sag mal, weißt du, was die Krankenkasse damit meinen könnte, dass uns im September ein Gerät bewilligt wurde?« »Hm, nee … oder? Doch! Wir hatten doch das Inhalationsgerät mit in Hamburg, und es ging kaputt. Weißt du noch? Ich saß doch drei Stunden in der Apotheke, und du hast am Telefon mit der Krankenkasse hin und her gestritten, bis wir dann ein Leihgerät mitnehmen konnten. Das war, als Greta so krank war, dass wir dachten, sie müsse ins Krankenhaus.« Ich erinnere mich. »Aber das war ein Inhalationsgerät, richtig?«, sichere ich mich noch mal ab. »Ja, genau.« Also kein Ambubeutel, keine Gesichtsmaske. Die Sachbearbeiterin scheint etwas verwechselt zu haben.

Ich wähle die Nummer der zuständigen Sachbearbeiterin, Frau Hofmann. »Besser geht's nicht, sieh nur hin.« Wäre es nicht so traurig, es wäre zum Lachen. Nach einigen Minuten kann ich endlich mit Frau Hofmann sprechen.

Ich: »Sie haben uns eine Ablehnung geschickt für die Gesichtsmaske zur Beatmung unserer Tochter.«

Sachbearbeiterin: »Ja, das stimmt. Ihrer Tochter wurde bereits in diesem Jahr ein Inhalationsgerät bewilligt. Da gibt es nicht noch zusätzlich eine Gesichtsmaske.«

Ich: »Die Gesichtsmaske, die neu beantragt wurde, ist für den Ambubeutel, nicht für das Inhalationsgerät meiner Tochter.«

Sachbearbeiterin: »Dann muss das aber auch so auf der Verordnung stehen.«

Ich: »Das steht so auf der Verordnung.«

Sachbearbeiterin: »Dann muss es aber so auf der Verordnung stehen, dass man es versteht.«

Ich: »Das erste Wort auf der Verordnung ist Ambubeutel. Für mich sieht das sehr verständlich aus.«

Sachbearbeiterin: »Oh.«

Ich: »Warum rufen Sie bei Rückfragen nicht einfach kurz an und klären mit mir, worum es sich handelt, wenn Sie nicht sicher sind? Statt den Antrag sofort abzulehnen.«

Sachbearbeiterin: schweigt.

Ich: »Was wäre, wenn meine Tochter einen Atemstillstand hätte und sie nicht beatmet werden könnte in der Zeit, in der wir hier miteinander telefonieren oder in den Wochen, die die Ablehnung und Neubeantragung nun schon dauert?«

Sachbearbeiterin: schweigt.

Fünf Minuten später, am Telefon mit unserem Apotheker.
Ich: »Die Krankenkasse hat die Gesichtsmaske abgelehnt, weil nicht ersichtlich war, dass es sich um ein Teil für den Ambubeutel handelt. Sie gingen vom Inhalationsgerät aus.«
Apotheker: »Aber wir haben doch die konkrete Hilfsmittelbezeichnung angegeben, und auf der Verordnung steht doch auch Ambubeutel!?«
Ich: schweige.

Leider sind diese Telefonate kein Einzelfall. Es gibt Tage, an denen sitze ich um neun Uhr an meinem Schreibtisch im Büro und komme erst mittags dazu, zu arbeiten. Vorher bin ich mit meinem »Job Greta« beschäftigt. Ich organisiere ihre Betreuung, ihre Hilfsmittel-Lieferungen, schreibe Widersprüche, spreche Termine mit Therapeut_innen ab, koordiniere die vielen Menschen rund um Greta herum.

Einer dieser Tage, Teil I

Heute ist einer dieser Tage. Er beginnt um 7 Uhr mit der Nachricht des Pflegedienstes auf meiner Mailbox: »Die Krankenschwester, die heute zur Kita-Begleitung eingeteilt ist, hat sich gerade krankgemeldet. Einen Ersatz haben wir bisher leider noch nicht gefunden. Wir suchen weiter.« 7.15 Uhr, Kaiserin 1 wird wach. 7.20 Uhr, Kaiserin 2 wird wach, zum vierten Mal in dieser Nacht. »Hallo, Mama!«, sagt sie. Dann: »Aufstehen!« Ihr Wunsch, mein Befehl.
7.30 Uhr doppelter Windelwechsel. 7.45 Uhr Anruf in der Kita mit der Frage, in welchem Zeitraum der Integrationserzieher von Kaiserin 1 heute arbeitet. Die Antwort gefällt mir

nicht: 10.30 bis 14 Uhr. Aber immerhin ist er da. SMS an die Einzelfallhelferin mit der Frage, ob sie Kaiserin 1 schon um 14 Uhr aus der Kita abholen kann. Kurze Zeit später die Antwort: Sie kann. Glück gehabt. Trotzdem muss ich das geplante Interview für 10.30 Uhr verschieben. 8.30 Uhr: Mail an Interviewpartnerin, Bitte um Verschiebung. Schnell duschen. Danach drei Nachrichten auf dem Handy.
Nachricht Nummer 1: Bisher noch keine Kita-Begleitung gefunden.
Nachricht Nummer 2: Die Krankenkasse benötigt dringend den Arztbrief mit der Begründung für den Pflegedienst.
Nachricht Nummer 3: Bitte um Rückruf der Apotheke, ein Rezept war fehlerhaft und muss noch mal nachgereicht werden.
9.15 Uhr Telefonat mit dem Kinderarzt, Bitte um neues Rezept. Es kann abgeholt, aber nicht per Post verschickt werden. Warumauchimmer. Kaiserin 2 puzzelt, Kaiserin 1 spielt im Zelt. 9.30 Uhr Frühstück. 9.50 Uhr Antwort der Interviewpartnerin, sie hat heute nur bis 11 Uhr Zeit. Das wird zu knapp, also morgen. 10 Uhr Kaiserin 1 und Kaiserin 2 anziehen, Tasche für Kaiserin 1 packen mit allen Utensilien für die Kita (Sauerstoff, Inhalation, Sondenkost etc.). 10.20 Uhr auf dem Weg zur Kita, das Telefon klingelt. Die Koordinatorin der Einzelfallhilfe ist am Telefon. Das Jugendamt hat die sechs Betreuungsstunden pro Woche abgelehnt. Ich verspreche, später selbst beim Jugendamt anzurufen und um die Weiterführung der Hilfe zu bitten. 10.20 Uhr Rosinenbrötchen für Kaiserin 2 beim Bäcker neben der Kita kaufen.
10.30 Uhr Ankunft im Kinderladen. Ich erfahre, dass die Kita kommende Woche für drei Tage geschlossen wird, Grippewelle. Auf dem Weg zum Büro telefoniere ich alle Helfe-

rinnen durch. Wer kann uns nächste Woche unterstützen, wenigstens ein paar Stunden am Tag? Wir haben Glück, es geht irgendwie. Es wird chaotisch, aber es wird gehen. Zum Glück ist noch etwas von der Verhinderungspflege übrig. 10.50 Uhr Abholung des Rezepts beim Kinderarzt. 11.15 Uhr Ankunft im Büro. Kaffee! Mail vom Hilfsmittelmann: Die Krankenkasse hat den Geschwisterwagen abgelehnt. 11.20 Uhr Widerspruch an die Krankenkasse formulieren. 11.30 Uhr Telefonat mit dem Jugendamt, ich werde einen Antrag über Verlängerung der Einzelfallhilfe stellen müssen. 11.40 Uhr Telefonklingeln, der Pflegedienst. Für heute konnte keine Kita-Begleitung gefunden werden, und nächste Woche fällt ein Nachtdienst aus. Sie bemühen sich aber, doch noch jemanden für die Nacht zu finden. Wir werden noch mehrmals telefonieren an diesem Tag. 11.50 Uhr Bitte um Formular für Verhinderungspflege per Mail an die Krankenkasse schicken. 11.55 Uhr SMS der Physiotherapeutin, sie ist krank, der Termin am Montag fällt aus. 11.58 Mail an die Helferinnen für die Tage ohne Kita, Zeitplan aufstellen und abschicken.
12.00 Uhr Arbeitsbeginn.[7]

Die Hilfsmittel, die Greta braucht, kosten keine horrenden Summen. Greta braucht Windeln, ein Inhalationsgerät, Flüssigkeit für Darmspülungen, Spritzen, Sondenkost. Sie fährt noch zusammen mit ihrer Schwester in einem Doppel-Kinderwagen; irgendwann wird sie zu groß für ihn werden. Sie wird einen Rollstuhl brauchen, damit wir sie zur Kita oder in die Schule bringen können, mit ihr auf

---

7 Blogeintrag auf Kaiserinnenreich.de

den Spielplatz fahren, einkaufen können. All ihre Hilfsmittel benötigt sie zur gesellschaftlichen Teilhabe; einfach, um dabei zu sein. So wie nicht behinderte Kinder einen Toilettensitz bekommen, wenn sie anfangen, alleine auf die Toilette zu gehen, benötigt Greta Windeln und Hilfe beim Wickeln. Beides sollte ihr so selbstverständlich zur Verfügung stehen wie ihrer kleinen Schwester ein Toilettensitz. So ist es aber leider nicht. Jedes Hilfsmittel muss erkämpft werden – jeder Kampf zeigt mir als Mutter: Mein Kind ist nicht erwünscht. Mein Kind ist eine Last. Mein Kind ist eine finanzielle Belastung für die Gesellschaft. Ich bin die Bittstellerin, lebenslänglich.

In einer inklusiven Gesellschaft, wie ich sie mir wünsche, kämen die Hilfsangebote zu den Familien mit behinderten Kindern. Krankenkassen würden den Familien individuelle Angebote machen, je nach Entwicklungsstand des Kindes. Es müsste Versorgungspläne für behinderte Kinder geben, in denen mögliche Hilfen und Hilfsmittel niedrigschwellig angeboten werden. Nur mit einer umfangreichen Unterstützung, die zeigt, dass behinderte Kinder willkommen sind, kann eine inklusive Gesellschaft möglich werden. Es würden keine Versorgungs-Engpässe entstehen, Eltern behinderter Kinder könnten – je nach Bedarf – ihre Erwerbsarbeit reduzieren oder gesellschaftliche Hilfen in Anspruch nehmen oder beides. Und wir hätten eine Kultur mit einem inklusiven Menschenbild, in der nicht nur die Starken und Leistungsfähigen etwas gelten, sondern alle. Dann fänden wir selbst es auch nicht so schwer, diesem Bild nicht zu entsprechen. Wir hätten alle etwas davon.

38
Tanzstunde
Von Wünschen und Erwartungen

»Mama, tanzen!« Momo weiß genau, was sie will. Und das schon seit Wochen. Die Erzieher_innen in der Kita erzählen, dass ihr die Musik und die Tänze am meisten Spaß machen. Nach der Enttäuschung, ein gehörloses Kind bekommen zu haben, genießen wir die musikalischen Erlebnisse mit Momo sehr. Für mich ist es das größte Glück, mit ihr zu tanzen und vor allem, zu singen. »Bruder Jakob« singen wir im Kanon, und es nervt mich nie. Ich freue mich, als ich sehe, dass es in unserem Kiez eine Tanzschule für große und kleine Menschen gibt. »Kreativer Kindertanz« steht auf der Programmseite im Internet, daneben »Orientalischer Kindertanz« und »Kinderballett«.

»Ich hole dich heute von der Kita ab, und dann gehen wir zum Tanzen«, bereite ich Momo morgens auf dem Weg zur Kita darauf vor. »Momo braucht auch mal einen Raum für sich«, meinte die Erzieherin in der Kita. Ich finde es komisch, dass alle Menschen besorgt sind, dass meine kleine Tochter ein Schattenkind wird, dass sie zu kurz kommt. Ja, sie hat eine behinderte Schwester, und ja, das steht häufig im Mittelpunkt unseres Familienlebens.

Aber gleichzeitig ist so viel Sonne in ihr, dass ich keinen Schatten erkennen kann. Ich finde es schade, dass vor allem darauf geschaut wird, was sein könnte, was problematisch werden könnte. Statt weniger zu problematisieren und sich mehr darauf zu konzentrieren, dass irgendwie auch alles ganz normal bei uns ist. Und eine behinderte Schwester zu haben vielleicht auch einfach toll sei könnte. Heute jedenfalls gehen wir zum Tanzen, zur ersten Schnupperstunde.

»Ja! Jippi«, und mehrere Sprünge in die Luft sind Momos Antwort. »Aber Greta nicht«, erklärt sie morgens der Krankenschwester, die den Kinderwagen mit Greta schiebt und neben uns zur Kita geht. »Aber warum denn nicht?«, frage ich, etwas geknickt, obwohl ich die Stunde sowieso als exklusive Zeit für Momo geplant hatte. »Die kann ja nicht gehen, deshalb kann sie nicht mitmachen«, erklärt mir meine zweieinhalbjährige Tochter sehr ernst. »Aber mitkommen darf sie, in ihrem Wagen«, meint Momo. Es zerreißt mir das Herz. Sie hat ja irgendwie recht. Was soll Greta auch beim Tanzen? Ihre Direktheit tut mir weh. Gleichzeitig weiß ich, dass es mein Wunsch ist, der mir weh tut.

Mein Wunsch, dass Greta und Momo die gleiche Freude an gemeinsamen Freizeitaktivitäten haben. Dass sie zusammen zum Tanzen gehen könnten. Das wird aber höchstwahrscheinlich niemals so sein. Und vielleicht ist es auch in Ordnung so. Momo jedenfalls scheint es nicht zu stören – und Greta erst recht nicht.

In der Tanzschule angekommen, treffen wir eine Familie aus unserer Kita. Beide Geschwister machen auch beim Kindertanz mit. Es sticht ein bisschen in meinem Herzen. Ich versuche, das Stechen zu ignorieren.

Dann geht es los. In den ersten Minuten sitzt Momo ganz steif zusammen mit den anderen Kindern im Halbkreis. Die Tanzlehrerin erzählt etwas, durch die geschlossene Glastür kann ich nur einzelne Wörter hören. Dann klatschen die Kinder, und auf einmal macht Momo auch mit. Die Musik geht an, und die Kinder wirbeln durch den Tanzraum. Momo lacht und hüpft und sprüht. Ich erinnere mich an meine Tanzstunden als Kind, und plötzlich fühle ich mich wahnsinnig erwachsen. Früher saß meine Mutter vor der Tür und wartete, heute bin ich es.»Sie werden so schnell groß«, seufzt eine Mutter, die neben mir auf dem Boden sitzt und ihr Kind durch die Glasscheibe betrachtet. Ein Vater setzt mit ein in den Seufz-Kanon, und ich würde mir am liebsten die Ohren zuhalten.

Ich finde nichts schöner, als dass Momo und Greta größer werden und Momo selbständiger. Vielleicht hat es damit zu tun, dass Greta gewisse Fertigkeiten niemals erlernen wird – aber ich feiere jeden Entwicklungsschritt meiner Kinder. Die erste Kackwurst von Momo in der Toilette wurde von mir begeistert beklatscht. Das erste Wort! Der erste Schritt! Was für ein Wunder, was dieses Kind alles kann. Von den Entwicklungsschritten von Greta mal ganz zu schweigen. Wenn ein Kind, dem alle Expert_innen prophezeit haben, niemals gehen zu können, sich das erste Mal hochzieht und stehen bleibt – ist zumindest bei mir die Freude ganz leise und riesengroß. Mein Herz stand still und wurde gleichzeitig merklich größer. Als hätte es keinen Platz mehr in meinem Körper.»Du bist eine Kämpferin«, meinte Thorben, als Greta am Sofa vor uns stand.»Wie deine Mama.« Und gleichzeitig das Wissen, dass alles, was sie macht und will, aus ihr selbst herauskommt. Sie entscheidet selbst. Auch, wann es Zeit ist, sich hochzuziehen und allen Expert_innen den Mittelfinger zu zeigen. Immer wieder ertappe ich mich dabei, Dinge für meine Töchter zu wollen. Nur, um meinem Lieblingsbild von Familie zu entsprechen. Zum Glück gibt es aber Greta, die mir immer wieder einen Strich durch meine perfektionistischen Pläne macht. Und Momo, die es verbalisiert. Sie selbst entscheiden, was gut für sie ist. Niemand sonst. Schließlich sind Kinder nicht auf der Welt, um die Wünsche der Eltern zu erfüllen. Ich selbst wollte immer Klavier spielen, aber für ein Klavier war nie Geld da. Klar freue ich mich darüber, wenn ich mit Momo in einen Laden komme, in dem ein Klavier steht, und sie sich sofort auf den Hocker setzt und losklimpert. Ich versuche aber, meine Träume nicht auf sie zu projizieren.

In anderen Familien beobachte ich Ähnliches. Die Nichterfüllung elterlicher Erwartungen durch die Kinder ist eher der biographische Regelfall als die Ausnahme.[8] Bei uns wurde das durch Gretas Behinderungen nur einfach sehr viel früher klar als in anderen Familien. Während sich dort meist erst während der Pubertät herausstellt, dass der Sohn der Sängerin nicht singen kann (oder will) und die Tochter des passionierten Basketballers keine Lust auf Ballspiele hat, wurden wir schon Sekunden nach der Geburt damit konfrontiert, uns die Rockstarkarriere unserer Tochter von der Backe schmieren zu können.

Neben all der Enttäuschung steckt darin aber auch eine große Chance. Momo hat alle Freiheiten der Welt. Dass

---

8 Kirsten Achtelik in »Selbstbestimmte Norm – Feminismus, Pränataldiagnostik, Abtreibung«, Verbrecher Verlag, Berlin, 2015.

sie da ist, ist ein großes Glück (genauso ein großes Glück, dass Greta da ist). Dass sie laufen kann, singen, sprechen, alleine essen, auf die Toilette gehen, »Mama, ich habe dich lieb«, sagen und »Mama, du bist ein Doofi« ist ein riesengroßes Glück. Diese rasante Entwicklung innerhalb aller Entwicklungskurven erscheint mir wie Magie. Sie darf alles werden, sie ist jetzt schon so viel. Es gibt keine Erwartungen. Vielleicht nur die, dass sie nutzt, was ihr geschenkt wurde. Ihre Stimme, ihr Gehirn, ihr Herz, ihren Körper. Dass sie das alles wertschätzen kann und mag. Selbstliebe. Das wünsche ich mir und ihr.

Am Ende der Tanzstunde, als ich Momo die Tanzschuhe aus- und die Straßenschuhe anziehe, sagt sie: »Nächstes Mal kommt Greta auch mit!« Die Tanzlehrerin steht neben uns. »Greta ist Momos ältere Schwester«, erkläre ich ihr. »Na klar kann die mal mitkommen«, meint die Tanzlehrerin freundlich. »Das wird ihr bestimmt gut gefallen, wenn die Musik auf dem Tanzboden vibriert und ihr alle darauf rumhopst«, sage ich zu Momo und dann zur Tanzlehrerin: »Greta hört nicht so gut und kann nicht gehen. Aber sie kann gut Breakdance. Vielleicht können sich die anderen Kinder von ihr ja noch was abschauen.« Die Tanzlehrerin grinst mich an. »Das klingt spannend. Momo, deine große Schwester kann gern mal mitkommen. Dann machen wir die Musik mal ganz laut, damit sie sie fühlen kann.« Manchmal ist alles ganz einfach.

Anderssein gehört zum Leben.
Prof. Thomas Kahlisch, Direktor der
Deutschen Zentralbücherei für Blinde

39
Ich, die Behinderte
Ein Perspektivwechsel

Ein Puzzleteil weniger: Wanda, Gretas liebgewonnene Einzelfallhelferin, wird aus Berlin wegziehen. Ihr Masterstudium führt sie in die Schweiz. Uns allen fällt der bevorstehende Abschied schwer. Der Donnerstag ist seit Monaten Wanda-Tag, die Verbindung zwischen ihr und Greta ist spürbar. Wanda hatte den richtigen Blick für Greta, für Wanda gab es kein »Geht nicht«, sie hat immer nach Lösungen gesucht. Manchmal haben wir uns nachmittags auf dem Spielplatz getroffen, Greta auf Spielgeräten, die ich nie mit ihr ausprobiert hätte. Aber Wanda hatte immer Ideen, wie Greta an allem teilhaben kann.

Nun also die Suche nach einem Ersatz. Ich habe mittlerweile schon oft die Erfahrung gemacht, dass es für uns am besten funktioniert, wenn wir uns Menschen für Greta selbst aussuchen. Auch Wanda haben wir über einen Aufruf an einer Uni gefunden. Ich gehe nun wieder den gleichen Weg in der Hoffnung, einen ähnlich tollen Menschen als

Unterstützung für uns und Spielkameradin für Greta zu finden. Für den Mail-Verteiler des Studiengangs Gehörlosenpädagogik formuliere ich unseren Wunsch nach einer neuen Einzelfallhelferin für Greta:

Wir leben mit unseren beiden Töchtern (4 und 2½ Jahre alt) in Berlin und suchen für unsere mehrfach behinderte Tochter eine neue Einzelfallhelferin. Du würdest unsere große Tochter 1–2-mal pro Woche für 3–4 Stunden betreuen (und manchmal auch ihre kleine Schwester). Sie von der Kita abholen, zur Physiotherapie begleiten oder einfach einen Nachmittag auf dem Spielplatz verbringen. Eigene Ideen und Kreativität sind herzlich willkommen.

Unsere große Tochter kam gehörlos zur Welt, sie kann eingeschränkt sehen. Wir wünschen uns eine Person, die neben Humor und Empathie für die Belastungen in einer Familie mit behindertem Kind auch Grundkenntnisse in (taktiler?) Gebärdensprache mitbringt.

Eine halbe Stunde nachdem ich die Bestätigung aus dem Studiensekretariat bekomme, dass die Mail verschickt wurde, blinkt eine neue Mail in meiner Mailbox auf. Sina schreibt, dass sie 29 Jahre alt ist, Sozialarbeit studiert hat und gerade frisch aus der Ausbildung zur Taubblindenassistenz kommt. »Wow! Eine Taubblindenassistentin habe ich uns nicht zu wünschen gewagt!«, antworte ich ihr direkt. Wir verabreden uns für den nächsten Tag um 17 Uhr.

Am nächsten Tag sitze ich um halb fünf noch an meinem Schreibtisch im Büro. Gerade als ich den Computer zuklappen will, bekomme ich eine Mail. Sina schreibt »Ich komme circa 15 Minuten später. Mein Zug ist nicht pünktlich. Bis bald, Sina.« Bis bald, das finde ich lustig, denn wir sehen uns ja gleich. Ich freue mich darüber, dass ich noch ein bisschen Luft habe und nicht in höchster Eile nach Hause muss.

Auf dem Weg nach Hause schreibe ich kurz Wanda, die gerade mit Greta und Momo auf dem Spielplatz ist, eine Nachricht: »Alles gut bei euch?« »Alles gut, wir sehen uns um halb sechs zu Hause«, schreibt sie zurück. Um Viertel nach fünf schließe ich die Wohnungstür auf, von Sina noch keine Spur. Thorben hat aufgeräumt, er ist nervös. Wie immer, wenn wir neues Betreuungspersonal für Greta kennenlernen. Kennenlernen müssen. Für uns beide immer eine komische Situation.

»Sie kommt 15 Minuten zu spät?«, fragt Thorben mich skeptisch. »Ja, finde ich auch nicht cool«, antworte ich. Dann klingelt es. Wir tapsen unsicher durch die Wohnung, nun bin ich auch nervös. Ich öffne die Wohnungstür, doch die Schritte sind schon weiter oben im Treppenhaus zu hören. »Du bist zu weit gegangen!«, ich stecke den Kopf aus der Wohnungstür und rufe nach oben. Keine Antwort, keine Reaktion. Einen kurzen Moment denke ich, dass es jemand ist, der sich an der Klingel verdrückt hat. Doch dann machen die Schritte kehrt.

Sina steht vor mir und gebärdet »Hallo«. Ich sage »Hallo«, dann verstehe ich, und es verschlägt mir die Sprache. Sina ist gehörlos und spricht in Gebärden. Plötzlich macht alles Sinn. Dass sie keine Telefonnummer geschickt hat, dass sie mich im Treppenhaus nicht gehört hat. Sina ist so groß wie ich, schlank, hübsch und trägt eine Mütze. Ich bitte sie herein und weiß doch nicht, wie ich es tun soll.

Wenn ich unsicher bin, reagiere ich normalerweise mit Worten, mit vielen Worten, schnell gesprochen. Mein Notinstrument nützt mir in diesem Moment nichts. Ich fühle mich hilflos, so hilflos, dass ich lachen muss. Über mich selbst und meine Hilflosigkeit. Schon so lange wünschen wir uns eine Person, die mit uns und Greta und vielleicht auch Momo Gebärdensprache lernen kann. Nun steht sie hier, direkt vor mir.

Mit unbeholfener Geste deute ich ihr den Weg zur Küche, der zum Glück nicht weit ist. Dann zeige ich auf die Garderobe. Sina versteht und hängt ihre Jacke auf, setzt ihre Mütze ab und strubbelt sich durch die kurzen Haare. Dann grinst sie mich an, und ich hoffe einen kurzen Moment, dass sie etwas in Lautsprache sagt und uns vielleicht nur auf die Probe stellen will. Sofort schäme ich mich für den Gedanken und zucke die Schultern. Mit Gesten versuche ich Sina zu zeigen, dass ich die Gebärdensprache nicht beherrsche. Als hätte sie das bis jetzt noch nicht selbst gemerkt.

    Mit meiner rechten Hand fasse ich mir auf den Brustkorb, dann deute ich mit der gleichen Hand einen sprechenden Mund. Ich bin so aufgeregt, dass ich gar nicht weiß, was ich ihr eigentlich sagen will. Sina selbst scheint ganz relaxed zu sein. Na klar, denke ich. Es ist wahrscheinlich nicht die erste Situation dieser Art für sie. Für mich aber schon. Ich wünschte, ich hätte den Gebärdensprachkurs schon belegt, den ich schon vor zwei Jahren machen wollte. Immer wieder kam der Alltag dazwischen und auch die Frage: Wird Greta überhaupt in Gebärden mit uns kommunizieren können?

Natürlich finden wir das nur heraus, indem wir es probieren. Sina gebärdet *Stift*, so verstehe ich sie jedenfalls. Ich tippe in die Luft und versuche damit, einen Computer zu gebärden. Denn im Gegensatz zu einem Stift weiß ich, wo mein Computer ist. Doch Sina schüttelt den Kopf und gebärdet Stift. Mist, auf dem Computer kann ich viel schneller schreiben als mit einem Stift. Und wo ist jetzt ein Stift? »Hast du einen Stift?«, frage ich Thorben, er geht suchend durch die Wohnung. »Verdammt, wir müssen doch einen Stift haben!«, sage ich. Und wo ist eigentlich Papier? Mir wird heiß, ich schwitze. »Jetzt sag doch auch mal was!«, rufe ich Thorben quer durch die Wohnung zu. »Was denn? Wie denn?«, ruft er zurück. »Mit Händen und Füßen, verdammt!«, rufe ich. Zum Glück hört Sina uns nicht. Sie sitzt seelenruhig an unserem Küchentisch und lächelt mich an.

Thorben kommt mit Zettel und Stift in die Küche, in der Sina und ich sitzen. »Trinken?«, frage ich sie mit einer Geste meiner Hand vor meinem Mund und komme mir wahnsinnig unbeholfen vor. Sina nickt – immerhin versteht sie mich. Meine Güte, wie gebärde ich denn jetzt Wasser? Ich zeige auf die Flasche. Sina lächelt und nickt. Thorben schenkt Wasser ein, ich schreibe mit dem Stift auf Papier: »Herzlich willkommen« und male einen Smiley dazu. Dann schreibe ich, dass ich nicht damit gerechnet habe, dass sie gehörlos ist, und es mir unangenehm ist, dass wir noch keine Gebärdensprache sprechen.

Sina gebärdet Greta und Momo und schaut fragend. Ich versuche, in Gebärden zu antworten, dass sie noch mit Gretas aktueller Einzelfallhelferin draußen sind und gleich kommen. Ich scheitere und greife zum Stift. »Sie sind noch mit der Einzelfallhelferin auf dem Spielplatz und kommen gleich.« Es fühlt sich für mich an, als würde es zehn Minuten dauern, diesen einen Satz aufzuschreiben. Mir wird von Sekunde zu Sekunde bewusster, wie abhängig ich von Worten bin und wie behindert, wenn ich sie nicht nutzen kann. Zum Glück können wir immerhin die Worte aufschreiben, auch wenn das wirklich lange dauert. Wir schreiben mehrere DIN-A4-Blätter voll.

»Was stellt ihr euch vor?«, schreibt Sina auf und reicht mir den Zettel. »Wir wünschen uns jemanden, der mit Greta und uns gemeinsam Gebärdensprache lernt«, schreibe ich auf und schiebe ihr den Zettel wieder rüber. Es entsteht eine schriftliche Kommunikation. Als wir das sechste Blatt anfangen, fühlt es sich schon gar nicht mehr so seltsam an wie am Anfang. Ich stelle Sina viele Fragen, sie uns auch. Immer wieder lerne ich zwischendurch Gebärden. Wenn Sina gebärdet, verstehe ich das meiste. Wenn ich spreche, versteht sie nur die Hälfte. Sie schreibt auf, dass sie von den Lippen ablesen kann, wenn sie die Person kennt und die Person langsam spricht. Dabei grinst sie mich an. Langsam sprechen gehört nicht unbedingt zu meinen Stärken.

Es klingelt. »Greta und Momo kommen nach Hause«, schreibe ich auf den Zettel für Sina. Wenig später sitzt Greta schon auf Sinas Schoß. Zur Verständigung braucht es nicht viel. Ich erkläre Momo, dass Sina mit den Händen spricht, und komme mir im selben Moment unheimlich doof vor. Wie Sina kommuniziert, sieht Momo ja. Warum muss ich eigentlich immer alles erklären? Für Momo ist das alles viel einfacher. Sie holt ihre Dinosaurier-Eiswürfel aus dem Kühlschrank und bietet Sina einen an, sie nimmt ihn dankend an. Als sie den Eis-Dinosaurier herauspult, schüttelt sie sich, als Zeichen für die Kälte. Sina und Momo lachen sich schüttelnd an.

Als sich ein paar Wochen später ein neuer potentieller Einzelfallhelfer vorstellen will und ich Momo davon erzähle, dass er gleich kommt, fragt sie: »Spricht der auch mit den Händen?« Als er dann in Lautsprache spricht, ist sie fast ein bisschen enttäuscht. Sina sagt uns leider ab, dafür melde ich mich aber bei einem Gebärdensprachkurs an. Für die nächste Begegnung mit Menschen, die in Gebärdensprache kommunizieren, möchte ich gewappnet sein.

*Unter Freudentränen bleibst du auf einmal stehn und
du atmest so tief, wie noch nie
Nein, ich werd' dich nie verstehn, aber ich kann dich fühl'n
Das hört sich idiotisch an, doch mein Herz ist dein
Mein Kopf sagt, was für ein Glück, und was für ein Leid
Oh Baby, Baby, Baby!*

*Unter meiner Haut, da will 'ne heiße Sonne raus,
Da wirbelt auch das Grau deines Himmels in mir
Unter meiner Haut, da ist eine, die sich traut.
Papa, Gott sei Dank, Papa, Gott sei Dank,
bin ich nur ein kleiner Punk*

CÄTHE, »Unter meiner Haut«

40
Für immer Punk
Eine Liebeserklärung

Greta schläft manchmal erst ein, wenn ich morgens aufstehe. Oder wacht von ihrem Nachmittagsschlaf auf, wenn ich nach der Arbeit nach Hause komme. Sie hält sich nicht an Tageszeiten. Wenn wir am Tisch sitzen, legt sie ihre Füße auf den Tisch oder stößt sich kraftvoll mit ihren Füßen an der Tischplatte ab, so dass ihr Therapiestuhl mit voller Wucht nach hinten fährt. Schieben wir sie zum Tisch zurück, stößt sie sich wieder ab. Das gleiche Spiel, immer wieder. So sitzt sie manchmal einen halben Meter entfernt vom Tisch, mit ganzer Beinfreiheit, zufrieden grinsend. Gewonnen.

Vor wichtigen Terminen – Konzerte, Urlaube, Friseurtermine, berufliche Abgaben – wird sie krank. Ihren ersten und dritten Geburtstag verschlief sie komplett. Die Augen machte sie erst wieder auf, als die letzten Gäste gerade die Wohnung verlassen hatten. Wir könnten ein ganzes Fotoalbum ausfüllen mit nicht eingelösten Konzertkarten oder nicht genutzten Zugtickets.

Auf den großen, gemütlichen Sesseln in meinem Lieblingscafé kann sie alleine sitzen – aber nicht lange. Sie rutscht schnell in die Greta-Position: Den Kopf auf der Sitzfläche, die Beine baumelnd über der Lehne. Falsch rum ist für Greta richtig herum. Sie stellt gerne alles auf den Kopf.

Am liebsten liegt sie auf dem Boden, die Füße in die Luft gestreckt. Oder klopfend, mit den Füßen oder Händen. Greta fühlt mit ihren Füßen, nicht so gerne mit den Händen. Sie ist unschlagbar darin, sich aus ihren Schuhen zu befreien. Sogar eine gut gebundene Doppelschleife ist kein Hindernis. Verlorene Schuhe: ungezählt.

Verlorene Haargummis und Spangen: unzählbar. So adrett die Frisur morgens auch sitzt, wenn ich sie zusammen mit Momo in die Kita bringe – so verstrubbelt bekomme ich Greta nachmittags wieder zurück. Verwegen sieht sie aus, wenn ihr Pony ihr in die hübsche Stirn fällt.

Das Leben mit Greta ist unplanbar. Das Leben mit Greta ist wunderschön. Das Leben mit Greta ist traurig. Das Leben ist gut so. Das Leben ist unplanbar, Greta hat es mir gezeigt. Für immer Punk.

'Cause it's a bittersweet symphony, this life
The Verve, »*Bittersweet Symphony*«

41
Von 0 auf 100
Ausnahmezustand Alltag

Der Schlüssel passt nicht ins Schloss, die Henkel meiner prall gefüllten Einkaufstasche schnüren mir meine Finger ab. Jeden Abend das Gleiche, ich muss endlich mal meine Schlüssel beschriften. »Mach einfach Zahlen dran, mit denen du markierst, welchen du als Erstes ins Schloss stecken musst, 1 und 2 steht bei mir drauf«, riet mir einer meiner Bürokollegen erst heute Morgen, als es mir an der Bürotür genau so ging wie jetzt hier, an unserer Wohnungstür. Ja, ich sollte wirklich mal meine Schlüssel markieren! Während ich das so denke, weiß ich doch auch genau, dass ich es immer und immer wieder vergessen werde. Oder dass ich zumindest immer wieder andere Prioritäten setzen werde. Es ist einfach immer irgendwas und meistens sind andere Dinge wichtiger – und wenn nicht, bin ich zu müde. Also werde ich vermutlich noch in einem Jahr die gleichen Schwierigkeiten beim Aufschließen von Türen haben und meine Fingerkuppen kurzzeitig von der Blutzufuhr abschnüren, Schweißausbruch inklusive.

Immerhin: Hinter der Tür höre ich glückliches Kindergequietsche. Ich habe Bauchkribbeln, wie immer an den Tagen, an denen ich erst zum Abendbrot nach Hause komme und die Kinder entweder von Thorben oder einer Einzelfallhelferin aus der Kita abgeholt und – meistens mit Umweg über den Spielplatz – nach Hause gebracht werden. Wie ich so an der Tür stehe, mit abgeschnürten Fingern und dem falschen Schlüssel im Schloss und dem Kindergquietsche im Hintergrund, bin ich sehr glücklich. Ich liebe es, Mutter dieser zwei Kinder zu sein und von einem erfüllten Arbeitstag nach Hause zu kommen.

Nachdem ich mit dem anderen Schlüssel erfolgreich war und merke, wie langsam wieder Leben in meine Finger kommt, läuft das Quietschen mir in die Arme.»Nicht so schnell!«, versuche ich mich noch zu retten, doch da ist es schon zu spät. Momo hat mich mit ihrer Umarmung umgesprungen, dass ich aus der Hocke umfalle. Sie auf mich drauf. Wir lachen. Oft komme ich gar nicht dazu, meine Jacke auszuziehen. Alle Dinge vom Tag sind gleich so wichtig, ich muss mir unbedingt das neue Lego-Haus anschauen und überhaupt: »Hast du mir was mitgebracht, Mama?« Ich fische einen Aufkleber aus meiner Jackentasche. Manchmal finde ich kleine Dinge, die ich mir in die Taschen stecke für Momo. Sie freut sich – noch? – über alles. Ein Blatt, eine Postkarte, eine Mandarine. Und ich freue mich, wenn sie sich freut.

Im Kinderzimmer steht Greta. Ich muss mich an den Anblick noch gewöhnen. Sie steht! Innerlich werfe ich jedes Mal Konfetti. Seit einigen Tagen zieht sie sich aus eigener Kraft hoch und bleibt dann mit Hilfe stehen. Ein paar Sekunden, dann fällt sie um. Thorben hat ein Reisebett besorgt, in dem sie beides kann: sich beim Stehen festhalten und weich fallen. Sie liebt es und grinst über das ganze Gesicht, als ich den Raum betrete. Das Stehen macht sie glücklich, und deshalb macht es auch mich glücklich. Vor allem deshalb. Natürlich auch, weil ich mir ein Leben mit einem stehenden, vielleicht gehenden Kind barrierefreier vorstelle als mit einem, das liegt und sich ausschließlich im Rollstuhl oder getragen fortbewegt. Die Perspektive, vielleicht mal irgendwann gemeinsam mit Greta spazieren gehen zu können, macht mich glücklich.

Aber ich merke auch, wie meine Erwartungen gar nicht mehr so wichtig sind. Wie Greta selbst ihr Tempo bestimmt und auch ihre Meilensteine. Alles, was ich am Anfang ihres Lebens so sehr herbeigewünscht habe, ist in den Hintergrund getreten. Ob sie mal irgendwann eine Möhre kauen wird? Ob wir zusammen einen Spaziergang machen können? Ob sie irgendwann »Mama« sagen wird? Sie muss gar nichts, all diese Erwartungen werden immer unwichtiger. Alles, außer der Gesundheit. Tage und Nächte im Krankenhaus sind nach wie vor das Ätzendste, was ich mir vorstellen kann. Aber ich habe mittlerweile keine Angst mehr vor dem Leben mit einem Kind im Rollstuhl. Ich habe keine Angst mehr vor einem Kind, das nicht alleine auf die Toilette gehen kann. Ich habe keine Angst vor einem Leben mit einem Kind, das nicht sprechen wird. Ich habe überhaupt keine Angst mehr vor einem Leben mit Greta.

Mein Kind, das Gespenst

Meine grosse Tochter ist das Kind, vor dem sich alle werdenden Eltern fürchten. Sie ist das Kind, wegen dem pränatale Untersuchungsmethoden entwickelt wurden. Sie ist das Kind, für – nein, gegen – das es Schwangerschaftsabbrüche gibt. Die Vorstellung, ein Kind wie sie zu bekommen, spukt zwischen den Zeilen und Kreuzen des Mutterpasses umher, oft auch in den Gedanken der werdenden Eltern. Bis die Hebamme nach der Geburt des Kindes sagt: »Alles gut, das Kind ist gesund.« Nach der Geburt von Greta war nicht »alles gut«. Meine behinderte Tochter ist ein Gespenst.

Ich hatte mir nicht explizit eine behinderte Tochter gewünscht. Mein Leben empfand ich schon so als kompliziert genug. Ich hätte es mir gut und gerne ohne zusätzliche bürokratische Barrieren, Wochen in Krankenhäusern und Pflegepersonal in meinen eigenen vier Wänden vorstellen können.

Mittlerweile – Greta ist nun fast vier Jahre alt – habe ich mich an das Gespenst in meinem Leben gewöhnt und finde es gar nicht mehr gruselig. Im Gegenteil.

Wenn ich zusammen mit ihr anderen Menschen begegne, bekomme ich allerdings immer wieder zu spüren, welche Spukgewalt ihre blosse Existenz hat. Ehemalige Freundinnen, die sich jahrelang nicht bei mir gemeldet haben, schreiben mir, und ich frage mich: Warum? Bis sie mir erzählen, dass sie schwanger sind, und mich explizit zur Schwangerschaft mit meinem Gespensterkind befragen. Ich spüre die unausgesprochenen Fragen: »Wusstet ihr das vorher?«, »Hast du etwas geahnt?« und die allerwichtigste, niemals mir gegenüber ausgesprochene: »Könnte mir das auch passieren?«.

Dann gibt es Menschen, die mich aus einem Kontext ohne

meine Tochter kennen, zum Beispiel aus dem Büro. Sie hören mich am Telefon mit der Krankenkasse kämpfen, den Pflegedienst organisieren und mit der Integrationserzieherin meiner Tochter Absprachen treffen. Sie fragen mich, wie es ihr geht, wenn wir gerade eine Woche mit ihr im Krankenhaus sein mussten. Je mehr ich erzähle, desto größer wird die Angst vor meinem Gespensterkind. Bis ich sie dann eines Tages mal mitbringe ins Büro und klar wird, dass sie in erster Linie ein Kind ist. Eines, das man gern anschaut, mit dem Kommunikation – wenn man sich auf sie einlässt – anders, aber möglich ist und in dessen Gesellschaft sich die meisten Menschen, die ich kenne, wohl fühlen. Auch ich hatte Angst vor dem Leben mit einem Gespenst. Was wir nicht kennen, macht uns Angst. Ich hatte bis zur Geburt meiner Tochter keinen engen Kontakt zu Menschen mit Behinderungen. Auch ich war unsicher im Umgang mit behinderten Menschen und bin es manchmal noch. Allerdings weiß ich heute: Gespenster machen immer nur Angst, bis man sie trifft.[9]

Während Greta steht und sich freut und steht und sich freut, spielt Momo mit ihrem selbstgebauten Lego-Haus. »Schlaf gut, kleine Puppe«, sagt sie zu einer ihrer Lego-Figuren. Am liebsten beschäftigt sie sich zurzeit mit Rollenspielen. Ich bin immer wieder baff, wie sie jetzt schon, mit gerade mal zwei Jahren, ein Spiel konstruieren kann und Dialoge mit sich selbst führt. Und manchmal tut es mir leid, dass ich ihr keine große Schwester bieten kann, die eine Rolle für sie übernimmt. Eine aktive Rolle. Gretas Rolle ist

9 Blogeintrag auf Kaiserinnenreich.de

meistens die – ganz Punk –, dass sie das Lego-Haus mit ihren Füßen umhaut. Oder auf eine von Momo gebaute Straße fällt. Oder mit Verpackungsmaterial knistert. Eine Spielpartnerin ist ihre große Schwester nicht. Vielleicht lädt Momo auch deswegen so gerne andere Kinder zu uns nach Hause ein.

»Momo, hilfst du mir beim Abendbrot?«, ruft Thorben aus der Küche. Sie stürmt in die Küche. Ich liebe ihre ungestüme Lebenslust. Momo geht nie irgendwohin – außer, sie ist richtig schlecht gelaunt und braucht für einen Schritt fünf Minuten – sie rennt, immer. Selbstbewusste, schnelle Schritte. Nichts kann schnell genug gehen. Jetzt gerade hüpft sie sogar in die Küche, so sehr erfreut sie die Vorstellung, den Abendbrottisch zu decken. Greta robbt währenddessen in meine Richtung, ich setze sie auf meinen Schoß. Unterschiedlicher könnten diese beiden Kinder nicht sein. Wahrscheinlich sagen das viele Eltern von ihren Kindern. Wahrscheinlich stimmt es nirgendwo so sehr wie bei uns.

Ich vergrabe meine Nase in Gretas Haaren, atme ihren Duft ein und genieße unseren gemeinsamen Moment. Diese gemeinsame, exklusive Zeit, nur für uns, ist selten. Oft muss ich mich disziplinieren, einfach da zu sein. Nicht mit meinen Gedanken bei der Arbeit, in meiner Mailbox, im Nirgendwo oder im Morgen oder im Gleich zu sein. Sondern hier, im Jetzt. Mit Greta geht das zum Glück. Sie betastet mit ihrer linken Hand mein linkes Armgelenk. Daran trage ich zwei kleine Armbänder. Sie sind mein Erkennungszeichen für Greta. Mit ihnen trage ich immer auch ein Stückchen Greta mit mir herum. Der Tipp, dass taubblinde Kinder sich gut über taktile Erkennungszeichen orientieren, kam von der Therapeutin der Frühförderung. Mittlerweile bin ich mir sicher, dass Greta gar kein taktiles Erkennungszeichen mehr braucht, um zu wissen, dass ihre Mama jetzt da ist. Aber wir beide mögen es gern. Sie auf meinem Schoß, ihre Hand an meinem Handgelenk. Ihre Berührungen sind so zart wie ihre Haut. Niemals bin ich entspannter als mit ihr. »Mareice, Greta, Abendbrot ist fertig!«, ruft Momo aus der Küche. »Gleich«, rufe ich und sauge noch mal ganz viel Greta ein, bevor ich mit ihr auf dem Arm in die Küche gehe.

Eine Stunde später blinkt eine Nachricht auf meinem Telefon auf: »Momo schläft«, schreibt Thorben aus dem Schlafzimmer. Bis die Krankenschwester für Greta zum Nachtdienst kommt, habe ich noch eine Stunde. Ich ziehe Greta einen Schlafanzug an. Während sie beim Aus- und Anziehen kooperiert und mir einen Fuß nach dem anderen entgegenstreckt, ich manchmal sogar das Gefühl habe, dass sie es genießt, von mir angezogen zu werden, ist es mit Momo im Moment ein Kampf. Für jedes Kleidungsstück muss ich mir ein gutes Argument überlegen. Greta wiederum streckt mir ihren zweiten Arm für den Ärmel grinsend entgegen. Sie scheint noch gar nicht müde zu sein, einen wirklichen Tag-Nacht-Rhythmus hat sie noch immer nicht. Ich lege sie trotzdem in ihr Pflegebett in der Hoffnung, dass sie vielleicht doch müde ist. »Schlaf schön«, flüstere ich ihr ins Ohr, auch wenn ich das Cochlea-Implantat gerade schon abgemacht und auf die Kommode gelegt habe. Meinen Atem und meine Hand auf ihrem Kopf wird sie spüren. Während ich das Kinderzimmer aufräume, turnt

Greta durch ihr Bett. Ich stelle das Aufladegerät für ihre Sauerstoffflasche an. Es ist so laut, dass wir immer versuchen, es erst anzumachen, wenn wir alle im Bett sind. Ansonsten geht es auf die Nerven. Auf Gretas nicht, denn sie hört es ja nicht. Plötzlich richtet sich Greta auf und stellt sich ins Pflegebett. Ich gehe zu ihr, streichle ihr über die Hand. Dann kotzt sie mich an.

Zack, Panik! Ich nehme Greta auf meine Schulter, sie erbricht weiter. Ein großer Schwall in hohem Bogen über meine Schulter auf den Kinderzimmerboden. Ich klopfe ihr auf den Rücken. »Atmen«, sage ich. Atmen, denke ich. Fuck!, denke ich. Bloß nicht an der Kotze ersticken, denke ich. Ich klopfe weiter den Rücken ab, Greta hört auf zu kotzen und atmet wieder. Wir sind beide vollgekotzt, Greta ist vollgekotzt, sie atmet. Ich brauche Handtücher. Ich gehe mit der Kotze und dem Kind auf meiner Schulter ins Badezimmer und hole ein Handtuch. Als ich ihr und mir die Kotze abwische, erbricht sie noch mal. Immer, wenn sie sich übergibt, atme ich nicht. Weil ich Angst habe, dass sie aufhört zu atmen, wenn sie erbricht und ich genau hören will, ob sie atmet. Dass sie sich an ihrem Erbrochenen verschluckt, ist mein größter Albtraum. Ich kann ihr keine Anweisungen geben, ich kann nur immer wieder auf den Rücken klopfen und hoffen, dass alles rauskommt. Ich lege sie ins Kinderzimmer auf den Boden, sie sieht nicht gut aus. Ich weiß, wie sie aussieht, wenn sie nicht gut aussieht. Sie sieht nicht gut aus. Sie sieht nach Krankenhaus aus.

Ich versuche, die Kotze-Lachen überall wegzuwischen. Als ich das Kinderzimmerfenster öffne – frische Luft ist immer gut –, höre ich, wie sich die Wohnzimmertür öffnet.

Nicht auch das noch, bitte nicht. Dann höre ich nichts mehr. Vielleicht habe ich mich verhört. Greta muss umgezogen werden. Als ich ihr die dreckigen Sachen ausziehe, höre ich ein Geräusch aus dem Flur. Anscheinend ist Momo doch wieder aufgestanden, ich hatte richtig gehört. Greta lasse ich jetzt nicht mehr alleine, mit ihr auf dem Arm gehe ich in den Flur. Dort liegt Momo auf dem Dielenboden, mit dem Kopf in Gretas Kotze.
»Was machst du da?«, frage ich Momo und erschrecke mich vor mir selbst, weil ich gerade geschrien habe. Scheiß Panik. Ich will nicht, dass Momo mich panisch erlebt, aber jetzt liegt sie vor mir, in der Kotze ihrer Schwester. Momo fängt an zu weinen. Aus der Kotze bewegt sie sich nicht.
»Thorben, komm her!«, schreie ich. »Verdammt, was ist hier los?«, fragt er, und ich sehe, dass er – im Gegensatz zu Momo – schon eingeschlafen war. »Greta hat gekotzt und Momo hat sich, warum auch immer, in ihre Kotze gelegt.« »Scheiße, die Haare«, sagt Thorben mit Blick auf Momo. Wir wissen beide, was das bedeutet: Momos Haare müssen gewaschen werden. Und es gibt nichts, was Momo so sehr hasst wie Haarewaschen. »Was ist mit Greta?«, fragt Thorben, und ich erzähle von der Kotzerei und den Kotze-Lachen überall, und als ich »Ich glaube, sie muss ins Krankenhaus«, sage, muss ich weinen.

Nachdem sich Greta dreimal hintereinander innerhalb von drei Stunden übergeben hat, sieht auch Thorben keine andere Möglichkeit mehr: Krankenhaus. Er fährt mit Greta, nachdem wir gemeinsam Momo die Haare gewaschen haben. Sie ist mittlerweile erschöpft eingeschlafen, ich liege noch wach im Bett und verarbeite den Tag. Von 0 auf 100, in einer Sekunde. Vom harmonischen Abendbrot zur Notaufnahme im Krankenhaus. Nachts schickt Thorben mir per Mail einen Text, den ich am nächsten Tag auf meinem Blog veröffentliche.

Es piept

Es piept. Es blubbert. Es quietscht. Es pfeift. Es zischt. Es hustet. Es weint. Es kratzt. Es pupst. Es piept. Es riecht. Es stinkt. Es nässt. Es niest. Es sabbert. Es schleimt. Es zehrt, es schüttelt und gerade, wenn es loslässt, packt es dich am Kragen und beißt dir in die Nase.
Es ist warm. Es ist heiß. Es ist kalt. Es ist trocken. Es ist ab. Es ist Zeit. Es ist Quatsch.
Es ist real, surreal, banal oder fatal im Wechsel, alles geht. Schwestern, Pfleger, Ärzte, Assistenzärzte, Oberärzte, Chefärzte. Blaue, grüne, pinke, weiße Kittel. Braune, schwarze, rote, aber vor allem blonde Zöpfe. Desinfektion, Seife. Einweg-Plastikflaschen, Sauger, zu große, zu kleine, zu grobe, zu feine. Zu kalte, zu warme, zu feste, zu eklige Speisen. Zu kalte Ärzte, zu steife Schwestern. Tolle Ärzte, empathische, kluge Köpfe. Trampel, Rabiatas, Fatzkes. Piep. Piep. Piep. Piep. Piep.
Vergangene Orte.
Vergangene Menschen. Vergangene Wege. Vergangene Worte. Alles wieder da. Begriffe von damals,
als alles noch schlimm war,
viel schlimmer als jetzt, jetzt wo sie doch gut beisammen war und es wieder sein wird, wenn es wird, es wird, es wird.
Damals,
als wir mehr in Kantinen aßen als zu Hause, sich eine

Wohnung kaum lohnte. Es ist so ätzend, so schmerzend, so verängstigend, so lähmend und nervend. Alles wieder da. Piep. Piep. Piep. Hust. Hust. Zisch. Zisch. Blubber. Blubber. Blubb.

Es ist Sorge, es ist Ohnmacht, es ist Angst, es ist Gewissen, es ist Trauer. Es ist beschissen, es ist Beschiss, es ist Schiss, es ist. Es ist wahr. Es war, ist und wird sein. Es ist Panik, es ist Panik, es ist Panik. Es ist Schimpf und Schande, es ist Wut und nochmals und vor allem Angst. Es ist bitten, hoffen, vermuten, glauben, wissen, es ist trist. Es ist um Verzeihung bitten, es ist selten verzeihen. Dafür aber liegen, stehen, sitzen. Schauen, starren. Verharren. Wenden, gehen. Hinaussehen, heraufschauen, hinabfallen. Aufstehen, weitermachen mit dem Weitermachen. Es ist im falschen Moment, es ist übergriffig. Es ist notwendig, lebensnotwendig, Leben. Es ist Hoffnung, es ist Frust. Es ist Aufgabe, Wiederaufnahme, durchatmen, Hyperventilieren. Zittern, bangen, die andere Wange. Es ist Erlösung, und es piept und piept und piept und piept. Es ist keine Lösung, es ist nur Schadensbegrenzung. Hust, hust. Es ist warten, warten, warten, kurz vor die Tür gehen, zurückkommen, nicht dort gewesen sein, als es wichtig gewesen wäre. Es ist Scheiße, Kacke, AA. Pipi, Urin. Blut. Sekret. Schweiß. Schweiß und Scheiß. Es sind Muster, Ebenen, Farben. Es ist total doof. Piep. Wirklich so richtig doof. Piep. Mann, ist das doof. Piep.

Es ist meine Tochter. Das sind wir. Es ist ihre Schwester, die Mutter, der Vater, die Omas und Opas und das Auskunft erteilen, anrufen, mailen, angerufen werden, angemailt werden. Es ist Edge, es ist unwichtig. Wichtig hustet, Wichtig weint. Wichtig hustet, Wichtig schleimt. Wichtig ist richtig genervt. Es ist schlimm. Es ist ernst. Hat sie schon getrunken, gegessen, abgeführt, gespuckt, inhaliert? Der Zugang, noch o. k.? Alles bald wieder o. k.? Sie schläft.[10]

Zwei Tage später, ich hole Momo aus der Kita ab, um mit ihr zu Greta und Thorben ins Krankenhaus zu fahren. Vor der Kita spricht mich die Mutter eines Kita-Kindes an: »Wie geht es Greta? Ich habe gehört, sie ist krank?« »Ja, wir besuchen sie jetzt im Krankenhaus«, sage ich ihr und auch, dass Greta schon wieder auf dem Weg der Besserung ist. Ich erwähne nicht, dass sie schon den dritten Zugang gelegt bekommen hat und ihre Arme und Füße mittlerweile von den vielen Einstichen zu vernarbt sind, um einen neuen Zugang für die wichtigen Medikamente zu legen. Ich erzähle nicht, dass sie das Antibiotikum nicht oral nehmen mag und auch nicht, wie schmerzhaft es in solchen Situationen ist, nicht mit ihr sprechen zu können. »Olivia war auch letzte Woche mit einer Erkältung zu Hause. Zum Glück stecken die Kleinen das ja immer gut weg«, sagt die Mutter. Ich weiß nicht, was ich antworten soll. Dann sage ich »Wir müssen jetzt los, tschüs« und gehe mit Momo an der Hand zur U-Bahn.

Was mich oft noch trauriger macht als Mitleid für mein behindertes Kind ist, wenn andere Menschen mir suggerieren, dass wir ja alle im gleichen Boot sitzen. Als wäre Greta genauso ein Kind wie alle anderen. Ja, das ist sie ja auch – und sie ist behindert. Das ist nicht schlimm, aber es ist eben auch ein Unterschied. Bei Greta ist nicht wie bei allen anderen Kindern einfach mal schnell alles wieder gut.

10 »Es piept« von Thorben Kaiser, Blogeintrag auf Kaiserinnenreich.de

Jeder Krankenhausaufenthalt kann tödlich enden, es kann immer Komplikationen geben. Bei Greta sind Unwahrscheinlichkeiten wahrscheinlich. Und ich mag es nicht, wenn das unter den Teppich gekehrt wird. Das gehört eben auch zu uns und unserem Leben. Die Freude und die Belastung, die Kita und das Krankenhaus, die Schönheit und die Sorgen, der Ausnahmezustand als Alltag.

Du bist der Jackpot meines Lebens
Zugegeben
Der Vergleich ist eher schief als eben
Doch wenn du lachst
Gehen drei Sonnen auf
Tocotronic, »Jackpot«

42
Jackpot: Greta
Gewinn im Chromosomenlotto

»Darf ich Sie was Persönliches fragen?« Ich muss grinsen. Schließlich bin ich hier, um über persönliche Erlebnisse zu sprechen. Vor mir sitzen sechzehn Schülerinnen einer Berufsfachschule. Gerade habe ich einen sehr persönlichen Text vorgelesen, in dem es um unseren Krankenhausalltag mit Greta geht. Die Schülerinnen befinden sich in der Ausbildung zur Facherzieherin für Integration, ihre Lehrerin ist Hannah, eine gute Bekannte von mir. Sie hatte mich gefragt, ob ich gemeinsam mit ihr eine Stunde halten könnte. Meine erste kleine Lesung, ich war sehr aufgeregt. Auch, weil ich nicht wusste, wie sehr es mich bewegt, unsere Geschichte vorzulesen. Würde ich weinen müssen? Und wenn ja, wäre das schlimm? Oder vielleicht einfach okay?

Mir war klar, dass ich es ausprobieren muss, deshalb sagte ich zu. Ich musste nicht weinen, beim Vorlesen hatte ich automatisch so etwas wie Distanz. »Habt ihr

Fragen an Mareice?«, fragte Hannah die Schülerinnen im Anschluss an meinen Text. Konzentrierte Ruhe im Klassenraum. Hoffentlich meldet sich jemand. Ich kann ganz schlecht damit umgehen, wenn sich niemand traut, etwas zu sagen. Früher, in der Schule, habe ich mich deshalb einfach meistens gemeldet und was gesagt. Egal, ob richtig oder falsch. Hauptsache, keine Stille. Jetzt fällt diese Rolle für mich weg. Da meldet sich meine Erlöserin, eine junge Frau mit braunem Pferdeschwanz. »Haben Sie in der Schwangerschaft keine Untersuchungen machen lassen?« Sie berichtet von ihrer Freundin, die gerade schwanger ist, und ich sehe ihr ihre eigentliche Frage ins Gesicht geschrieben: Kann ihrer Freundin das auch passieren? Kann ihr das auch passieren? Ich versuche, ihr alles zu erklären. Soweit es erklärbar ist. Dass während der Schwangerschaft alles unauffällig aussah. Dass wir alle gängigen Tests haben machen lassen, aber nichts darüber hinaus, weil es für uns keine Folgen gehabt hätte. Dass wir an das Downsyndrom gedacht haben, unsere Vorstellung dort dann aber aufhörte. Dass man nicht alle Behinderungen im Ultraschall oder den pränatalen Tests herausfinden kann. Dass es eine hundertprozentige Sicherheit niemals gibt. Und dass ich froh bin, dass wir es nicht haben testen lassen, weil ich die Entscheidung *für* oder *gegen* mein Kind nicht hätte treffen wollen und können.

Ihre Reaktion auf die Wahrscheinlichkeiten kommt unvermittelt: »Krass, das ist ja wie beim Lottospielen«.

»Stimmt«, antworte ich ihr. »Und Greta ist der Jackpot.« Einen kurzen Moment wissen die Schülerinnen nicht, wie sie mit meiner Aussage umgehen sollen. Dann grinse ich – und sie grinsen erleichtert mit.

Eine rege Diskussion entsteht. Einige der jungen Frauen berichten von ihren Erfahrungen aus der Arbeit mit behinderten Kindern. »Bei meinem letzten Praktikum in einer Kita habe ich einen Autisten betreut«, erzählt eine Schülerin. »Ich wusste nicht, dass er Autist ist, also habe ich ihn ganz normal behandelt. Mir ist bloß aufgefallen, dass er seinen Stift anders hält als die anderen. Also habe ich mich auf ihn eingelassen und ihn in seiner Eigenart unterstützt.« Wir unterhalten uns darüber, dass es manchmal auch ein Segen sein kann, keine Diagnose für einen Menschen zu haben. Manchmal ist die einzig wichtige Diagnose: Mensch.

Hannah fragt nach Glaubenssätzen. »Welche Zuschreibungen habt ihr als Kinder gehört? Was sagen Freunde über euch, wie ihr seid? Und was davon stimmt?« Alle machen sich Notizen und sprechen leise mit ihren Nachbarinnen. Als Erste meldet sich eine junge Frau, die links von mir sitzt, mit halblangem, lockigem Haar. Sie berichtet nicht nur von Zuschreibungen – frech, bleibt unter ihren Möglichkeiten –, sondern auch von ihrer Diagnose. »Ich habe auch einen Chromosomenfehler«, erzählt sie. »Auch meiner ist total selten. Meine Eltern haben in der Schwangerschaft davon erfahren und sich für mich entschieden.« Es ist ganz leise im Klassenzimmer. Die Schülerin mit dem braunen Pferdeschwanz will es ganz genau wissen. »Wie heißt das, was du hast? Ist es ein Syndrom oder so?« Ich bin verblüfft, wie offen hier alle miteinander sprechen. »Ja, ich habe das Ullrich-Turner-Syndrom«, erklärt sie. »Und was bedeutet das?«

»Es hat unterschiedliche Symptome und Ausprägungen.

Ich zum Beispiel bin mit einem Herzfehler zur Welt gekommen und nur durch Hormone so groß geworden, wie ich bin – immerhin 1,50!«, sagt sie schmunzelnd. Alle lachen, dann wird das Pferdeschwanzmädchen ernst: »Du nimmst mir aber nicht übel, dass ich dich *Zwerg* genannt habe?«»Nein, nein«, sagt die lockige Frau.»Das bin ich ja gewohnt.«

»Es war auch wirklich nicht böse gemeint«, sagt das Pferdeschwanzmädchen entschuldigend. Hannah schaltet sich ein.»Dass jemand solche Zuschreibungen gewohnt ist, bedeutet ja noch lange nicht, dass die Person es gerne hört. Wenn du mich nach meiner Meinung fragst: Lass es doch einfach«, richtet sie ihre Worte an das Pferdeschwanzmädchen. Wenig später verlasse ich das Klassenzimmer mit dem Gefühl, dass sich während dieser gemeinsamen Stunde etwas verändert hat. Die jungen Frauen haben sich gegenseitig geöffnet, sie haben sich verletzbar gemacht, waren offen. Am Ende sind sie wertschätzender miteinander umgegangen, haben sich Komplimente gemacht. Ich gehe beschwingter aus dem Klassenzimmer, als ich es betreten habe.

Im Auto zurück ins Büro höre ich Tocotronic, das Pferdeschwanzmädchen hat mich darauf gebracht »Du bist der Jackpot meines Lebens, zugegeben, der Vergleich ist eher schief als eben« singe ich.»Doch wenn du lachst, gehen drei Sonnen auf.« Irgendwie stimmt das: Greta ist mein Jackpot. Ein vielfältiger Jackpot. Manchmal so, wie man es zähneknirschend sagt, wenn man mit den falschen Schuhen unbeabsichtigt auf dem Weg zu einem Vorstellungsgespräch in eine Pfütze tritt. Aber auch so, wie wenn man die große Liebe an der Supermarktkasse trifft. Vor allem genau so selten wie ein Sechser im Lotto. Sogar noch seltener. Für mich ist sie eher ein Jackpot, der mich glücklich macht. Ich bin froh, das mittlerweile so zu sehen. Die Erinnerung an die schweren Zeiten ist noch frisch. In den Notfallsituationen mit Greta, die seltener werden – die es aber nach wie vor gibt –, ist alles wieder präsent. Die Angst, die Panik, die Trauer, das Trauma. Aber es gibt eben auch so viel Platz für das riesige Glück, das mit diesem Jackpot in mein Leben gekommen ist. Ich erzähle von Greta und verändere damit die Welt. Auch wenn es nur ein klitzekleines Stück Welt ist, in Form eines Klassenzimmers mit sechzehn Schülerinnen, von denen eine ab sofort ihre Mitschülerin nicht mehr als »Zwerg« bezeichnen wird. Welches vierjährige Kind kann das schon von sich behaupten? Und überhaupt: Wenn sie lacht, gehen drei Sonnen auf.

43
Das Covergirl, Teil II
Abweichungen unerwünscht

Vier Jahre nachdem mich das Mädchen von der Eltern-Zeitschrift angelächelt hat und ich das erste Mal dachte, das Kind mit dem Downsyndrom könnte meine ungeborene Tochter sein, stolpere ich wieder über ein Mädchen mit Downsyndrom, dieses Mal auf einem Plakat. Die Nachricht macht auf Twitter die Runde: Eine Firma aus der Schweiz wirbt mit dem Foto dieses Mädchens für ihren Früherkennungstest in der Schwangerschaft. Der Test erkennt genetische Auffälligkeiten des ungeborenen Kindes – wie das Downsyndrom. Als Überschrift auf dem Plakat steht »Tranquility«, was übersetzt soviel heißt wie Ruhe, Gelassenheit – oder Seelenfrieden.

Nicht genug, dass mit einem behinderten Kind für ein Produkt, das für die Aussortierung von behinderten Kindern entwickelt wurde, Werbung gemacht wird. Die Firma hat die Eltern des Mädchens nicht einmal nach ihrer Genehmigung gefragt. Die Mutter des Mädchens wurde darüber von einer Bekannten informiert, die zufällig das Plakat sah.

»Wusstet ihr das eigentlich vorher?«, werden Thorben und ich häufig gefragt. »Das« ist Gretas Chromosomenfehler und seine Auswirkungen, ein mehrfach behindertes Kind. Die Frage fordert eine Rechtfertigung ein. Nein, wir wussten es nicht vorher, und ja, wir haben uns bewusst für Greta entschieden. Damit auch für die Möglichkeit, ein behindertes oder ein krankes Kind zu bekommen. Wir sind dabei von der allgemeinen Statistik ausgegangen: 96 Prozent aller Kinder kommen gesund zur Welt. Erst nach Gretas Geburt wurde klar, dass ich aus der Statistik falle – und damit auch möglicherweise meine Kinder. Bei Momo haben wir uns unter veränderten Bedingungen und sehr schweren Herzens für die Möglichkeiten der Pränataldiagnostik entschieden und kamen zum Glück nicht in die Bedrängnis, uns für oder gegen unser Kind entscheiden zu müssen. Momos Chromosomen sind unauffällig. Bis heute weiß ich nicht, wie wir uns entschieden hätten bei einem auffälligen Ergebnis. Ich weiß nur, dass man Entscheidungen nicht beurteilen kann, wenn man sie nicht selbst treffen muss.

Die Frage, ob wir *das* nicht vorher wussten, beinhaltet weitere Fragen: Warum habt ihr dieses Kind bekommen? Warum habt ihr es nicht abgetrieben? Tests wie der, der mit dem Mädchen mit Downsyndrom auf dem Plakat wirbt, sorgen dafür, dass Eltern behinderter Kinder immer mehr in Rechtfertigungszwang geraten. Schwangere Frauen entscheiden sich auch deswegen für Pränataldiagnostik und Schwangerschaftsabbrüche, weil sie Angst davor haben, mit einem behinderten Kind die eigenen und gesellschaftlichen Ansprüche nicht erfüllen zu können und nicht mehr zu den »Normalen«, sondern zu den »anderen« zu gehören.[11]

Die Möglichkeiten der Selektion werden immer ein-

---

11 Kirsten Achtelik in »Selbstbestimmte Norm – Feminismus, Pränataldiagnostik, Abtreibung«, Verbrecher Verlag, Berlin, 2015.

facher. Beim Praena-Test zum Beispiel handelt es sich nicht mehr um ein invasives Verfahren, bei dem die Schwangere physische Schmerzen oder eine Fehlgeburt befürchten muss. Ein paar Tropfen Blut genügen, um die Gene des Fötus zu bestimmen. Warum also nicht?

Vielleicht, weil diese Tests eine Sicherheit suggerieren, die es nicht gibt. Nur knapp fünf Prozent der Behinderungen von Menschen in Deutschland sind angeboren, rund 95 Prozent werden im Lauf des Lebens erworben. Zudem gibt es nach wie vor die Möglichkeit von falschen Testergebnissen und Fehldiagnosen. Und bei sehr vielen Behinderungen gibt es eine große Bandbreite an Entwicklungsmöglichkeiten. Oft werde ich mit der Meinung konfrontiert, ich sei gegen Schwangerschaftsabbrüche, weil ich ja ein behindertes Kind habe. Das ist natürlich Quatsch – es wurde lange dafür gekämpft, dass Frauen selbst über ihren Körper und ihr Leben entscheiden können. Ich bin dafür, dass Frauen selbst entscheiden können. Allerdings weiß ich, dass sich viele Schwangere gegen das Leben mit einem behinderten Kind entscheiden, weil sie nicht wissen, wie dieses Leben aussehen kann, und sie Angst davor haben. Neun von zehn Frauen, die ein Kind mit Downsyndrom erwarten, entscheiden sich für einen Schwangerschaftsabbruch. Die psychische Belastung nach einem Abbruch wird öffentlich jedoch kaum diskutiert – erst recht nicht die Folgen für die Frauen bei Spätabtreibungen.

Statt behinderte Kinder »abzuschaffen«, würde ich gern unsere behindertenfeindliche Gesellschaft abschaffen. Würden wir in einer barrierefreieren Welt leben, ohne strukturelle Diskriminierungen, müssten sich werdende

Eltern gar nicht mehr gegen ihre möglicherweise behinderten Kinder entscheiden. Denn begründet werden solche Schwangerschaftsabbrüche in der Regel mit der möglichen Gefahr für die psychische Gesundheit der Frau. Diese Gefahr resultiert aber hauptsächlich aus dem Gedanken der Leistungsgesellschaft, in der Menschen nach Fähigkeiten, Leistung und Kapitalwert beurteilt werden.

Dass du da bist – Zum 4. Geburtstag

Meine liebe kleine große Tochter,

vor einigen Tagen habe ich ein Interview gegeben. Es ging eigentlich nicht um dich, nur ganz zum Schluss noch ein paar Fragen zu meinem Blog und wie es denn eigentlich so ist, das Leben mit einem behinderten Kind wie dir.

»Ganz normal, eigentlich« und »das Problem sind nicht die Behinderungen meiner Tochter, sondern die Behinderungen durch strukturelle Diskriminierungen«, irgendwie so was habe ich geantwortet.

Nachdem ich erzählt hatte, in welche Schubladen du so passt (schwer mehrfach behindert, taubblind, gehbehindert, entwicklungsverzögert), kurze Stille.
Dann eine Frage:
»Welche Fähigkeiten hat sie denn?«
Wieder Stille.
»Kommt es darauf an, was ein Mensch kann?«, war meine erste, unsichere Antwort.
Heute, ein paar Tage später, an deinem Geburtstag, ist meine Antwort klarer.
Deine Fähigkeit?

Dass du mir gezeigt hast, dass ein Mensch keine Fähigkeiten haben muss, um eine Daseinsberechtigung zu haben. Dass Dasein genügt. Für dich, um glücklich zu sein. Für mich, um mit dir glücklich zu sein.

Danke, dass du da bist, meine kleine große Tochter.

Deine Mama[12]

Menschen gehen immer von sich selbst aus. Die meisten nichtbehinderten Menschen haben kein besonders differenziertes Bild davon, was es bedeutet, eine Behinderung zu haben. Eine Behinderung wird als körperliches oder geistiges Defizit gesehen, das es zu behandeln gilt.[13] Wir gehen dabei von uns selbst aus und fragen nicht, wie es dem anderen Menschen wirklich geht, sondern, wie es uns selbst wohl gehen würde. Eine Welt ohne Musik ist für mich unvorstellbar, mit der Diagnose Gehörlosigkeit meiner Tochter brach für mich meine Welt zusammen. Erst allmählich wurde mir klar – und zwar hat Greta mir das klargemacht –, dass ihr nichts fehlt. Jedenfalls nicht das Hören. Ihr Cochlea-Implantat reißt sie sich weitgehend vom Kopf, ihre Brille ebenso.

Die Belastungen, die so häufig beschrieben werden, erlebe ich mit Greta nicht in direktem Zusammenhang mit ihren Behinderungen. Nicht, dass sie nicht laufen kann, ist die Belastung, sondern der Kampf um einen passenden Rollstuhl, den die Krankenkasse nicht finanzieren will.

12 Blogeintrag auf Kaiserinnenreich.de
13 Kirsten Achtelik in »Selbstbestimmte Norm – Feminismus, Pränataldiagnostik, Abtreibung«, Verbrecher Verlag, Berlin, 2015.

Nicht, dass sie nicht normal essen, hören, sehen kann ist die Belastung, sondern dass uns permanent suggeriert wird, mit dieser und jener Therapie würde dieses und jenes Defizit besser, normaler. Noch immer wird die Entwicklung von Kindern der Mutter zugeschrieben. Die Mütter sind es, die ihre Kinder zum Musikunterricht oder zum Sport bringen – im Fall von Kindern mit Behinderung zu den Therapien. Der Müttermythos wird bei Müttern behinderter Kinder auf die Spitze getrieben: Wir sollen uns aufopfern für unsere Kinder. Der Stress resultiert aus den gesellschaftlichen Normen, in die das Kind gezwängt wird. Mütter können keiner Erwerbstätigkeit mehr nachgehen, das Leben dreht sich nur noch um das Kind und um seine Behinderung. Für ein anderes Lebenskonzept muss man kämpfen.

»Hauptsache, gesund!«, sagen die Menschen – ich höre mittlerweile heraus: Hauptsache, der Norm entsprechend. Hauptsache nichts, was uns Angst macht. Bitte kein behindertes Kind, natürlich auch kein krankes. Bitte kein zu großes, kein zu kleines (welchen Sinn machen eigentlich Größenangaben auf Geburtsanzeigen? Habe ich nie verstanden), bitte nicht zu dünn, aber bitte auch auf keinen Fall zu dick. Bitte Durchschnitt. Kein Wunder also, dass sich neun von zehn Schwangeren gegen ein behindertes Kind entscheiden in einer behindertenfeindlichen Gesellschaft, in der das Motto ist: höher, schneller, weiter. Für kurviger, bunter, spannender fehlt vielen der Blick, die gelebte Selbstverständlichkeit – und dadurch manchmal auch der Mut.

Die Idee ist gut, doch die Welt noch nicht bereit
Tocotronic

44
»Ich könnte das ja nicht!«
Von wegen Inklusion

»Tut das eigentlich mit der Zeit weniger weh, oder bleibt das gleich?«, fragt mich Liz, während sie gekonnt mit zwei Stäbchen in ihrem Bibimbap rührt, das in doppelter Ausführung vor uns steht und dampft. »Du musst jetzt ganz schnell rühren, damit alles warm wird«, schiebt sie als Anweisung hinterher. »Was meinst du?«, frage ich sie und meine nicht das koreanische Reisgericht zwischen uns. »Die Ablehnung der Leute gegen die eigene Tochter, gewöhnt man sich irgendwann daran?« Liz und ich brauchen nicht lange, um zum Punkt zu kommen. Wenn wir uns zum Mittagessen treffen, vergeuden wir nicht viel Zeit.

Ich hatte ihr von gestern erzählt. Wir hatten einen Vorstellungstermin in einer neuen Kita, nachdem Gretas Integrationserzieherin überraschend gekündigt und noch überraschender die Kita für keinen adäquaten Ersatz gesorgt hatte. Zwei Monate ist Greta nun schon ohne Integrationserzieherin und kann derzeit nur in die Kita, weil sie stattdessen von ihrer Krankenschwester betreut wird.

Am Kita-Alltag hat Greta so jedoch nur noch wenig teil. Integration? Fehlanzeige. Alle Gespräche mit der Kita-Leitung führten zu keiner annehmbaren Lösung und endeten in der Aussage:»Wir können es verstehen, wenn ihr nach einer anderen Einrichtung für Greta sucht.« Statt mit uns nach Lösungen zu suchen, wie sie bleiben kann.

Nach der ersten Sprachlosigkeit involvierte ich die anderen Eltern. Ich schrieb eine Mail an den Elternverteiler, in dem ich über Gretas Situation in der Kita aufklärte. Gleichzeitig hielt ich Ausschau nach anderen Einrichtungen in unserem Stadtteil. Mit einem schwerbehinderten Kind und dem kleinen Geschwisterkind mitten im Kita-Jahr auf der Suche nach zwei Kitaplätzen: Ich bekam am Telefon eine Ablehnung nach der nächsten. Bis Tabea sich meldete. »Ich kann mal bei uns fragen. Soweit ich weiß, muss das Pflegekind unserer Kita-Leitung bald gehen, dann wäre ein Integrationsplatz frei.« Zwei Tage später saßen wir mit Greta auf dem Schoß in dem kleinen Kreuzberger Kinderladen. Gebärdensprache wird dort automatisch mitgesprochen von den Erzieher_innen und den Kindern – egal, ob ein hörbehindertes Kind in der Gruppe ist oder nicht. Die Bereitschaft, Greta und ein paar Monate später auch Momo aufzunehmen, war da. Nur geht es eben nicht nur um Greta, sondern auch um Momo – und auch um Thorben und mich und uns alle, unseren Familienalltag. Die Kita ist nicht in unserem Kiez, sondern eine halbe Stunde Fußweg entfernt. Bei gutem Wetter kein Problem, bei schlechtem Wetter schon.

Gleichzeitig müssen wir ja nicht nur für uns denken, sondern auch für den Pflegedienst. Werden die Krankenschwestern Greta weiterhin von zu Hause abholen können? Die Möglichkeit eines Fahrdienstes gibt es. Allerdings nur für Greta. Momo dürfte nicht mitfahren. Genau so ungünstig wäre es, zwei Kinder an zwei unterschiedlichen Standorten zu haben. Wie soll ich Momo erklären, dass sie nicht mehr mit Greta in eine Kita gehen kann.»Deine Schwester ist leider zu behindert, die muss woandershin.« Exklusion schon im Kleinkindalter? So hatte ich mir das nicht vorgestellt. Abgesehen davon, dass Momo »behindert« noch gar nicht versteht. Warum auch?

»Denk doch mal an Greta und nicht an deine perfekte Vorstellung von Inklusion«, meinte Thorben zu mir. Für ihn war alles klar: Es gibt eine Einrichtung, die Greta nimmt. Also müssen wir sie nehmen. Er hat noch immer verinnerlicht, dass wir dankbar sein müssen für alle, die unsere behinderte Tochter annehmen. Ich begnüge mich mittlerweile nicht mehr damit. Ich möchte der Gesellschaft meine Tochter zumuten, nein, zutrauen.»Wenn ihr das schafft, schaffe ich das auch«, sagte meine Freundin Carolin, als ich sie bat, auf Greta aufzupassen.

Ich möchte nicht in einer Gesellschaft leben, in der mein Kind die Kita verlassen muss, weil es zu behindert ist. Ich möchte nicht in einer Gesellschaft leben, in der ich dankbar dafür sein muss, wenn jemand mein Kind betreut. Ich möchte nicht immer auf Glück angewiesen sein.»Wie soll sich was verändern, wenn niemand kämpft?«, fragte ich Thorben.»Ja, du hast ja recht«, murmelte er.»Aber warum musst ausgerechnet du das tun?« »Weil es sonst niemand macht«, entgegnete ich trotzig.

Liz ist von Stäbchen auf den Löffel umgestiegen. Ich bin froh, dann fühle ich mich nicht so unbeholfen. Mir ist es auch nach drei Wochen Japanurlaub nicht wirklich klar, wie man es schafft, sich mit Stäbchen zu ernähren. »Wenn ich mein Kind in eurer Kita hätte, ich würde mich für euch einsetzen. Ist doch ganz klar! Warum sollt ihr das immer selbst machen? Ihr habt genug zu tun. Sollen die anderen Eltern doch auch mal für euch kämpfen. Wie sind denn die drauf?«, regt sich Liz auf. Auf meine Mail an den Elternverteiler bekam ich drei Reaktionen. Zwei betroffene, eine engagierte. Sie kam von einem Vater, Journalist. Innerhalb von zwei Tagen formulierte er einen Brief an die Geschäftsführung des Kita-Trägers, der das Jahr der Inklusion feiert. Ja, genau, das ist Ironie. In diesem Fall Ironie, über die ich nicht lachen kann, nicht einmal schmunzeln. Auszug aus seinem Brief an die Geschäftsleitung der Kita:

»Die Inklusion aller ist uns wichtig« – das ist der erste Satz, den man auf Ihrer Webseite findet. Das geht uns genauso. Nicht zuletzt dieser Leitsatz hat bei vielen Eltern das Interesse an einem Kitaplatz bei Ihrem Träger hervorgerufen. Jetzt, am Ende des »Jahres der Inklusion«, möchten wir Eltern gerne herausfinden, wie ernst Sie es damit meinen.

Denn bei uns in der Krippe gibt es ein Mädchen, Greta, für das Inklusion nicht nur ein Leitspruch, Jahresprogramm oder Panel-Thema ist – sondern entscheidend, denn sie will weiter Teil der Kita-Gruppe bleiben.

Wir wollen das auch. Und unsere Kinder wollen das auch, denn sie haben – ganz ohne darüber nachzudenken – Greta zu einem Mitglied ihrer Gruppe gemacht. Über die Bedeutung und die Vorteile einer solchen gelungenen Inklusion für alle Kinder haben wir ja in diesem Jahr genug geredet.

»Alle haben den Brief unterschrieben«, erzähle ich Liz. Ich bin sehr froh, dass es diesen Brief gibt. Dass es ein Elternpaar gibt, das unsere Perspektive eingenommen hat. Das sich getraut hat, genau hinzuschauen.« Schon allein dafür hat es sich für mich gelohnt, die Mail an alle geschrieben zu haben«, sage ich zu Liz.

»Und was kam dabei raus?« Liz fragt weiter. »Wir haben Anfang des Jahres ein Gespräch mit der Geschäftsführung der Kita. Entweder, die stellen eine neue Integrationskraft für Greta ein, oder wir müssen gehen.« Letztes wäre eine Entscheidung, die ich nicht gern treffen würde. Allerdings sieht es im Moment so aus, als würde uns keine andere Wahl gelassen. »Wie scheiße das für Momo ist«, sagt Liz. »Du hattest doch gesagt, sie findet gerade Freunde und fühlt sich immer wohler dort.« Liz hat recht. Für Momo ist ein Kita-Wechsel der Super-GAU. Ich bin mir zwar sicher, dass sie es verknusen wird und vor allem auch, dass ihr die musisch-kreativen Angebote in der neuen Kita gut gefallen werden. Dennoch bleibt ein schaler Nachgeschmack. Wie soll ich ihr erklären, warum sie und ihre Schwester die Kita wechseln müssen? »Deine Schwester ist leider zu behindert, deshalb«, kommt für mich leider nicht in Frage. Auch wenn es die Wahrheit wäre. Ich will aber nicht, dass meine kleine Tochter noch vor ihrem 3. Lebensjahr soviel Realität erleben muss. Sie wird noch früh genug damit konfrontiert werden, dass ihre Schwester anders ist, als viele erwarten. Im Moment ist Greta für Momo einfach Greta.

Ich wünsche mir, dass es noch sehr lange so bleibt. Ich weiß aber auch, dass ich beide nicht davor schützen kann, dass es außerhalb unserer Familie sehr wohl entscheidend ist, ob jemand behindert ist oder nicht. So wie es nach wie vor entscheidend ist, aus welchem sozialen Milieu jemand kommt, welche Hautfarbe ein Mensch hat und welche sexuelle Präferenz und Identität.

Trotzdem werde ich nicht aufhören, im Kleinen dafür zu sorgen, dass Menschen nicht wegschauen, wenn Minderheiten ausgeschlossen werden. Vielleicht kann ich nicht alles für Greta erreichen – aber ich möchte dafür sorgen, dass sie nicht von vornherein ausgeschlossen wird. Ich möchte, dass für Greta nach Lösungen gesucht wird – statt nach Gründen, aus denen Inklusion nicht funktionieren soll. So wie gestern.

»Das war einfach krass«, erzähle ich Liz. »Die Kita-Leitung ist vornübergekippt, als sie Greta sah.« Während Liz mit ihrem Löffel koreanischen Salat in die große Schüssel vor sich bugsiert, schaut sie mich verständnislos an. »Kapier ich nicht. Greta ist doch voll süß! Und jetzt auch nicht sooo schwer behindert, oder?« »Für die Frau anscheinend schon. Und die ist Leitung einer integrativen Kita, das muss man sich mal vorstellen!«, empöre ich mich und erzähle Liz, wie es überhaupt dazu kommen konnte. »Am Telefon hatte ich gesagt, dass ich für meine unter anderem hörbehinderte Tochter einen Kita-Platz suche, und für ihre nichtbehinderte Schwester. Sie hätte mich gar nicht weiter gefragt – was ich ganz toll fand. Ich hatte die Hoffnung auf eine inklusive Haltung nach dem Motto: Wir nehmen die Kinder, wie sie sind.« Fehlanzeige. Als wir die Kita betraten, sah ich eigentlich schon alles im Blick der Kita-Leitung. Ich hatte gleich das Bedürfnis, mich erklären zu müssen. »Greta muss hereingetragen werden«, sagte ich schon fast entschuldigend und ärgerte mich gleichzeitig darüber. Der Blick der Kita-Leitung ließ allerdings nichts anderes zu. Also ging ich über zum Angriff. »Sie sehen geschockt aus.« Und hoffte für eine Sekunde auf eine Aufklärung, bei der nicht zwischen den Zeilen »sie ist für uns zu behindert« stand. Aber nein, den Gefallen wollte sie mir nicht tun. »Ja, ich hatte ein hörbehindertes Kind erwartet.«

»Greta ist hörbehindert.«

»Ja, aber ja nicht nur.«

»Stimmt. Und was ändert das jetzt?«

»Na, Frau Kaiser, alles. Sie hätten doch etwas sagen müssen!«

Ich versuche, sie pädagogisch zu erwischen.

»So, wie ich Integration oder Inklusion verstanden habe, kommt es nicht auf die Art der Behinderung eines Menschen an. Ich hatte die Ausrichtung Ihrer Einrichtung so verstanden.«

»Ja, aber ...«

»So ging das die ganze Zeit weiter«, erzähle ich Liz. »Sie hat nur Gründe aufgezählt, warum Greta nicht bei ihnen sein kann. Kita zu klein, zu wenig Personal, keine Kapazität. Komisch, dass das alles nicht zählte, als sie dachte, Greta sei ›nur‹ hörbehindert.« Dem Impuls, schon bei der Begrüßung und dem abschätzigen Blick kehrtzumachen, hätte ich nachgeben müssen. Stattdessen hörte ich mir zwanzig Minuten Argumente gegen meine behinderte Tochter an. Dann ein Satz, der mein Fass zum Überlaufen brachte:

»Ich kann wirklich verstehen, dass Sie deshalb enttäuscht sind, Frau Kaiser.« Einen Scheißdreck können Sie, dachte ich. Oft fragen mich andere Leute, wie sie denn reagieren sollen auf Familien mit behinderten Kindern, wenn sie ihnen auf der Straße begegnen oder im Freundeskreis. Ich tue mich schwer mit Empfehlungen. Aber als ich da saß in dem Zimmer der Kita-Leitung, die mein Kind behandelte wie einen Alien, da wusste ich, was ich mir wünsche. Dass sich niemand herausnimmt, beurteilen zu können, wie es sich anfühlt, ein behindertes Kind zu haben. Niemand, der das nicht selbst erlebt hat, kann sich vorstellen, wie es ist. Wie es ist, ständig Ablehnung gegen das eigene Kind zu erfahren. Wie es ist, für Selbstverständlichkeiten wie Hilfsmittel oder einen Kita-Platz kämpfen zu müssen. Das kann niemand, der es nicht selbst erlebt hat, nachfühlen. Und dann sollte man auch einfach mal die Klappe halten und nicht so tun, als könnte man das.

Irgendwann während des Gesprächs wurde aus meiner Trauer Wut und dann aus Wut Zynismus. Wie wäre es, wenn ich mit meinem Chromosomenfehler nicht das Kämpfer-Gen mitbekommen hätte? Vielleicht so: »Na, dann sollte ich vielleicht einfach aufhören zu arbeiten und mich um meine pflegebedürftige Tochter zu Hause kümmern. Ist wohl am besten so.« Ich bin eine gute Schauspielerin, mein Sarkasmus war nicht zu hören. »Und, wie hat sie reagiert?«, fragt Liz.
»Sie hat genickt.«
»Ernsthaft?«
»Ernsthaft.«
Es tut immer wieder weh, die Ablehnung des eigenen

Kindes. Weniger wird es nicht, vielleicht tut es sogar immer mehr weh. »Wie eine Wunde, in der immer wieder gebohrt wird, oder?«, meint Liz. Das ist ein gutes Bild. »Wann konnten Sie denn Ihre Tochter so annehmen, wie sie ist?«, wurde ich letztens gefragt. Meine Antwort: »Ich arbeite jeden Tag daran, nach wie vor.« Aber wie soll man eigentlich ein Kind annehmen, das alle anderen ablehnen? Irgendwie gehen alle davon aus, dass Väter und – vor allem – die Mütter ihre Kinder annehmen, ganz selbstverständlich. Mutterliebe, die einzig wahre. Und ja, ich liebe Greta. Aber es hat gedauert. Und tatsächlich machen all diese Ablehnungen und Hürden auch etwas mit mir und mit meiner Beziehung zu ihr.

»Ich könnte das ja nicht!«, ist eine der vielen Reaktionen auf die Elternschaft mit einem behinderten Kind. Was für ein beschissener Satz. Ich habe mir das auch nicht ausgesucht, Mutter eines behinderten Kindes zu sein. Aber ich nehme die Challenge an. Allerdings würde ich gern für bessere Startbedingungen sorgen. Nicht nur für mich, sondern vor allem für Greta und für alle behinderten Kinder, die hoffentlich noch ihren Weg auf die Welt finden werden. Dass es mir manchmal schwerfällt, Greta anzunehmen, liegt nicht an Greta. Es liegt an allen anderen, die immer wieder Gretas Defizite aufzählen, statt auf ihre Talente zu sehen. Die nur schauen, was sie ist – oder noch eher, was sie nicht ist – und nicht, *wer* sie ist. Und was wir alle von ihr lernen könnten.

45
Ein besonders normaler Tag im Jahr 2025
Inklusion – Meine Utopie

7 Uhr
Es kitzelt an meiner Nasenspitze, nur eine klitzekurze Sekunde. Dann wird aus dem Küsschen ein Kuss. Ein dicker fetter Schmatzer, der auf meiner Wange landet. *Mama, Frühstück ist fertig! Wir warten schon!* Momo meint es heute wieder gut mit mir. Allerdings ist sie ungeduldig. Kein Umdrehen ist erlaubt, nicht noch mal unter die Bettdecke kuscheln. Nein, wir sollen aufstehen, jetzt sofort. Schließlich hat sie Frühstück gemacht! Das passiert nicht alle Tage. Schon als kleines Mädchen ging es ihr morgens nicht schnell genug hinaus in die spannende Welt. Mit anderthalb Jahren rief sie morgens schon kurz nach dem Aufwachen: *Autehn!*
Auch heute wähle ich den Weg des geringsten Widerstands und mache, was sie sagt. Am Frühstückstisch werde ich bereits erwartet. Greta hat schon ihr erstes Brötchen gegessen. Sie grinst Thorben an, der ihr gegenübersitzt. Wir wissen nicht, ob sie uns, ihre Eltern, meint, wenn sie so grinst – oder das Essen. Aber das ist auch egal, denn ihr Lächeln ist das Zeichen, dass es ihr gutgeht. Und nur das zählt. Es hat ihr erstes Lebensjahr gedauert, bis sie überhaupt lächeln konnte. Bis ihre Krankheiten so weit überwunden waren, dass sie Kapazität für ein Lächeln hatte. In den vergangenen 13 Jahren sind ihre Lächelmomente ex-

ponentiell angestiegen. Sie ist das, was man ein fröhliches Kind nennt. Eine fröhliche Jugendliche. Das Wort geht mir noch nicht leicht von den Lippen, ich muss mich noch dran gewöhnen, dass auch mein entwicklungsverzögertes Mädchen langsam, aber sicher erwachsen wird – auf ihre Art. Unvorstellbar heute, dass wir sie vor langer langer Zeit in eine Spezialeinrichtung geben wollten. Heute können wir uns keinen Tag mehr ohne sie vorstellen – konnten wir eigentlich nie. Aber früher, unter anderen sozialpolitischen Voraussetzungen, sahen wir eine Zeitlang keine Perspektive für ein Familienleben mit unserer mehrfach behinderten Tochter. Zum Glück hat sich in den vergangenen zehn Jahren viel bewegt. Wir nähern uns der Inklusion, Stück für Stück.

7.30 Uhr
Anna ist da. Sie ist seit einem Jahr unsere Familienhelfer-Au-pair und assistiert Greta im Alltag im Wechsel mit Paul, unserem zweiten Au-pair. Finanziert werden sie vom neuen *Lebensgesetz (Special Needs Edition)*, das eine Verbesserung des alten *Teilhabegesetzes* ist. Seitdem es in Kraft getreten ist, geht es uns als Familie gut – und auch vielen anderen Special-needs-Familien, die ich kenne. Aber nicht nur denen, sondern eigentlich allen Familien, die ich kenne. Denn es ist ein Gesetz fürs Leben, für alle. Es wurde von den unterschiedlichsten Menschen gemeinsam entwickelt, von vielen klugen Selbstvertreter_innen –, und das spüren wir alle in der Umsetzung.

Anna und Paul komplettieren unser Familienkonstrukt. Von Anfang an hatten beide eine Verbindung zu unseren Töchtern. Anna sieht Greta mit all ihren Bedürfnissen, sie hat uns schon beim ersten Kennenlernen an Wanda, Gretas erste zauberhafte Einzelfallhelferin, erinnert. Anna ist Anfang 20, studiert und lebt in einer Wohnung neben unserer barrierefreien Genossenschaftswohnung. Sie lebt dort zusammen in einer WG mit Paul, der heute am Vormittag kaiserinnenfrei hat und die Zeit für sein Studium der Rehabilitationspädagogik nutzt. Anna kommuniziert ausschließlich in Gebärdensprache, die wir alle von ihr lernen konnten. An unserem Frühstückstisch herrscht ein Durcheinander aus fliegenden Händen. Greta versteht nicht alles, aber die wichtigsten Gebärden für Essen und Trinken, die kann sie. Und die nutzt sie. Unsere Gebärden findet sie vor allem toll wegen der Schatten, die unsere Hände für sie darstellen. Momo wird heute in der Schule einen Vortrag über Gebärdensprache halten, denn heute ist der Voneinander-lernen-Tag. Vergangene Woche war Emmas Judo-Kurs dran, in der Woche davor gab Mios Assistentin einen Workshop zum Thema Unterstützte Kommunikation.

8 Uhr
Anna und meine Mädchen verlassen das Haus. Heute mit Gretas neuem Rollstuhl. Meine große Tochter geht mittlerweile ein paar Schritte an der Hand. Ohne ihren Rollstuhl ist sie aber ungern unterwegs – alle Kinder finden ihn auch super. Er ist ein hübsches Accessoire, und ich muss schmunzeln, wenn ich an ihre alten Therapiestühle denke. Sie kommen mir vor wie aus einer anderen, längst vergangenen Zeit. Die Schule erreichen sie innerhalb von wenigen Minuten, ein komplett barrierefreier Weg.

Nach der Kitazeit gingen fast alle Kinder gemeinsam

auf die gleiche Schule. Glücklicherweise hatten sich genau zum Schuleintritt meiner Mädchen die Gesetze geändert. Es war keine Frage mehr, ob meine Töchter auf die gleiche Schule gehen können oder nicht. Da sie sich schon immer gut verstanden haben und beide aneinander hängen, war es für uns keine Frage. In der Schule in unserer Nachbarschaft wird inklusiv gelehrt und gelernt, wie in allen Schulen, die es in Deutschland gibt. Die Klassen sind klein, auf zehn Schüler_innen kommen vier bis fünf Lehrer_innen. Wer weiteren Unterstützungsbedarf hat, bekommt ihn – und zwar nicht auf Antrag, sondern als Angebot. Die Unterrichtsinhalte werden speziell auf jede Schülerin und jeden Schüler angepasst, ebenso die Lernziele. Das Lernziel *Essen mit dem Löffel* hat den gleichen Wert wie das Lernziel *Kurvendiskussion*. Damit die Lernziele erreicht werden, finden manche Themen in kleinen Gruppen statt; aber es passiert auch viel im Klassenverbund. Auf Gretas Stundenplan steht heute *Schwimmen* und *Fühlen*, bei Momo: *Medienkompetenz* und *Basketball*.

9 Uhr
Mein Arbeitstag beginnt. Noch immer freue ich mich darüber, einfach arbeiten zu können. Präsent ist die Erinnerung an Gretas erste Lebensjahre, in denen ich oft einen Großteil meiner kinderlosen Zeit mit behindernder Bürokratie rund um meine taubblinde Tochter verbringen musste. Heute werden wir in unserer besonderen Familiensituation von unserem sozialen Gesellschaftssystem so weit unterstützt, dass das nicht mehr nötig ist. Ich weiß mittlerweile gar nicht mehr, wie ich das früher geschafft habe! Heute müssen wir keine Anträge mehr stellen, heute wer-

den uns Angebote gemacht. Erst vergangene Woche kam eine Mail von unserem *Gesundheitsclub*. Unser Familienberater Herr Müller hatte im Online-Entwicklungsbuch gelesen, dass Greta gewachsen ist. In dieses Buch tragen alle Menschen, die mit unserer Tochter zu tun haben, ihre Beobachtungen ein. Natürlich nur die, denen wir Einträge erlauben – manche Dinge können nur wir lesen, einige alle. Der Kinderarzt zum Beispiel, unsere Au-pairs, die Großeltern, Therapeut_innen, Lehrer_innen, wir Eltern – und Momo darf auch mal was schreiben. So haben wir alle Informationen immer auf einen Blick, alle Fortschritte und auch alle körperlichen Entwicklungen. Herr Müller, der Greta bereits seit vielen Jahren kennt und mindestens einmal im Jahr zu uns nach Hause kommt, um auf uns zugeschnittene Angebote zu machen, schaut proaktiv einmal pro Woche ins Online-Entwicklungsbuch und macht uns Vorschläge zur Unterstützung. Ich schreibe Herrn Müller eine kurze Mail, dass der Rollstuhl gut passt und seine Bewährungsprobe überstanden hat, und arbeite ohne Unterbrechung weiter. Pro Woche arbeite ich 30 Stunden als Journalistin, Thorben arbeitet 25 Stunden pro Woche und verbringt viel Zeit mit Momo und Greta. Wir können beide von unserer Arbeit leben.

Nebenbei schreibe ich meinen Blog, zusammen mit anderen Special-needs-Eltern. Ich bin stolz auf mein digitales Baby, dass auch seinen kleinen Teil zu den verbesserten Bedingungen für Familien in Deutschland beigetragen hat und mittlerweile flügge geworden ist. Heute geht es auf dem Blog eher um langfristige Perspektiven für Special-needs-Kids, um Selbstbestimmung, um Assistenz und inklusive Wohn- und Lebensmöglichkeiten. Und um neue ethische Grundsätze der Pränataldiagnostik. Dass das Leben mit einem behinderten Kind unter den Bedingungen des neuen Lebensgesetzes nicht vorbei sein muss, dafür steht unser Gemeinschaftsblog – auf dem selbstverständlich auch unsere Kinder zu Wort kommen.

12.30 Uhr
Mittagspause. Anschließend: Einkäufe für Gretas Geburtstag. Ich bin spät dran, manche Dinge ändern sich nie. Sie wird morgen 14 Jahre alt, wir haben eine große Party geplant. Na ja, ehrlich gesagt haben ihre Freund_innen aus der Schule eine große Party geplant. Allen voran Sarah, die seit dem ersten Schultag nicht von ihrer Seite weicht. Dass Greta weder laufen noch sprechen kann, war ihr von Anfang an egal. *Sie ist meine beste Freundin!*, erzählte sie nach ein paar Wochen jedem, der es wissen wollte. Und wie es sich für eine beste Freundin gehört, muss meine Tochter seitdem überall mit hin. Durch Sarah haben wir viel über unsere mehrfach behinderte Tochter lernen ~~müssen~~ dürfen. Für Sarah galten nur wenige *Abers*, alles musste ausprobiert werden. Nun gehen beide mit anderen Kindern einmal im Monat gemeinsam ins Kino, manchmal darf auch Momo, die »kleine« Schwester (die allerdings alle in ihrer Altersstufe überragt), mit. Greta liebt die Lichteffekte im Kino und auch die Kinosessel, in denen sie ganz alleine sitzen kann – mittlerweile bleibt sie sogar manchmal sitzen, statt sich auf dem Kinosessel um die eigene Achse zu drehen, um den Kopf herunterhängen zu lassen, wie sie es schon immer geliebt hat. Seit einigen Jahren werden Kinofilme ausschließlich mit Untertiteln oder wahlweise als Hörfilm-Variante gezeigt. Anna und Paul streiten sich re-

gelmäßig darum, wer Greta bei den Kino-Dates begleiten darf.

15 Uhr
Momo schickt mir ein Foto aus der Schule aufs Telefon: Greta lachend im Badewasser. *Sie hört gar nicht auf zu glucksen vor Glück*, schreibt sie dazu.

17 Uhr
Rückweg auf dem Fahrrad nach Hause. Ich treffe meine kleine große Tochter vor unserem Genossenschaftshaus. Sie ist auf dem Weg mit ihrem besten Freund Julius zum Jazzdance und wirft mir einen Kuss durch die Luft zu. Den auf die Wange gibt's nur noch morgens im Bett, für alles andere ist sie mittlerweile zu cool. Zu Hause warten Greta, Sarah und Paul auf mich. Sie rollen sich über den Boden, und meine Tochter jauchzt vor Glück! Paul und Sarah verabschieden sich und ich lege mich zu Greta. Wir kuscheln, ich bin dankbar für diesen Moment.

18 Uhr
Gretas Communicator klingelt. *Darf ich auch morgen zu deiner Geburtstagsparty kommen?*, fragt Nele aus ihrer Klasse. Ich zeige meiner Tochter das eingespeicherte Bild von Nele, und Greta freut sich. *Ja, gerne!*, antworte ich und schicke die Nachricht ab. In der Sekunde blinkt ein Bild von Momo auf, tanzend. Sie schickt ihrer Schwester immer Fotos, wenn sie unterwegs ist. Dank der neuen digitalen Entwicklungen können wir die Nachricht in unterschiedlichen Varianten anwählen und Greta zeigen: zum Sehen, zum Hören und zum Fühlen. Wir nutzen alle drei Möglichkeiten.

18.30 Uhr
Momo kommt nach Hause, Julius ist dabei. Beide erzählen mit glühenden Wangen von ihrer neuen Choreographie. Wir sitzen alle am Tisch, Greta drückt auf die *glücklich*-Taste ihres Talkers, alle freuen sich.

19 Uhr
Abendbrot mit meinen Töchtern, Sarah, Paul und Julius. Meine Wahlfamilie ist groß, entweder bringen meine Töchter Freund_innen mit, oder Nachbar_innen kommen vorbei. Ich liebe diese Stunde Familienchaos.

20 Uhr
Meine Töchter liegen in ihren Betten, seit neuestem in getrennten Zimmern. *Aber lass bitte die Tür offen, damit ich Greta hören kann!*, verabschiedet mich Momo jeden Abend. Heute sagt sie noch: *Viel Spaß! Macht euch keine Sorgen, ich pass auf. Und Anna ist ja auch da, falls was ist.* Ich bin so dankbar, dass lange nichts mehr war. Kein Krankenhaus mehr, heute schon seit drei Jahren, vier Monaten und sechs Tagen nicht mehr. Glückliche Jahre. Ich streichele Greta über den schlafenden Kopf und freue mich über die Bilder über ihrem Bett: Greta an der Nordsee, Greta in New York, Greta in der Provence. Es gibt so viele tolle inklusive Ferienangebote für behinderte Kinder und ihre Familien, dass wir uns alle jedes Jahr auf die Ferien freuen.

23 Uhr
Nach dem Konzert stehe ich mit Freund_innen und Thorben an der Bar. Wir hören Hiphop (ist jetzt wieder in), quatschen, lachen und tanzen.

0 Uhr
Mit Thorben stoße ich auf den 14. Geburtstag unserer großen Tochter an!

Das Raumschiff der Angst ist draußen gelandet
Es wartet dort und du hoffst, nicht auf dich
Dir fallen alle möglichen Schlagzeilen ein
Es startet allein und dann passiert lange nichts

Alle guten Dinge, du hast sie schon lang
Du dachtest, dir steht nichts zu, und jetzt sieh' dich an
Es gibt so viel, das nicht gesagt werden kann
Am Ende deiner Fahnenstange fängt der Himmel an

Es führen Wege ins Glück, vorbei an Bergen und Seen
Man kann das Ende nicht seh'n, nur immer weiter geh'n

Und jedes Tier, das lebt, hat deinen Namen
Und jeder Stern, der scheint, scheint nur für dich

Tele, »Jedes Tier«

Plötzlich ist alles anders
Nachwort

Plötzlich ist alles anders. Eine Woche nachdem ich das letzte Kapitel dieses Buches beendet habe, stirbt Greta.

»Wann kommt Greta wieder?«, fragt Momo in den ersten Tagen nach Gretas Tod immer wieder, Thorben und ich fragen uns das auch. Die Antwort verstehen wir selbst nicht: »Nie wieder.«

Ich lese die vielen Karten und Mails, die wir geschickt bekommen haben. »Euch ist das Schlimmste passiert, was einem Menschen passieren kann«, schreiben einige. Ich lese diesen Satz ungern. Erst nach einigen Tagen weiß ich, warum.

Es ist schlimm, dass Greta nicht mehr bei uns ist. Es tut weh, jeden Tag. Sie fehlt, für immer. Aber das Schlimmste? Sie hätte uns auch nicht passieren können. Jeder einzelne Tag mit Greta war ein Geschenk. Sie hat meinen Horizont erweitert, einfach weil sie da war. Sie hat meinen Blick geschärft, mir neue Perspektiven eröffnet. Vielleicht war das ihr größtes Talent: Sie konnte Menschen einfach sein lassen. So, wie sie sind. Niemand musste für sie etwas darstellen, etwas leisten, um gut zu sein. Einfach sein, das reichte mit ihr.

Ich definiere Wörter heute anders. Liebe ist nicht mehr mit Bedingungen verknüpft, Schönheit nicht mit äußerlichen Merkmalen. Glück ist nicht gleichbedeutend mit Gesundheit. Leben ist nicht das Gegenteil von Tod. Es ist kein Gegensatzpaar, es gehört alles untrennbar zusammen.

»Musst du auch sterben, Mama?«, fragt Momo mich einige Wochen nach Gretas Tod. »Ja, wir alle müssen irgendwann sterben«, erkläre ich ihr. »Du auch?«, will sie wissen. »Ja, ich auch«, sage ich ihr.
»Ich auch?«, fragt sie weiter. »Ja, du auch«, antworte ich, »aber das dauert noch sehr, sehr lange.«
»Dann ist meine Freundin Ella aber bestimmt sehr traurig, wenn ich gestorben bin«, seufzt sie.

Sie kräuselt ihre kleine Stirn.

»Ich will nicht sterben, Mama. Ich will leben!«, ruft sie unbekümmert und rennt in meine Arme. »Ja, das will ich auch«, sage ich.

Mein herzlicher Dank geht an

meine Blog-Leser_innen für Lob, Diskussionen, Austausch und Fernwärme. Gila Keplin und die Literarische Agentur Simon für die fabelhafte Begleitung. Nannette Elke und den S. Fischer Verlag für die Begeisterung und das Vertrauen. Pamela für die Idee. Sue für die Blog-Hebammerie. Carolin für das Licht. Anja fürs Tantesein. Sabrina für den Schattensprung. Liz für »Die Veränderung in der Welt«. Jana für die Geduld. Tabea für die Selbstverständlichkeit. Martin für die Brötchen. Daniela für die Illustrationen. Jessica und Alex für den Einkauf. Margarete für die Zitate. Nicole für die Worte. Anne für den Rat. Anastasia für die Stärke. Suse für die Perspektive. Marion für den Kopfstand. Marisa und Christoph für die Leihgabe. Jana für die Suppe. Jella für das Sortieren. Fiona für die Wolke. Manu und Alex für die Technik. Indre für den Stil. Annton für die Weisheit. Ella für den Glitzer. Alle Freund_innen, deren Geschichten keinen Platz in diesem Buch gefunden haben, aber in meinem Leben.

Thorben für »Es piept« und die Ermutigung, Liebe, Freundschaft und Loyalität in allen Lebenslagen.

Meine Mädchen für alles.

Zum Schutz der Privatsphäre wurden die Namen meiner Kinder geändert, ebenfalls die Namen von vielen Protagonist_innen und an einigen, wenigen Stellen auch die Chronologie.

Empfehlungen zum Weiterlesen

Allianz Chronischer Seltener Erkrankungen – achse
www.achse-online.de

Eltern beraten Eltern e. V.
www.eltern-beraten-eltern.de

CHARGE Syndrom e. V.
www.charge-syndrom.de

SoMA e. V.
www.soma-ev.de

LEONA e. V.
www.leona-ev.de

Leuchtturm Hamburg e. V.
www.leuchtturm-hamburg.net

Kinder Pflege Netzwerk
www.kinderpflegenetzwerk.de

Familienratgeber
www.familienratgeber.de

Eine Schule für Alle. mittendrin e. V.
www.eine-schule-fuer-alle.info

REHAkids
www.rehakids.de

BVKM – Bundesverband für körper- und mehrfachbehinderte Menschen e. V.
www.bvkm.de

Björn Schulz Stiftung
www.bjoern-schulz-stiftung.de

Verein Verwaiste Eltern und Geschwister Hamburg e. V.
www.verwaiste-eltern.de

TABEA e. V.
www.tabea-ev.de

Inklusionsfakten
www.inklusionsfakten.de

Antje Schrupp
Aus Liebe zur Freiheit
www.antjeschrupp.com

Sarah Riedeberger
Wir sind noch hier
www.wirsindnochhier.wordpress.com

Claudia Möller
Meine Schwester tot und ich hier
meineschwestertotundichhier.wordpress.com

Kirsten Achtelik
»Selbstbestimmte Norm – Feminismus, Pränataldiagnostik, Abtreibung«, Verbrecher Verlag

Anne Wizorek
»Warum ein #aufschrei nicht reicht. Für einen Feminismus von heute«, S. Fischer Verlag

Yasmina Banaszczuk/Nicole von Horst/Mithu M. Sanyal/Jasna Strick »›Ich bin kein Sexist, aber ...‹ Sexismus erlebt, erklärt und wie wir ihn beenden«, Orlanda Verlag

»The Stories We Tell« in: Yasmina Banaszczuk/Nicole von Horst/Mithu M. Sanyal/Jasna Strick »›Ich bin kein Sexist, aber ...‹ Sexismus erlebt, erklärt und wie wir ihn beenden«, Orlanda Verlag

Andrew Solomon
Weit vom Stamm
Wenn Kinder ganz anders als ihre Eltern sind
Aus dem Amerikanischen von
Henning Dedekind, Antoinette Gittinger,
Enrico Heinemann und Ursula Held
1104 Seiten. Gebunden

Ein eindrucksvolles Buch über das Elternsein, über die Kraft der Liebe, aber auch darüber, was unsere Identität ausmacht. Der Bestsellerautor Andrew Solomon hat mit über 300 Familien gesprochen, deren Kinder außergewöhnlich oder hochbegabt sind, die am Down-Syndrom oder an Schizophrenie leiden, Autisten, taub oder kleinwüchsig sind. Ihre Geschichten sind einzigartig, doch ihre Erfahrungen des „Andersseins" sind universell. Ihr Mut, ihre Lebensfreude und ihr Glück konfrontieren uns mit uns selbst und lassen niemanden unberührt.

»Das vielleicht größte Geschenk dieses monumentalen, so faktenreichen wie anrührenden Werks besteht darin, dass es zum permanenten Nachdenken anregt.«
Philip Gourevitch

»Erkenntnisse voller Einsicht,
Empathie und Klugheit.«
Eric Kandel

Das gesamte Programm gibt es unter
www.fischerverlage.de

Güner Yasemin Balci
Aliyahs Flucht
oder Die gefährliche Reise in ein neues Leben
256 Seiten. Gebunden

Aliyah ist 23 und seit Jahren auf der Flucht. Unter falschem Namen versteckt sie sich in fremden Städten vor ihrer kurdischen Familie. Sie wollte das Doppelleben, die Heimlichtuerei um ihre verbotene Liebe zu ihrem Freund nicht mehr hinnehmen. Sie ist bereit, für ihre Freiheit zu kämpfen und hat akribisch den Ausbruch in ein neues Leben vorbereitet. Doch dieses neue Leben ist gefährdet, und trotz ihres Mutes ist Aliyahs Zukunft ungewiss – vielleicht für immer. Aliyah ist eine von vielen jungen muslimischen Frauen in Deutschland, denen die Journalistin Güner Yasemin Balci eindrucksvoll eine Stimme gibt. Eine aufrüttelnde Reportage über den Preis der Freiheit und ein leidenschaftliches Plädoyer für das Recht auf Selbstbestimmung.

»Spannend wie ein guter Thriller geschrieben
und gleichzeitig bedrückend real.«
Brigitte, (›Die 30 besten Bücher für den Herbst‹)

»Güner Balci […] nutzt das,
was sie anderen voraushat: ihre Begabung,
die Geschichten aufzuschreiben, wofür ihren tragischen
Helden die Sprache fehlt.«
Regina Mönch, Frankfurter Allgemeine Zeitung

Das gesamte Programm gibt es unter
www.fischerverlage.de